Russia at the Beginning of the Eighteenth Century

Mikhail Zagoskin

Русские в начале осьмнадцатого столетия

Михаил Н. Загоскин

Russia at the Beginning of the Eighteenth Century

ISNB: 978-1-61895-249-3

Русские в начале осьмнадцатого столетия

ISNB: 978-1-61895-249-3

РУССКИЕ В НАЧАЛЕ ОСЬМНАДЦАТОГО СТОЛЕТИЯ

Рассказ из времен единодержавия Петра I

ЧАСТЬ ПЕРВАЯ

I

Прежде чем я приступлю к рассказу, мне должно поговорить с моими читателями о положении, в котором находилась Россия в эпоху, избранную мною для этой повести.

Последний стрелецкий бунт, вспыхнувший во время отсутствия царя Петра имел самые гибельные последствия для этого своевольного и мятежного войска; главные зачинщики и участники мятежа были казнены, а остальные сосланы в Сибирь, расселены по отдаленным городам, и стрелецкая рать, некогда знаменитая, исчезла навсегда с лица земли русской. Вместе с прекращением политического существования этих русских янычар уничтожилось и пагубное влияние на умы властолюбивой царевны Софьи Алексеевны. Шведский король Карл XII, разбитый наголову близ Полтавы, едва мог спастись от плена, убежав в пограничный город Бендеры. Вся армия его была истреблена, и на берегах Невы нашим рабочим людям помогали шведские солдаты сооружать – на их же собственной земле – вторую столицу царства русского. Рига, Ревель и вся Лифляндия признавали над собой верховную власть государя Петра Алексеевича; Польша, исполняя его волю, призвала снова на царство изгнанного ею короля Августа II. Предатель Мазепа убежал с Карлом XII в Бендеры; почти все малороссийские православные казаки отступились от своего опозоренного изменою и заклейменного церковным проклятием гетмана. Одним словом, из всех внешних и внутренних врагов России, вредящих ее возвышению, устройству и возрастающей силе, оставался один только враг, но самый упорный. Этот враг была почти общая, безотчетная привязанность русских ко всем древним обычаям и предрассудкам старины. Следствием этой слепой привязанности были: неподвижность, презрение ко всему иноземному, невежественная спесь и закоренелое упрямство, всегда враждебное всем переменам и улучшениям, если они хотя бы несколько противоречат существующим обычаям, иногда совершенно нелепым, но которые обыкновенно оправдываются известным изречением: "Так, дескать, искони важивалось – в старину бывало; а стариков умней не будешь". Одна самодержавная воля Великого Петра могла осилить этого последнего врага и заставить русских хотя нехотя, а все-таки перешагнуть через заветный рубеж, который отделял их так долго от всех других народов Европы. Все покорилось этой могучей, непреклонной воле; она возбуждала иногда боязливый ропот спесивых бояр, упрямых граждан, суеверной черни, но давно уже не встречала нигде явного сопротивления. Люди, приверженные к старинным обычаям, отстаивали их с жаром в своих семейных кругах – осуждали шепотом указы царские, восставали втихомолку против разных нововведений, называли их богопротивными, но никто не смел говорить об этом вслух; времена мятежей прошли; Петр Алексеевич был уже не вторым царем русским, а государем единодержавным, не юношей неопытным, но знаменитым победителем Карла XII – этого венчанного богатыря, перед которым пеког-да трепетала вся Европа. Несмотря, однако ж, на это, по-видимому, спокойное состояние России, нельзя было не заметить, что в ней происходило что-то необычайное: этот домашний ропот, который тихо разливался в пароде- это тревожное ожидание каких-то новых и небывалых перемен волновало все умы, и даже люди дальновидные и умные, начинавшие уже понимать, чего желает государь Петр Алексеевич, шептали про себя, покачивая головами: "Дело-то, дело! Да крутенько он, батюшко наш, за него принимается". И надобно сказать правду: мы едва ли можем осуждать многих из современников Петра Великого за то, что они если не делом, так мыслью грешили, осуждая непонятные для них действия этого необъятного, всеобъемлющего гения, которого и мы, вкусившие уже от плодов, им посеянных, не можем еще вполне оценить.

В 1711 году, в одну темную февральскую ночь, шагах в двухстах от Серпуховской дороги, в богатом и большом селе Вздвиженском, светился огонек; его трудно было заметить проезжим людям, потому что погода была бурная, снег валил хлопьями и сильный ветер с метелицею бушевал в чистом поле. Этот огонек светился в бревенчатом, крытом соломою господском доме, в котором жил помещик или, верней сказать, отчинник села Вздвижен-ского, окольничий Максим Петрович Прокудин. Чтобы провести как-нибудь время до ужина, Максим Петрович, приютясь в самом теплом покое своих барских хором, изволил забавляться в шашки с любимым своим челядин-цем и дворецким Прокофием Кулагою. Максим Петрович сидел в обитых кожею широких и спокойных креслах; дворецкий лепился кое-как на узенькой скамеечке. Барин был человек пожилых лет, дородный и видный собою, довольно приятной наружности, с окладистой темно-русой бородою, которая, впрочем, начинала уже местами серебриться. Он был одет по-домашнему, в цветной шелковой рубашке с косым воротом и покрытом узорчатой камкою калмыцком тулупе нараспашку. Дворецкий был также человек немолодой, с широким рябым лицом, реденькой бородкою и огромным красным носом. Сверх суконного кафтана с козырем на нем надета была затасканная шелковая ферязь с оборванными петлицами, которую он только что удостоился получить с барского плеча за свою усердную и верную службу. У дверей покоя дремал, прислонясь к стене, длинный, неуклюжий детина в смуром кафтане; он держал в руке жестяные щипцы, вроде тех, которые и теперь еще употребляются по церквам; следовательно, нетрудно было отгадать, что главное занятие этого парня состояло в том, чтоб снимать с двух сальных огарков, которыми освещалась вся комната.

– Ну что ж ты, Кулага? – сказал Максим Петрович, взглянув с довольным видом на своего дворецкого. – Или пришло в тупик, что некуды ступить? Да полно, братец, – ходи как-нибудь!

– А вот пойдем, батюшка, – промолвил дворецкий, подвигая вперед шашку.

– Так ты вот как... хорошо!.. А мы вот этак!.. Что, брат, опять призадумался?

– Призадумаешься, батюшка, – прошептал Прокофий, почесывая затылок, – дело-то плоховато!.. Вишь, она куда, озорница, – в доведи лезет!.. Нечего делать! пойду так

– А я так... Фу, батюшки! – промолвил Максим Петрович, посматривая на окна, – что это на дворе-то?.. Господи Боже мой!

– Да, сударь, разыгралась погодка!

– То-то, чай, теперь в поле – светопреставление: и снег и метель; а мороз-то сам по себе... Ну что ж ты, пошел, что ль?

– Пошел, батюшка.

– И я пошел... Чу, слышишь, как воет ветер?.. Ох, дорожным-то людям теперь... помилуй Господи!

– Истинно так, батюшка Максим Петрович, – бедовое дело!.. Собьешься с дороги, заедешь в сутроб, да коли одежонка-то плохая, так и читай себе отходную... Изволил ступить?

– Ступил,

– А коли ступил, так – не погневайся, батюшка, – фук!..

– Как так?.. Постой, постой!.. За что ты взял мою шашку?..

– Не взял, сударь, а фукнул.

– За что?

– А за то, чтоб она брала, коли ей приходится брать. Вот я двинул сюда мою шашку, а твоя стояла здесь, – так ей приходилось брать назад.

– Так, так!.. Ну, нечего делать, – прозевал!.. А игра-то была какая богатая!.. Да постой, любезный! Хоть ты у меня и фукнул шашку, а я все-таки прежде твоего в доведях буду... Вот мы этак... Пошла!

– А мы, сударь, вот эту тронем.

– Трогай себе, трогай... а уж на выручку не поспеешь... Пошла дура!

– Изволил ступить?

– Ступил, братец!

– Так не прогневайся, батюшка, – фук!

– Как?.. Еще?.. Тьфу ты, пропасть какая!.. Да что это у меня глаза-то в затылке, что ль?.. Нет, не могу играть, не то в голове... Степка!.. Смотри-ка, Прокофий, смотри!., стоя спит!.. Эй ты, болван!

Детина, который дремал, прислонясь к стене, вздрогнул и кинулся, как шальной, к столу, чтоб снять со свечей.

– Тише ты, дурачина! – закричал Максим Петрович. – Что ты бельмы-то выпучил да лезешь, словно угорелый какой!.. Полно-полно!.. Погасишь!.. Ну так и есть!.. Эка уродина, подумаешь!., а уж борода растет!

– Да что ему борода, батюшка, – прервал дворецкий, – у него борода-то выросла, да ума не вынесла. Я уж тебе докладывал: что его держать во дворе: он и в пастухи-то навряд годится.

– Эх, Прокофий, стыдно, брат!.. Ну, кто говорит: сына не за что и хлебом кормить, да отец-то служил мне тридцать лет верою и правдою... Эй ты, простофиля!., пойди, скажи... Да нет, – переврешь, дурак!.. Пошли Андрюшку.

Через полминуты вошел в комнату здоровый и рослый детина лет тридцати; все платье его было в снегу.

– Что ты это, братец, – спросил Максим Петрович, – иль валялся по снегу?

– Никак нет, – отвечал слуга, – я ходил сейчас на погреб.

– И тебя этак занесло?.. Ну, видно, погодка!

– Не приведи Господи, батюшка, и снизу и сверху, метет.

– Темно?

– Зги Божьей не видно.

– И холодно?

– Холодновато, батюшка, – сильно морозит.

– Ну, худо дело!.. От нашего села вплоть до самого Шарапова вовсе жилья нет.

– Да, Максим Петрович, по большой дороге нет.

– Вот то-то и дело: долго ли до греха! Ведь на прошлой неделе подняли же проезжего мужичка – замерз, бедняга; и добро бы еще в поле, а то у нас на задах. Послушай, Андрюшка, возьми с собою кого-нибудь, ступайте за околицу да поближе к большой дороге разведите огонь.

– Слушаю, батюшка!.. Только ветер-то больно силен...

– И, полно, братец!.. Вязанки две сухих березовых дров, да лучины побольше... а огонь донесете в фонаре... Ступай! Этак будет лучше, – продолжал Максим Петрович, – на огонек-то всякий поедет.

Да, сударь, – сказал дворецкий, – коли лошадки не вовсе еще из мочи выбились. Чай, теперь и большую дорогу занесло сугробами, так целиком-то далеко не уедешь. И то сказать: кого нелегкая понесет в такую непогодь; ведь метель-то началась еще засветло.

Ну, Прокофий, не говори! русский человек на том стоит: ему все трын-трава! Куда немец носа не покажет, а он туда ломит себе наудалую: авось, дескать, проеду – Господь пронесет!

– Да, сударь, что правда, то правда. И я, бывало, в старину хаживал чрез Оку по вешнему льду; из-под ног вода брызжет, а тебе и горюшки мало. Что, дескать, в самом деле: двух смертей не бывает!.. Что ж, батюшка: ведь мы еще игру-то не кончили, – прикажешь?

– Нет, Прокофий, будет! Уж я тебе говорил: не то на уме.

– Ну, как изволишь! – сказал дворецкий, вставая. – Да не погневайся, батюшка, – промолвил он, помолчав несколько времени, – дозволь спросить: что это тебя так тревожит?.. Вот ты другой день все как будто бы задумываешься... Или эта грамотка, что прислал к тебе вчера с ходоком из Москвы приятель твой, Лаврентий Никитич Рокотов?..

– Да, – прервал Максим Петрович, – хорошие получил я от него весточки! есть чему порадоваться!..

– А что такое, батюшка?

– Худо, брат Прокофий, больно худо!.. Мы здесь живем в глуши, у нас все по-прежнему: тишь да гладь да Божья благодать. А кабы ты знал, что на Москве-то делается...

– А что, сударь?.. Неужели опять стрельцы завозились?

– Вот до глухого вести дошли – стрельцы!.. Да об этих мятежниках давно и речи нет. Мы и прежнего-то срама не переживем... Помилуй, братец, кто нынче станет бунтовать против помазанника Божия?..

– Так что ж, батюшка? Уж не швед ли опять поднялся на святую Русь?

– Куда ему!.. И король-то их без вести пропал: говорят, в плену у турского салтана.

– Так все ли здорово в Москве?.. Не мор ли, батюшка?..

– Что мор! Господь казнит, Господь и помилует; а там, глядишь, опять пойдут времена благодатные.

– Да что ж такое, сударь?..

– А вот что, любезный, – продолжал Максим Петрович, понизив голос, – мне пишет Лаврентий Никитич, что наш православный государь... ох,

5

страшно вымолвить!.. Наш батюшка, царь Петр Алексеич... совсем онемечился.

– Что ты говоришь, батюшка! – вскричал Прокофий. – С нами сила крестная!.. Да как это может быть?

– Да, любезный! Он такие дела затевает, что не приведи Господи!.. Хочет, чтоб мы перенимали все у немцев.

– У немцев?.. Вот еще!.. Что нам у этих еретиков перенимать!.. Да давно ли этих паскудных немцев и в царских-то указах позорным именем называли?..

– Вот то-то и есть!.. А теперь посылают боярских детей в еретичные земли учиться немецким обычаям, хотят нас нарядить в разнополые немецкие кафтаны... обрить бороды...

– Обрить бороды! – воскликнул Прокофий. – Нет, батюшка, уж этого-то никак нельзя! Ведь мы православные, а не басурманы какие!

– Ну вот поди ты!..

– Да я хоть сейчас голову на плаху!.. Господи Боже мой, и что это нашему батюшке Петру Алексеевичу дались эти немцы?.. Что они, обошли, что ль, его?

– Эх, Прокофий! лиха беда поддаться демонской прелести, а там все пойдет как по маслу. Вот кабы государь не изволил ездить за море, так ничего бы не было, все осталось бы по-прежнему; а теперь как он набрался немецкого духу, так и слышать ничего не хочет. Да уж пускай бы помаленьку, не торопясь, – мы бы, старики, свой век отжили, а там что Бог велит!.. Ну, может статься, и в самом деле есть что перенять у немцев. Вот, примером сказать, хитрость ратную, корабельное плавание – то, другое; да это бы полегоньку, исподволь... а то вынь да положь!.. Вчера наш брат, русский, и якшаться с немцем не хотел, а сегодня ступай к нему под начал... Ну, да что об этом! выше лба уши не растут. И кабы мне не было надобности ехать в Москву, так я бы рукой махнул.

– А разве ты, батюшка, в Москву собираешься?..

– Что же делать, братец: и не хочешь, да едешь. Ты знаешь, что мою племянницу, Ольгу, люблю как дочь родную.

– Как не знать, батюшка!.. Да и кого же тебе любить? Она сиротка, выросла на твоих руках, а у тебя от покойной твоей сожительницы деток не осталось. Да ведь ты изволил говорить, что Ольга Дмитриевна по весне сама к нам сюда пожалует.

– Нет, брат, до весны-то далеко, а теперь ее в Москве у моей дуры сестры ни за что не оставлю. Того бабы-то, подумаешь! Подлинно правда, что у них волос долог, да ум короток. "Отпусти, дескать, батюшка братец, племянницу ко мне погостить! Ведь она у тебя живет в захолустье, свету Божьего не видит!" Вот тебе и отпустил!

– Так что ж, сударь?.. Ведь сестрица твоя, Аграфена Петровна...

– Да, была когда-то баба путная – русская барыня; а теперь хуже всякой немки стала.

– Как так?

– А вот достань-ка там за образами грамотку Лаврентия Никитича, – я тебе прочту, что он о ней пишет.

Прокофий вынул из-за образов довольно толстый свиток и подал его своему господину.

– Сначала-то, – сказал Максим Петрович, развертывая длинный столбец, – Лаврентий Никитич пишет ко мне о приезде государя Петра Алексеевича в Москву, о новых указах царских, о посылке дворянских детей в неметчину, о шутовском немецком наряде; а вот здесь... нет!., это он пишет о своей меньшой дочери... вот что: "Крестница твоя, Максим Петрович, Катюшка, премного тебе челом бьет и твоего отеческого благословенья просит. Она будет у нас большая грамотница: доучивает теперь заутреню; а напрежь сего учил Катюшку Макарка, наш приходский пономарь, и он, кутейник, меня обманывал: не доуча заутрени, часы начал учить. А нынче учит Катюшку Успенского собора псаломщик Григорий, – и я ученьем его зело доволен. Еще ж, друг сердечный, хотя мне весьма прискорбно говорить тебе об этом, а делать нечего, должен сказать: сестрица твоя Аграфена Петровна и племянница Ольга Дмитриевна свели дружбу с Ягужинскими, а те их вовсе с толку сбили и теперь о них – не при тебе будь слово сказано – идут такие непригожие речи, что все наши и знаться с ними не хотят. Они изволят щеголять в каких-то заморских фуро[1], повадились ездить в Немецкую слободу, и даже говорят, что будто бы дошли до такого окаянства, что на прошлой неделе в немецкой кирке[2] были..." Что, брат Прокофий, каково?

– В немецкой кирке! – повторил Прокофий, всплеснув руками.

– Слушай, слушай! – продолжал Максим Петрович. – "Сестрица твоя – и это я доподлинно знаю – наняла двух немчин; у одного твоя племянница обучается разным еретичным наукам и басурманским наречиям, а другой учит ее играть на каких-то клавироцымбалах – сиречь заморских гуслях..." Что, брат Прокофий, – а?.. Вишь, нашли какую гуслистку!.. Да слушай, слушай – то ли еще будет!.. "Еще ж скажу тебе, друг сердечный, что у нас завелись в Москве бесовские сходбища, они прозываются ассамблеями. Чаще всего бывают эти ассамблеи в Немецкой слободе у голландского купца Гутфеля. Вот съедутся к нему и наша братья, дворяне с женами и дочерьми, и всякая немецкая сволочь. И тут уж, любезный, не жди себе никакого почета: что знатная барыня, что

---

¹ Узкое прямое платье (от фр. fourreau).

немецкая купчиха – все едино: сядут они все рядышком; а этот чертов сын, Гутфель, как боярин какой, учнет похаживать да подчевать сластями наших барышень и своих немок; а там, как сберется их побольше, затрубят в трубы, заиграют на фиолях, молодые ребята-офицерики и немцы всякие подлетят к барышням, разберут их по рукам и пойдут пляски! Начнется всякое требесие, шум, гам, веселье, ну, ни дать ни взять, Содом и Гоморра в лицах. А дураки-то отцы и мужья, как будто бы не их дело, заберутся в особый покой, читают куранты, играют в шахматы, тянут пиво да вместе со старыми немцами табачище жрут. И по этим-то сатанинским игрищам Аграфена Петровна изволила всю зиму таскаться с твоей племянницей, которая, слышал я стороною, познакомилась там с каким-то гвардейским фенриком, – сиречь прапорщиком, и говорят, будто бы этот фенрик очень за нею ухаживал". Ухаживал!.. Слышишь, Кулага?

– Слышу, батюшка.

– Ну что, брат, – продолжал Максим Петрович, перестав читать, – ехать ли мне в Москву?

– Как не ехать, батюшка! Ведь надобно же нашу барышню выручить из этого омута. И что это с государыней Аграфеной Петровной сделалось?

– Воля, братец!.. Кути себе как хочешь: муж на службе царской в Азове, Бог весть когда назад вернется. Правда, и он хорош!.. Чай, радехонек, что жена его подружилась с Ягужинскими: "Теперь, дескать, у меня рука есть!"

А я так, батюшка, очнуться не могу. Эко непотребство, подумаешь!.. Какой-нибудь немчура, чумичка проклятый! чай, у себя дома-то булки пек, а теперь с боярской дочерью, с племянницей твоей, изволит поплясывать... Нахалы этакие!.. Как ходу-то им не было, так небось были тише воды ниже травы; а как посадили их за стол, так они и ноги на стол.

– Постой-ка, постой, Прокофий! – прервал Максим Петрович, вставая. – Чу!.. Слышишь?.. Никак ворота заскрипели?..

– Да, сударь, – сказал дворецкий, подойдя к окну. – Кажись, кто-то въехал на двор.

– Кого это Господь дает?.. Ступай-ка, Прокофий, проведай. Коли приятель – милости просим, коли проезжий– также добро пожаловать! Вели переменить свечи, водки приготовь да проворней сварить сбитшо с имбирем, чтоб проезжим-то людям было чем душу отвести. Чай, они, голубчики, больно прозябли.

– Все будет готово, батюшка.

Хозяин, оставшись один, свернул бережно длинный столбец, пригладил бороду и уселся опять в свои широкие кожаные кресла.

II

Спустя несколько минут дворецкий возвратился, неся в руках пару резных железных подсвечников, в которые вставлены были цельные сальные свечи.

– Ну, что? – спросил Максим Петрович.

– Проезжий, батюшка, военный и, кажись, начальный человек.

– Один?

– Нет, сударь. При нем служивый, – видно, денщик.

– Что, они очень продрогли?

– И, Господи!.. Насилу говорят. Служивые-то люди туда и сюда, а ямщик еле жив. Я велел втащить его в людские сени да оттирать снегом: совсем окоченел, сердечный! Ну, сударь, надоумил тебя Господь! Кабы ты не изволил приказать развести огонь за околицею, так пить бы им горькую чашу.

– А что, разве проезжие-то на огонек к нам выехали?

– Как же! Они с дороги сбились да плутали все по полю.

– Что, этот офицер парень молодой?

– Да, батюшка: ему, чай, и тридцати годков не будет.

– Ну что ж, зови его сюда.

– Просил пообождать. "Я, дескать, поразомнусь и отогреюсь немного, а то язык не шевелится".

– Ты проведал, кто он таков?

– Спрашивал у служивого: Василий Михайлович Симский, прапорщик Преображенского полка; такой красивый собою, ловкий детина, и по всему видно, не из потешных каких, а роду хорошего. Сейчас спросил, как зовут тебя по имени и по отечеству.

– Вот что!.. Симский... Мне что-то сдается... сам, что ль, я знавал или слыхал о каких-то Симских, – не помню хорошенько. Ступай, Прокофий, скажи, чтоб ему изготовили постель в предбаннике. Покои-то в доме красивее, да в них холодненько. Денщика сведи в людскую; коли пьет, так поднеси ему добрую красоулю вина, а коли нет, так напоить сбитнем, а там чем Бог послал.

– Будет сыт, батюшка.

– Ямщика также, как он совсем оттает, напоите, накормите и спать положите; а лошадок его вели убрать Парфену, да чтобы задал им побольше овсеца. Ну, ступай, и коли проезжий офицер пообогрелся, проси его сюда.

– Слушаю, сударь... Да вот никак он и сам изволит идти.

Долговязый Степка растворил дверь, и в комнату вошел молодой человек лет двадцати пяти. Этот проезжий был действительно замечательной наружности. Несмотря на багровый цвет его лица, которое горело от мороза, нельзя было не назвать его красавцем. Его черные глаза блистали умом и веселостию, а длинные шелковистые волосы расстилались крупными кудрями по широким плечам. На нем был мундир темно-зеленого цвета, весьма похожий на нынешние короткие однобортные сюртуки, с тою только разницею, что он был без воротника, на груди не сходился и что у него спереди на фалдах были большие клапаны, вырезанные по краям городками, а на руках широкие разрезные обшлага. Этот мундир был с медными золочеными пуговицами; под ним суконный камзол и нижнее платье, также темно-зеленые. На шее белый холстинный галстук с висячими концами, а на ногах высокие, по самое колено, сапоги с небольшими раструбами. Все украшение этого не слишком затейливого наряда состояло в том, что мундир, камзол, клапаны и обшлага обшиты были по борту золотым галуном, пальца в полтора шириною.

Максим Петрович встал.

Милости просим, Василий Михайлович! – сказал он, идя навстречу к своему гостю – Эй, Степка, стул!

– Зело благодарствую вам, высокопочтеннейший Максим Петрович, – промолвил офицер, кланяясь хозяину, – что вы меня, странного человека, изволили укрыть от холода и непогоды!

– Помилуй, батюшка, да за это нечего и спасибо сказать. Просим садиться.

– Всепокорнейше благодарю!

– Да зачем же на скамейке? Вот стул.

– Все равно, Максим Петрович. Пижайше прошу вас, не извольте себе чинить ради меня никакой турбации'.

– Турбации! – повторил про себя Максим Петрович, взглянув с удивлением на офицера. – Ну что, Василий Михайлович, – поотогрелся ли ты. – продолжал он, – Ведь погода-то не приведи Господи!

– Истину изволите говорить: совершеннейшее подобие морского штурма, или, паче сказать, смятение всех элементов.

– А по нашему просто: метель. Дозволь спросить: откуда путь держишь?

– Из Санкт-Петербурга. Ездил по указу начальства в Смоленск и Калугу; теперь пробираюсь в Москву.

– Так ты, сударь, не из здешней стороны?

– Нет, Максим Петрович, прошу экскузовать2! Я родом из Москвы, а служу теперь...

– Знаю, знаю: по-нынешнему, в царской гвардии, а по-старинному – в опричниках.

10

– Не прогневайтесь, Максим Петрович, – сказал офицер, улыбаясь, – я против этого протестую. Опричня была при государе Иоанне Васильевиче, а лейб-гвардия учреждена государем Петром Алексеевичем по примеру всех царствующих потентатов 3.

– Потентатов! – прошептал опять про себя Максим Петрович, нахмурив брови. – Так ты, Василий Михайлович, – молвил он, помолчав несколько времени, – недавно из этого... как бишь вы его зовете?.. Санк-Санк... Не прогневайся, молодец, я по-немецкому-то не горазд. Ну вот из этого бурха-то...

– Из Санкт-Петербурга. Я выехал оттуда на прошлой неделе.

– Ну, что у вас хам поделывается?

– Мало ли что: строят всякие здания, проводят каналы...

– И все идет успешно?

– Да, Максим Петрович! Поистине, доложу вам: Санкт-Петербург, яко некий парадис, процветает и, наподобие преизрядного младенца, каждодневно возрастая, всякими инвенциями ' украшается.

– Не осуди меня, старика, – прервал Прокудин, – ты, молодец, изволишь такие мудреные речи проговаривать, что я тебя и в толк не возьму. Ну вот, примером сказать, уподобляешь ты вновь созидаемый град какому-то парадису, – а что такое парадис?

– Парадис? Это иноземное слово; оно соответствует нашему слову: земной рай.

– Вот что! Так на что ж ты, говоря с русским человеком, называешь земной рай по-немецки?

– Привычка, Максим Петрович. У нас в Санкт-Петербурге все так говорят.

– Видно, под стать к вашим немецким кафтанам. Послушай, Василий Михайлович: я человек старый, никаким заморским хитростям не обучался, так нельзя ли тебе говорить со мною попросту?

– Прошу прощенья, Максим Петрович. Я мыслил...

– Что и мы, деревенские, также онемечились. Нет, батюшка, где нам! Мы все такие же неучи, какими были прежде. Ну, скажи-ка мне, Василий Михайлович, что у вас там строят?

– Царский дворец, адмиралтейство, фортецию– сиречь крепость.

– Крепость! Что ж, она сооружается наподобие Московского Кремля?

– Нет, Максим Петрович. Эта крепость строится по заморским чертежам, без башен, со многими бастионами и болверком – сиречь с выступами и с земляным раскатом.

– А что, обывательские-то дома прибавляются?

– Словно грибы растут.

– Не диво! Ведь по царскому указу все зажиточные дворяне должны там строить дома. Вот и мне на старости придется выстроить домишко; да только вряд ли я в нем новоселье буду справлять. Приказано строить – построю; а живи в нем кто хочет.

– Напрасно, Максим Петрович. Почему ж вам не приехать, хоть недельки на две, взглянуть на ваш дом, полюбоваться нашим Санкт-Петербургом...

– Нет, батюшка! коли я в Москву не могу собраться, так поеду ли к вам, за тридевять земель в тридесятое государство. Да и что мне у вас смотреть?

– Мало ли что? Вот, например, вы побывали бы там в кунсткамере.

– А что это, батюшка, такое?

– Это особый дом, в котором показывают всякие редкости.

– А, знаю, знаю!.. Еще недавно объявляли царский указ, чтоб со всех сторон присылали туда всяких уродцев. Вот мне сказывали: в прошлом месяце послали к вам из Серпухова мертвого теленка о пяти ногах, – эка вещь!.. Да я и живого-то теленка о пяти ногах видеть не хочу, – что тут за краса такая?..

– Ну, так посмотрели бы море.

– Море? Вот невидаль! Я смолоду служил в Астрахани воеводским товарищем и видел море-то почище вашего, – море Хвалынское!

– Поглядели бы, как иноземные гости к нам на кораблях приходят.

– Иноземных гостей и в Москве много, и корабли-то мне не в диковинку. Покатался я вдоволь по морю Хвалынскому, вплоть до самого Дербента ходил на парусах.

– Да это все не то, Максим Петрович! Что ваши волжские струга! Вы посмотрели бы на нашу гребную флотилию, галеры, осьмидесятипушечные корабли, покатались в шлюпке по Неве... Да что по Неве! У нас такое обилие вод, что можно весь город объездить в лодке.

– А пешком-то ходить, видно, не приходится: в болоте увязнешь.

– Нет, Максим Петрович: у нас, почитай, все большие улицы вымощены булыжником.

– Не диво: городишка маленький, рук много, а за булыжником дело не станет. Мне рассказывали, что у вас поля-то все усыпаны голышами: ни пахать, ни косить нельзя. А что, молодец, правду ли мне также говорили, будто бы в вашей стороне не русский народ живет, а какие-то латыши?

– Теперь и русских много.

– Что ж, эти латыши по-латыни, что ль, говорят?

– Да? речь у них совсем иная.

– Ну? нечего сказать: далеконько же этот новый городок поотшатнулся, и я – не прогневайся, Василий Михайлович, – мыслю так, что ему никогда не бывать знатным городом.

– Напрасно вы это изволите думать: Санкт-Петербург и теперь уж город нарочитый, и коли он сделается царскою резиденциею, сиречь столицею, так не диво, если с первопрестольным градом поверстается...

— С Москвою?.. Эк хватил!.. Нет, Василий Михайлович, далеко кулику до Петрова дня!.. Ну, может статься, по времени, ваш новый городишка будет не хуже города Архангельска, но чтоб он с Москвою когда поравнялся— не моги этого и думать.

— Да ведь и Москва, Максим Петрович, не всегда была такая, как теперь.

— Москва!.. Москва-то, любезный, нечто другое: она и великому Царьграду в версту будет!.. Ее, нашу матушку, не три дня строили!.. Вишь, скорохваты какие! Тяп да ляп, – ан и другая Москва готова. Нет, молодец, погоди!

В комнату вошли двое слуг, один с серебряным подносом, на котором стояли три полуштофика и две позолоченные чарки; другой с закускою, то есть с хлебом, паюсною икрою и жирным балыком.

— Прошу покорно! - сказал хозяин. - Какой прикажешь? Вот травничек, зорная...

— Нижайше благодарю! – отвечал Симский, кланяясь.

— Да выкушай, гость дорогой! А коли не хочешь ни травника, ни зорной, так милости просим отведать вот этой... отличная анисовка!.. Говорят, наш батюшка Петр Алексеевич изволил ее жаловать, так вам, верным его слугам, непригоже от нее отказываться... Выкушай за его здоровье, и я с тобой выпью чарочку.

Хозяин и гость налили себе по чарке анисовой водки, выпили стоя за здоровье царя русского, закусили; потом, когда слуги вышли, Максим Петрович завел речь о мундире, в котором был его гость.

— Что ж это, батюшка, – спросил он, – праздничный, что ль, это кафтан, или уж вы всегда в таких празументах ходите?

— У нас нет других мундиров, – отвечал Симский.

— Подумаешь: ну чем этот немецкий кафтан лучше нашего?.. Спереди вся грудь раскрыта, сзади затылок нечем прикрыть – и коротенько, и узенько!.. Сапоги выше колен...

— Да это по-походному, – прервал Симский, – а на стоянке мы сапогов не носим.

— Право!.. Так в чем же вы ходите?

— В башмаках и зеленых чулках.

— Чулках!.. Летом?

— И летом и зимою.

— И зимою!.. Да как же это?.. Ведь русский мороз чулочки-то не очень жалует.

— Ничего, Максим Петрович. Ну, как больно холодно, можно

поддеть?.. – Вестимо, можно. Да на что ж людей-то морочить? Я, дескать, и по морозу в чулках похаживаю! А глядишь: под чулками-то онучи намотаны.

– Что ж делать, Максим Петрович! Уж коли за морем так одеваются...

– За морем-то, говорят, тепло, а у нас холодно... Ах ты, Господи Боже мой!.. Вот оно и впрямь выходит, что немцы-то нас умнее. Русский человек хоть замерзни, да одевайся по-немецки; а поди-ка уговори какого-нибудь немца, чтоб он надел наш полушубок, – как бы не так!.. Он тебе тотчас скажет: "Нет, брат, спасибо. Наша земля не ваша, у нас в русском полушубке-то задохнешься!" Ну, а на головах-то что вы носите?.. Вот этакие шапки, что ль?..

– Нет, Максим Петрович, это по-дорожному, а на службе мы носим шляпы с пригнутыми полями.

– А, знаю, знаю!.. У меня проездом был один немецкий купчина в этакой шляпе; ни дать ни взять – пирог без начинки. По морозцу в ней не далеко уедешь! Хорошо еще, что вы теперь волосы отпускаете: все-таки есть чем уши прикрыть.

– А когда бывают парадные строи, так волосы-то у нас еще длиннее.

– Как так?

– Да, Максим Петрович: мы сверх своих волос надеваем пудреные парики.

– Пудреные парики? Что это за вещь такая?

– Париками называют накладные волосы, а коли они посыпаны пудрою, сиречь мукою, так их зовут пудреными.

– Ну, хитро придумано!.. На свои родные волосы надевать чужие, да еще мукой их посыпать!..

– Так уж везде заведено, Максим Петрович.

– Везде!.. Да пускай себе немцы хоть круглый год святки справляют, а нам, православным, грешно рядиться такими халдейцами и тратить понапрасну дар Божий.

– Я вижу, – сказал, улыбаясь, Симский, – что вам все эти новинки не по сердцу.

Прокудин взглянул недоверчиво на своего гостя и повторил вполголоса:

– Не по сердцу... не то что не по сердцу... Коли так угодно нашему батюшке Петру Алексеевичу, так воля его царская – мы все рабы его: что прикажет, то и делаем... а это так, между слов скажешь иногда... Человек же есть: посумнишься, подумаешь... "Что, дескать, ради чего это, на какую потребу?.." Да вот хоть, примером сказать, поговаривают, будто бы не токмо вам, людям ратным, но и всем православным указано будет бороды брить и носить немецкое платье. Но будь же милостив – скажи мне, ради чего это?

14

– А вот ради чего, Максим Петрович: государю Петру Алексеевичу желательно, чтоб мы, русские, ни в чем не были хуже наших соседей немцев и других иноземных народов.

– Да чем же мы их хуже?

– А тем, Максим Петрович, что они по своей эдюка-ции[1] и науке, во всяком деле больше толку знают, чем мы. Навигация, ратное дело, свободные художества и многие другие хитрости, в которых мы еще не искусились, находятся у них в преизрядном процветании; так любы ли нам немцы или нет, а перенимать у них следует. Вы скажете, может быть: "На что, дескать, нам все эти хитрости, – ведь мы жили же без них". Не те времена, Максим Петрович! То было в старину, а теперь без науки не далеко уйдешь. Да вот хоть в деле ратном: давно ли нас шведы походя били, а как мы понаучились от немцев, так и сами стали их поколачивать, да еще как!.. Нет, Максим Петрович, воля ваша, а нам, русским, нельзя не перенимать у немцев. Вот как наберемся от них ума-разума, так, может статься, и сами других поучим. Ведь это, сударь, круговая порука и обижаться этим нечего.

Прокудин улыбнулся.

Ну, молодец, – сказал он, – много ты наговорил, а все-таки не дал ответа на то, о чем я тебя спрашивал. Наука сама по себе– и мы, старики, знаем пословицу: "Ученье свет, а неученье тьма", да у нас речь шла вовсе не о том; я спрашивал тебя, ради чего должны мы, православные, одеваться как еретики и брить себе бороды? Да неужели государь Петр Алексеевич изволит думать, что коли русский человек отмахнет себе бороду, так в нем от этого ума прибудет? А если вместо ферязи натянет на себя кургузый кафтанишко, так станет хитрее всякого немца?

– Нет, он этого не думает.

– А коли не думает, так в чем же перед ним провинились наши бороды и почему русское одеяние, которым не гнушались наши предки, хуже этого общипанного заморского платья?

– Да это, Максим Петрович, не что ипое, как препарация, сиречь приготовление или, так сказать, начало. Чтоб перенять что-нибудь у немцев, надобно иметь с ними обхождение, не чуждаться их; а какое может быть у нас общение с иноземцами, коли между ими и нами не будет даже и наружного подобия? Вы сами знаете, что в старину мы, русскис, презирали иноземцев, смеялись над ними, называли погаными и даже за людей-то признавать не хотели, – и все это не потому только, что они другой веры, а больше потому, что они явно отличались от нас своим платьем, обычаями и бритою бородою. Теперь, как мы сами будем брить бороды и одеваться как они, так мало-помалу свыкнемся с ними, перестанем их чуждаться, и нам будет вовсе не зазорно учиться у них тому, чего мы еще не знаем и что нам зело знать надлежит. Да вот хоть, например, случалось мне принимать к нам в полк рекрутов, сиречь новобранцев; пока они еще в своих сермяжных зипунах, в лаптях и с бородами, так глядят медведями на своих товарищей солдат, да и те на них не больно ласково посматривают; а как их обреют да оденут в мундиры, так они как век с ними жили: все разом переймут, откуда возьмется и удаль и сметка солдатская, ну, словом, вовсе переродятся. Так изволите видеть, Максим Петрович, что значит платье-то! Оно, кажись, ничего, а посмотришь – нет! тот же человек, да не тот.

– Вижу, Василий Михайлович, вижу! Так вот оно что: немцы-то солдаты, а ны новобранцы... Так, батюшка, так!.. Да только вот что: бород-то много на святой Руси, а не у всякого руки на самого себя подымутся, так всех-то брить от казны тяжеленько будет.

– И, Максим Петрович, была бы на это воля царская!

– Воля царская! – прервал Прокудин. – Не прогневайся, молодец: борода-то не что другое – с ней не всякий захочет расстаться. Нет, Василий Михайлович, не знаю, как вы, люди молодые, а мы, старики, не то думаем... Да, батюшка, да! В голове моей царь волен, а в бороде нет!.. Что ухмыляешься? Всеконечно так!.. Пусть себе бреют бороды эти заморские еретики... им что! Они, чай, и Бога-то не знают... А чтоб у православного рука поднялась на такое искажение образа Божия... нет, любезный! Уж коли желаешь кого осрамить, так прежде сними с него голову, а там и ругайся над ним как хочешь... Да что об этом говорить! – продолжал Прокудин, вспомнив, что человек, с которым он беседует, вовсе ему незнаком. – Мало ли что болтает народ. Наш благоверный царь Петр Алексеевич – государь милостивый: может статься, ему и в голову не приходило насильно брить нам бороды. И к чему насильно? Охотников найдется много. Один оскоблит себе рыло, чтоб на немца походить, другой ради того, чтоб выслужиться... Ведь нынче не прежние времена: столбовые-то люди повывелись... Эй, Степка, вели накрыть здесь стол. Милости просим, Василий Михайлович, поужинать с нами чем Бог послал. Да не прогневайся, поваришка-то у меня простой, у немцев не учился.

Во время ужина Прокудин начал снова расспрашивать своего гостя о Петербурге и слушал его с большим вниманием; но когда Симский сказал между прочим, что широкая и многоводная Нева по красоте своей может назваться первой русской рекою, он прервал его и промолвил, улыбаясь:

– Конечно, Василий Михайлович, конечно! Где нашим старым рекам: Волге, Дону и Днепру равняться с вашею новой рекою!.. Правда, по этой речонке, что мы Волгой зовем, проедешь, почитай, все царство русское. Да это что!.. То ли дело ваша Нева!.. Говорят, будто бы она вытекает из Ладожского озера и течет вплоть до самого моря немецкого – сиречь невступно шестьдесят верст. Эка речища, подумаешь!

Однако ж по ней большие корабли ходят. Как же, батюшка! Недаром говорится: "Большому кораблю большое плаванье". Ведь шутка вымолвить– шестьдесят верст!.. Поди-ка пройди их! Ну, да Ьог с пей! Пусть она лучше нашей кормилицы Волги, так же как ваш новый город лучше нашего первопрестольного града – перед вами!.. А кстати о первопрестольном граде: что ты, батюшка, поживешь-таки в Москве?

– Недолго, Максим Петрович, с неделю, может быть.

– Сиречь до великого поста? Что у тебя там, знакомые, что ль, есть или сродственники?

– Знакомых довольно, а близких родственников один только дядя. Я у пего и остановлюсь.

– А кто твой дядюшка?

– Стольник Данила Никифорович Загоскин.

– Данила Никифорович?.. Старинный, батюшка, приятель! И отцы-то наши меж собою хлеб-соль важивали. Ну вот, Василий Михайлович, примером сказать, твой дядюшка – худо, что ль, послужил и словом и делом нашим царям-государям? Ты, чай, знаешь, что во время стрелецкого мятежа и нестроения Данила Никифорович в Коломенском походе, в Савине монастыре и в разных других местах, не жалея живота своего, стоял за царей православных? Я сам читал в царской жалованной грамоте, как он пришел в скорых числах, многолюдством и, видя в царствующем граде мятеж, стоял с бояры и воеводы крепко, мужественно и верно, по своему отечеству и по породе, за что и жалован многими отчинами и всякой милостию царской. Уж нечего сказать: верный слуга Петра Алексеевича, да к тому ж и ума палата– а все-таки старины придерживается, не ходит в немецком платье и бороды не бреет.

– Давно бы обрил, – сказал Симский, улыбаясь, – кабы не тетушка Марфа Саввишна...

– Нет, молодец! – прервал с жаром Прокудин, – видно, ты плохо дядю-то своего знаешь. Конечно, он любит и даже чтит свою благочестивую супругу, но уж верно бы не послушался ее, когда бы она не дело ему советовала. Данила Никифорович человек умный, видно, смекнул, что русская борода ни уму, ни науке, ни службе царской не помеха; и я голову мою прозакладаю, что он не променяет своей бороды ни на какие почести и хоть век останется стольником, а уж ни за что не наденет немецкого кафтана!.. Ну, Василий Михайлович, – продолжал Прокудин, вставая, – коли голоден, так не осуди: я не ждал сегодня такого дорогого гостя.

– Помилуйте, Максим Петрович! – сказал Симский, низко кланяясь хозяину, – да вы изволили меня так оттрактовать, что я и слов не нахожу для моего благодарения: поискали вашей ласкою, накормили и напоили досыта.

– Ну, коли сыт, батюшка, так и слава Богу!.. Да пе пора ли тебе отдохнуть, Василий Михайлович? Ты, я чаю, сегодня больно умаялся...

– Да, Максим Петрович, признательно вам доложу...

– Так с Богом!.. Кулага, вели проводить его милость в опочивальню да приходи скорей назад, – и мне уж время па боковую. Прощай, молодец, до завтра!

– Я завтра отправлюсь чем свет, – сказал Симский, – так вряд ли с вами увижусь. Не прикажете ли чего в Москву?

– Кланяйся от меня дядюшке.

– Буду кланяться. Прощенья прошу, Максим Петрович!

– Спокойной ночи, Василий Михайлович, приятного сна!

Когда Прокудин, помолясь Богу, начал раздеваться, Прокофий спросил его, понравился ли ему проезжий служивый.

– Как тебе сказать, – отвечал Максим Петрович,^ парень бойкий и собой молодец, да не нашего поля ягода.

– А что, сударь?

– А вот что, братец: имя-то у него русское, да речь-то полузаморская, а душа, я чаю, вовсе немецкая.

– Эка жалость, подумаешь! А ведь молодец и роду, сударь, хорошего. Денщик мне сказывал, что батюшка вашего гостя был казанским воеводою и оставил сынку-то своему знатные поместья.

– А все бы я за него племянницы ни за что не выдал. Ее и теперь дура сестра таскает с собой к этому немцу Гутфелю, а с таким мужем она, пожалуй, и к обедне-то станет ездить в немецкую кирку... Ну, ступай, Кулага! – примолвил Прокудин, ложась на широкую скамью, которая заменяла ему постель, – да пошли ко мне Егорку слепого, он начал еще на прошлой неделе рассказывать мне сказку о каком-то новгородском богатыре и царевне Ирекрасе. Никак не могу дослушать: лишь примется рассказывать, тотчас и засну, видно, уж сказка такая.

Через несколько минут вошел в комнату сказочник Прокудина, Егорка слепой. Он доплелся ощупью до первого угла, прислонился к стене и начал:

Вчера, государь Максим Петрович, я досказал тебе, как новгородский богатырь, дворянин Заолешанин, побил наголову все поместное войско поганого царя Аспаруха и как он, поганый царь Аспарух, бежал в свой крепкий град Буюслан и засел в нем за тремя каменными стенами в своем высоком тереме. Изволишь помнить, Максим Петрович?

– Помню, помню!.. Рассказывай небось!

– Слушаю, батюшка!.. Ну вот, сильный, могучий богатырь Заолешаиин погулял и понатешился, потоптал своим удалым конем рать басурманскую, разметал ее по широким степям и гнал ее, не отдыхаючи, вплоть до самого града Бугослана. Тут он дал маленько вздохнуть своему борзому коню, спял с него уздечку позолоченную, дал пощипать травки в заповедных лугах, напоил водицею из царского студенца любимого, а там вскочил на него опять соколом и учал ездить вкруг высоких стен; затрубил в свой рог серебряный и крикнул зычным голосом: "О, ты гой еси поганый царь Аспарух! Коли сердце в тебе молодецкое, выходи со мной помериться во чисто поле, а пе выйдешь – разорю твой крепкий град дотла, раскидаю твои высокие стены по макушку, сорву с могучих плеч твою буйную головушку и отвезу ее в тороках во святой град Киев ребятишкам на потешище и посадским бабам ради игрища". Вот кричит он день, кричит другой, кричит третий... Тут рассказчик остановился, стал прислушиваться, помолчал несколько времени, потом махнул рукою и, пробираясь вдоль стены, вышел потихоньку вон из комнаты.

III

Солнце было уже близко к полудню, когда Симский, переменив лошадей в Подольске, миновал наконец село Коломенское и стал приближаться к Москве. День был ясный, погода тихая, воздух легкий и прозрачный, – словом, одни только наносные бугры снега, которыми покрыта была большая дорога, напоминали о прошедшей бурной ночи. Вот вдали проглянул и начал подыматься Иван Великий, забелелись соборы и обрисовался на светло-голубых небесах опоясанный своею зубчатой стеною, усеянный башнями и обставленный царскими палатами, высокий холм кремлевский; потом зачернелась необозримая громада зданий, в которой сливались в одну сплошную и волнистую полосу бесчисленные избы простых обывателей, церкви, монастыри, брусяные хоромы зажиточных людей и каменные боярские дома с их вышками и теремами.

– Ну что, Демин, – сказал Симский своему денщику, который сидел на санном облучке рядом с ямщиком, – видишь Москву?

– Вижу, Василий Михайлович.

– Бывал ли ты в ней когда-нибудь?

– Никогда не бывал.

– Так ты, видно, родом не из понизовья?

– Никак нет, Василий Михайлович, и я, и батюшка мой, и дед, и прадед – мы все родом из Великого Новгорода.

– Ого, брат Демин! Да ты, я вижу, человек родословный: все родство свое помнишь.

– Как не помнить! Ведь батюшка мой был человек грамотный, а прадедушка служил господину Великому Новгороду, в Шалонской пятине, в селе Александровском, волостным старостою.

– Вот что! Ну, а как тебе, Демин, отсюда Москва кажется?

– Хороша, Василий Михайлович! Ни дать ни взять как наш батюшка Великий Новгород, и Кремль, кажись, такой же; чай, только этакого собора нет, как наша святая София.

– А вот приедешь, так посмотришь.

– Что это там вдали белеется? – спросил Демин ямщика, указывая па круглую башню, к которой паши путешественники быстро приближались.

– Вон энта-то, с черной верхушкою? – отвечал ямщик. – Это Калужские ворота.

– Ворота!.. Что ж, за ними уж и Москва пойдет?

– Ну да, – Замоскворечье.

– Ого! Вот налево-то от Кремля – Москва же?

– Как же – Москва! Вот прямо Белый город, поле-в-ее Чертолье, а там слободы.

– А направо-то?.. Неужели это все Москва?

– Коли пе Москва, а то что ж?

– Что, новгородский уроженец, – сказал Симский, заметив удивление своего денщика, – видно, спеси-то в тебе убыло.

– Ну, – прошептал Демин, – никак и впрямь Москва-то побольше будет Новгорода!.. У, батюшки!.. Вон еще вдали забелелись церкви... Ах, Господи, да ей и конца нет!..

– Конец-то есть, – прервал ямщик, помахивая кнутом. – А неча сказать, коли мне придется вас везти от Калужских ворот до Немецкой слободы, так я лошадок-то больно упарю.

– Небось, брат, – сказал Симский, – дальше Знаменки не поедем.

– До Знаменки только?.. Ну это что! – рукой подать... Эй вы, други!

Наши путешественники въехали Калужскими воротами в ту часть Земляного города, или Скородома, которая, по своему местному положению, называлась и теперь еще называется Замоскворечьем. Кругом них царствовала мертвая тишина, изредка только попадались им какие-то нищие в лохмотьях, которые, однако ж, не просили милостыни, а, робко озираясь кругом, пробирались сторонкой вдоль домов, по большей части совершенно разоренных. Одни из этих прохожих, видя, что в санях сидят люди служивые, одетьге на немецкую стать, отворачивались и даже прятались за углами домов; другие, напротив, останавливались и, гордо посматривая на проезжих, провожали их взорами, в которых незаметно было ничего приязненного.

– Что это, брат, – шепнул Демин, толкнув локтем ямщика, – едем мы городом, а людей не видим, и куда ни поглядишь, все пустые да разоренные дома. Вот хоро-минка преизрядная, а посмотри-ка: окна выбиты, двери настежь... вона опять домишко на боку... ворот нет, одни вереи остались... А это что?.. Кажись, не горело, а весь дом с корня разорен. Что ж это такое?

– Да хозяев-то нет дома, – отвечал ямщик.

– Куда ж они подевались?

– А кто их знает. Чай, перебрались все на Божедом-ку, а оттуда разбрелись по погостам.

– Сиречь померли... Что ж это такое? Или у вас мор был?

– Мор не мор, а много буйных головушек легло. Мы, служивый, едем теперь стрелецкой слободой.

– Вот что!.. – прошептал Демин, робко посматривая кругом.

В продолжение этого разговора ямщик, который ехал до того все прямо улицей, поворотил налево и, миновав обширный луг, выехал на Серпуховскую улицу. Тут стали с ними встречаться довольно часто и проезжие, и проходящие. Вот мимо наших путешественников промчался на красивом аргамаке боярский сынок в собольей шапке и бархатном зипуне с золотыми петлицами; вслед за ним проехала московская барыня в своем зимнем экипаже, то есть в обитом красным сукном огромном ящике, поставленном на длинные дровни. Этот неуклюжий возок запряжен был гусем в две лошади, из которых переднюю вел под уздцы конюх; позади, на полосках, стоял слуга, а впереди шли, разумеется, шагом, два скорохода. Вслед за этим чинным поездом прокатил на лихой тройке в красивых пошевнях молодой купчик, а за ним протащился шажком архимандрит соседнего монастыря, в длинных лубочных санях, у которых не было кучерского места, потому что кучер, или, по-тогдашнему, повозчик, правил лошадью, сидя на ней верхом.

– Ну вот здесь полюднее, – сказал Демин, – а все не то, как у нас в Новгороде. Там почитай всегда и на Софийской стороне, и в Славянском конце народ так и кишит.

– Погоди, служивый, – прервал ямщик, – как выедем на бойкое место, так ты не то заговоришь. Здесь что! А вот как подъедем к Берсеньевскому мосту, так пронеси Господи! В базарный день проезду нет, а пуще обозы; иной раз всю улицу запрудят – ни взад ни вперед! А сунься-ка наудалую, так тебя разом вверх копыльями!.. Да вот посмотри-ка вперед... вишь, как они дерут порожняком!.. Эва на!.. Ряда в четыре едут.

В самом деле, с каждым шагом вперед, на улице становилось теснее. Кому из московских жителей случалось ехать в базарный день от Москворецкого моста по Пятницкой, тот знает, что такое эти бесконечные обозы, а особливо едущие порожняком, которые скачут иногда сломя голову, потому что лошадьми или вовсе никто не правит, или правят мужички под хмельком, для которых в эту минуту море по колено В течение последних двух столетий обычаи русских крестьян почти вовсе не изме- нились, — и в старину так же, как нынче, редкий мужичок, продав на базаре привезенный им товар, не завернет, бывало, в царское кружало, то есть в кабак; а уж если русский человек хватит лишнюю чарку, так вы его никак не заставите ехать по-немецки, то есть шагом или маленькой рысцою; он будет кричать, орать песни и скакать до тех пор, пока не одолеет его сон и вожжи не вывалятся из рук. Когда наши проезжие стали приближаться к Москве-реке, навстречу им, от Всесвятских ворот, хлынул один из этих безумных поездов. На переднем возу в нагольном тулупе нараспашку сидел рыжий детина, красный как маков цвет; заломив набекрень свою шапку, он гнал и в хвост и в голову саврасую лошаденку, запряженную в широкие розвальни. Вслед за ним неслись дюжины две порожних саней; в одних сидели и правили полупьяные, в других лежали и также правили вовсе пьяные мужики, а некоторые из подвод были оставлены совершенно на волю лошадей; и, надобно сказать правду, эти добрые крестьянские лошадки вели себя гораздо благоразумнее людей: они должны были скакать поневоле, но по крайней мере не обгоняли друг друга и не кидались из стороны в сторону. Вся эта разгульная ватага, не обращая внимания на крик и угрозы других проезжих, мчалась вдоль по улице, наполненной народом, зацепляя и ломая все, что ей ни попадалось навстречу.

— Эк их черти несут! — прошептал ямщик, завидев издали этот обозный ураган. — Смотри-ка, смотри! всю улицу захватили, мошенники этакие!..

— Эй вы, мужичье!.. — гаркнул Демин. — Иль не видите, кто едет?.. Держи к одной!

— Куда вы лезете? — закричал ямщик, грозя кнутом. — Ах вы, борноволоки этакие, обломы проклятые!.. Держи правей!.. Держи правей!.. Тише вы, тише... дери вас горой!.. Ах вы, разбойники!.. Ну!!!

Это последнее восклицание сделал ямщик, лежа уже на боку подле своей пристяжной; ее подшибли раскатившиеся розвальни передового обозника, которые в то же время опрокинули и сани проезжих. Прежде чем они успели справиться, на них наехали еще две подводы, смяли остальных лошадей, изорвали всю сбрую и сшибли с ног Демпна, который хотел было своротить их в сторону.

— Держите их, держите! — заревел Демин, вскочив на поги.

— Держите! — закричали многие из проходящих, не трогаясь с места.

— Держите! — повторили уличные ребятишки, прыгая босиком по снегу и помахивая своими спущенными рукавами.

Но держать было некому. Все кричали: "Держи, держи!", и все расступались, чтобы пропустить этих хмельных мужичков, для которых, как я уже сказал, в минуту разгула всегда бывает море по колено.

— Ну, правду ли я вам баил? — сказал ямщик, подымая вместе с

Деминым сани и пристяжную лошадь. – Здесь, подле Всесвятских ворот, в базарный день бедовое дело! А на Берсеньевском мосту и того хуже: со всех сторон народ так и валит, вовсе проезду нет... Эге! – продолжал ямщик, осматривая лошадей. – Да сбруя-то вся хоть брось!.. Ах они шальные, пьяницы этакие!.. Смотри-ка, что понаделали!

– Да, брат, – сказал Демин, – постромки никуда не годятся...

– Что постромки!.. Ты посмотри-ка шлею на пристяжной... А дуга-то где?.. Оба гужа лопнули... Ну!.. Озорники этакие!.. Чтоб им до дому не доехать, проклятым!..

– Да нельзя ли как-нибудь связать, чай, с тобой веревки есть?

– Чего связать!.. Нет, уж делать нечего: побудьте здесь, а я как раз сбегаю.

– Куда?

– Да вот тут недалече живет у меня куманек, – покучусь ему, авось даст хомут на коренную.

– Так оставайся, Демин, здесь, – сказал Симский, – а я пойду пешком. Послушай-ка, любезный, – продолжал он, обращаясь к ямщику, – как ты управишься, так ступай на Знаменку. Ты знаешь там дом стольника Данилы Никифоровича Загоскина?

– Нет, батюшка.

– Ну, а знаешь ли ты на Знаменке дом князя Хованского?

– Большие каменные палаты... в три жилья... крыша такая узорчатая?

– Ну да!

– Как не знать.

– Так насупротив-то крытые гонтом бревенчатые хоромы...

– А! Знаю, знаю, батюшка! На дворе еще такая высокая голубятня, с длинным шестом, а на шесте-то петушок?

– Ну, так приезжай же туда.

– Ладно, батюшка, приеду.

Ямщик побежал к своему куму, а Симский, оставив при санях Демина, пошел к Всесвятским воротам. Эти ворота, сходные по своему зодчеству с нынешними Иверскими воротами, стояли на берегу Москвы-реки, у самого въезда на Берсеньевский мост, который назывался также и Всесвятским.

Этот мост, замененный впоследствии нынешним Каменным мостом, служил в то время единственным постоянным и падежным сообщением Замоскворечья с остальными частями города, потому что, вместо нынешнего Москворецкого моста, перекинут был через реку деревянный живой мост, то есть длинный плот без перил, по которому ездить не всегда было безопасно. Бе-рсеньевский каменный мост был вовсе не щеголеватой наружности, но зато весьма прочной постройки. На нем во всю длину выстроены были лавки, а под арками поднята вода, и у каждого быка стояло по водяной мельнице о нескольких поставах. На другой стороне Москвы-реки, против Всесвятских ворот, подымалась широкая четырехсторонняя башня с воротами, которыми, прямо с Берсеньевского моста, въезжали в Белый город. Эти ворота, которые давно уже не существуют, назывались Троицкими.

Симский с трудом мог продраться сквозь толпу проезжих и прохожих, которые теснились на Берсеньевском мост'; но ему еще труднее было попасть в Троицкие ворота, потому что, за исключением узкого проезда, все пространство между ними и мостом было загромождено шалашами, мазанками, выносными очагами, на которых пекли лепешки, скамьями и лавочками с разным мелочным товаром, с поношенным платьем, со всякою ветошью и ломаным железом. Продавцы этого хлама, называемые в старину не купцами, а щепетильниками, кричали во все горло, выхваляя свой товар и приглашая покупщиков. Посреди толпы шныряли сбитенщики со своими баклагами, разносчики гречневиков с конопляным маслом, медовой патоки с имбирем и знаменитого калужского теста без всякой приправы. Посадские бабы в коломенковых шубах и меховых шапках, горожанки в теплых ферезях с длинными рукавами, приказные в долгополых синих кафтанах, боярские слуги в нагольных тулупах и сотни разных празднишатающихся зевак лакомились этими сластями, толпились около лавочек, торговали, шумели, спорили и не давали никому прохода. Наконец Симскому удалось выбраться за Троицкие ворота. Оставив в левой стороне Крымский двор, он пошел вдоль стены Белого города; дойдя до Лебединого пруда, повернул мимо Царского сада, расположенного на берегу Неглинной, и вышел на Знаменку. Тут Симский должен был снова остановиться, потому что два обоза, из которых один тянулся от Чертольских, а другой от Арбатских ворот, съехались с третьим, едущим из Кремля, и захватили совершенно всю улицу. Тогда в Москве во многих местах, и почти на всех перекрестках, стояли нищенские избы или богадельни, в которых жили и питались мирским подаянием убогие и недужные люди. Эти богадельни служили также иногда приютом подкидышей, которые там и воспитывались, следовательно, почти всегда, как бесприютные сироты, поступали в число нищей братии, без которой и до сих пор наша доброхотная и христолюбивая Москва обойтись не может. Чтоб выждать, когда проедут обозы, Симский остановился у одной из этих нищенских изб. У самых ее дверей, на завалине, сидели две старухи и грелись на солнышке. Обе они были в овчинных шубейках, которых покрыши составлены были из разноцветных полинялых лоскутов. У одной были на ногах истасканные коты, другая была обута в поношенные лапти.

– Ну вот, Федосьевна, – молвила старуха в котах, не замечая, что близехонько подле них стоит прохожий барин, – вот нам Господь Бог и весну дает. Эка теплынь, подумаешь!

– И, что ты, голубка! – отвечала старуха в лаптях. – Что даст Господь опосля великого поста, а теперь мы еще и блинков не ели, так до весны-то далеко. Да что твоя Настька, не вернулась?

– Нет еще, Федосьевна. О-хо-хо-хо, избаловалась она совсем! Вот и вчера, и третьего дня ходила, ходила, и в городе по рядам, и в Кремле по боярским домам, а что принесла? Две полушки, серебряную копеечку да полкалача!.. Ох, Федосьевна, обманывает она меня!

– И я то же мекаю, Кондратьевна. Да вот хоть нынче ночью мне не спалось, – слышу, она щелкает орехи. "Откуда это у тебя, Настька, орешки-то завелись, а?" – спросила я. "Добрые, дескать, люди подали". А я себе думаю: "Врешь, проклятая, купила!" Ну, где слыхано, чтоб милостыню подавали калеными орехами!

– То-то и есть, Федосьевна: приемыш все приемыш! А мало ли я с ней горя натерпелась! Вот ровно четырнадцать годков, как ее в Петров день подкинули; я взяла ее на свои руки, ноченьки целые не спала; выкормила рожком, сколько денег на молоко поистратила, а вот тебе и спасибо!..

Тут подошла к избе безобразная девчонка в лохмотьях, сверх которых висел у нее через плечо на мочальной веревочке сплетенный из лыка кошель.

– А, это ты, Настька! – сказала Кондратьевна. – Поди-ка сюда, поди!.. Да постой, постой! – продолжала она, схватив ее за руку. – Куда ты?

– В избу, бабушка, погреться, – отвечала девочка Я вовсе окоченела.

– Вишь, барыня какая, – окоченела!.. Мы и старухи, да в избе не сидим.

– Да полно, бабушка, отцепись, – пусти!..

– Погоди, голубушка, не замерзнешь. Ты мне скажи, где ты до этой поры таскалась?

– Мало ли где: в Чертолье была, у Арбатских ворот, здесь, по Знаменке, ходила...

– А много ли выходила?..

– Да что, бабушка, – видно, уж такой день выдался: никто не подает.

– Так ты ничего не принесла?

– Ломтика четыре хлебца.

– Только-то? А что я тебе говорила: как пойдешь по Знаменке, зайди неотменно на двор к боярыне Марфе Саввишне Загоскиной?

– Заходила, бабушка.

– Так тебе и там ничего не подали?

– Ничего.

– Врешь, врешь, негодная!.. Кто другой, а Марфа Саввишна всегда подает. Она – дай Бог ей много лет здравствовать! – нищую братию любит.

— Да у них, бабушка, в дому что-то нездорово.

— Нездорово?

— Видно, что так. Я сначала зашла с переднего крыльца, на крыльце стоит, пригорюнившись, дворецкий Сидор Иваныч. Бывало, он и сам всегда мне подаст, да еще по головке погладит, а тут как закричит: "Пошла, пошла, — не до тебя!" Вот я от него прочь да к девичьему крыльцу... постояла, постояла — никто нейдет. Думаю: взойду в девичью, мне не впервые. Взошла, гляжу — нянюшка Прокофьевна сидит да так и заливается слезами, на всех сенных девушках лица нет. Не дали мне словечка вымолвить: "Ступай, ступай! Бог подаст!.." — "Кормилицы, — сказала я, — доложите вашей барыне..." — "Куда докладывать! — молвила Прокофьевна. — До того ли ей теперь!" Да как вдруг завопит: "Ах ты, батюшка Hani, Данила Никифорович, снял ты со всех с нас голову!" А ключница Матрена — такая злющая, завсегда лается, как вскинется на меня: "Убирайся, говорят, а не то я тебя голиком! Пошла, пошла!" Так по шеям меня и выгнала. Да пусти же меня, бабушка, в избу-то: я вовсе прозябла.

— Постой, постой! Дай-ка мне свой кошель.

— Да на что тебе? В нем, окромя хлеба, ничего нет.

— Добро, добро, — прошептала Кондратьевна, — я посмотрю... Ломоть, другой, третий... А это что? — вскричала она, вынимая из кошеля медовую сосульку и пряничного конька с золоченой гривою. — Это что?.. Ах ты, воровка-мошенница этакая!

Симский, который слышал весь разговор, не стал дожидаться конца этому розыскному делу. Ему было вовсе не до того. Он любил своего дядю как отца родного, а если девочка говорила правду, так с Данилою Никифоровичем случилось какое-нибудь несчастие или он был при смерти болен. Несмотря на то, что на улице было еще очень тесно, Симский пустился бегом по Знаменке. Пробираясь между возов, он вышел кое-как на свободное место и с ужасною тоскою и замиранием сердца добежал наконец до обширного двора, посреди которого стояли длинные хоромы дяди его, заслуженного стольника Данилы Никифоровича Загоскина.

IV

Симский прошел всем двором, не встретив никого. В передней не было тоже ни души. Он вошел потихоньку в столовую; в этой комнате сидела под окном и горько плакала пожилая барыня, одетая по-домашнему: в штофной поношенной кофте и тафтяной юбке, которая была когда-то красного цвета. В то время давно уже вошли в употребление женские черевички, то есть башмаки; но эта барыня была обута, по старинному обычаю, в сафьянных сапожках, вышитых бисером. За поясом у нее висела связка ключей, а на голове надета была круглая бархатная шапочка с меховым околышем.

– Ах, друг мой сердечный, – вскричала барыня, – Васенька!

– Здравствуйте, тетушка! – сказал Симский торопливо. – Что дядюшка?

Марфа Саввишна всплеснула руками, ухватилась за шею племянника и, опустив голову на его плечо, громко зарыдала.

– Ах, Боже мой, Боже мой! – проговорил Симский. – Да где же дядюшка?.. Покажите мне его.

Пойдем, мой друг, пойдем, – сказала Марфа Саввишна, всхлипывая, – я тебе покажу его!.. Не узнаешь ты своего дядю! – продолжала она, заливаясь слезами.

"Господи! – подумал Симский, идя вслед за своею теткою, – так, видно, уж добрый мой дядюшка лежит в гробу?"

Пройдя несколько комнат, Марфа Саввишпа отворила дверь небольшого покоя и промолвила едва слышным голосом:

Ну вот, Василий Михайлович, гляди!

Симский, который воображал, что найдет в этой комнате своего дядю если не умершим, то, по крайней мере, при последнем издыхании, переступил с ужасом через порог, и вот что он увидел перед собою: старик лет шестидесяти пяти, но, по-видимому, довольно еще бодрый, сидел в креслах, обитых цветной камкою. Цирюльник, преважный немец с красной рожею и длинным носом, добривал б'ороду этому пожилому барину. Позади кресел стоял, как приговоренный к смерти, мрачный и угрюмый служитель с перекинутым через плечо белым полотенцем. Поодаль плакала втихомолку старая женщина, держа в руках серебряную лохань с рукомойником. На столе лежала полная пара немецкого платья и треугольная шляпа, а над ними висел на гвоздике огромный парик с длинными кудрями.

– Дядюшка! – проговорил с удивлением Симский.

– А, здравствуй, брат Василий! – вскричал Данила Никифорович. – Добро пожаловать!

– Так вы здоровы?

– Слава Богу.

– А я было как перепугался! Глядя на тетушку...

– Ты подумал, что мне уж отходную читают? Ну, что с ней будешь делать: ревет себе, да и только!

– Батюшка Данила Никифорович!..

27

– Что, матушка Марфа Саввишна, иль еще вдоволь не наплакалась?

– Да как мне не плакать? Ну посмотри на себя, на кого ты походишь?

– А что и в самом деле: чай, годков десять с плеч свалилось?.. Дайте-ка мне зеркальце!.. Ступай, любезный, – продолжал Данила Никифорович, обращаясь к цирюльнику, – скажи дворецкому, чтоб он тебе заплатил.

Цирюльник, как истый немец, вытер не торопясь свои бритвы, уложил их бережно в футляр, свернул бритвенный ремень и, поклонясь с той гордой важностью, которою вообще отличаются все немецкие ремесленники, вышел вон из комнаты.

– Ну что, Марфуша, – сказал Данила Никифорович, обтираясь мокрым полотенцем, – ведь этак-то гораздо лучше?

– Помилуй, батюшка, да что тут хорошего? А грех-то какой, грех!..

– И, полно, жена!.. Коли нет греха стричь волосы, так какой же грех обрить себе бороду?.. Ведь это все едино. С нас будет и старых грехов, матушка, так новых-то выдумывать нечего.

– Мне, батюшка, где с тобою спорить: я баба глупая, а послушай-ка, что говорят умные люди.

– Умные люди! сиречь Максим Петрович Прокудин да Лаврентий Никитич Рокотов с братиею?..

– А что, разве они люди глупые?

– Нет, Марфа Саввишна, особенно Максим Петрович Прокудин крепко неглуп. Да ведь есть и старообрядцы люди очень умные, а заговори-ка с ними о православии, так они понесут такую околесную, что уши вянут.

– Вот вздумал с кем равнять своих приятелей!

– Да воля твоя, Марфа Саввишпа, в чем другом, а в упрямстве они старообрядцам не уступят. Чай, по-ихнему без бороды и в рай не попадешь.

– А почем знать, батюшка? Что, если в самом деле...

– Слышишь, что тетка-то говорит? – прервал Данила Никифорович, улыбаясь. – Ну, племянник, худо нам с тобою будет!

– На него, сударь, не изволь ссылаться, – сказала с жаром Марфа Саввишна, – он человек служивый, хочет не хочет, а делай, что ему прикажут, этот грех не на нем. А тебя кто неволил? Ты ведь не служишь, живешь на покое, царского указа тебе не читали... Так из чего ж ты взял на душу этот грех? А коли, по-твоему, греха в этом нет, так ты бы хоть людей постыдился. Ну что ты теперь? На молодого парня не походишь, на старую бабу также, – ни дать ни взять немец-булочник, что нам хлебы ставит!.. Уж если ты не пожалел своих седых волос, так пожалел бы меня, старуху!.. Мне стыдно будет в люди показаться: все добрые люди станут на меня пальцами указывать. Ведь я, батюшка, жена твоя, твой стыд – мой стыд! И на что? и для чего?..

– Я уж тебе толковал для чего, да ты слушать меня не хочешь.

– Батюшка Данила Никифорович! не изволь на меня гневаться, может статься, я глупо скажу, а воля твоя: как ни толкуй, а по мне, что стриженая девка, что бритый мужик – все едино. Я уж не говорю о том, что скажет Лаврентий Никитич Рокотов: он теперь и знаться с тобой не захочет...

– Так что ж? Коли он любил не меня, а мою бороду, так Господь с ними!

– А что мне будет от Надежды Карповны, от Аполлинарии Степановны, от Нимфодоры Алексеевны?..

– Батюшки мои!.. Да они меня со свету Божьего сживут, в гроб вгонят!.. "Что, дескать, Марфа Саввишна, ваш Данила Никифорович, говорят, бородку обрить изволил, немецкое платьице носит?.. Ну что, матушка, к лицу ли ему?" Господи, Господи! Как подумаю об этом, так у меня сердце и оторвется!..

– Ну что, Марфа Саввишна, никак опять собираешься плакать? Добро, добро, ступай-ка лучше да похлопочи, чтоб нашему дорогому гостю комнату приготовили. Ему после обеда не худо будет отдохнуть, чай, устал с дороги. Ступай, матушка!.. Ступай и ты, Еремей, я еще погожу одеваться. А ты, Прохоровна, оставь здесь рукомойник и лохань, а сама убирайся в девичью, да коли у тебя такая охота рюмить – так плачь там, будет с меня и жены... Поверишь ли, племянник, – продолжал Данила Никифорович, когда они остались одни, – замучили! Ревут да хнычут все утро, словно по покойнику.

– Зато я не плачу, дядюшка, а очень рад... нашего полку прибыло.

– Ну, брат Василий, не ждали мы тебя. Ведь и двух месяцев нет, как ты от нас уехал.

– Да, дядюшка, я и сам не чаял попасть так скоро опять в Москву. Теперь абшита' взять нельзя: наш полк выступил в поход.

– Куда?

– Покамест в Польшу. Князь Александр Данилович Ментиков оставил меня на время при себе. Недели две тому назад он послал меня с депешами в Смоленск и Калугу, дозволил завернуть на недельку в Москву, повидаться с родными, а там уж мне указано отправиться по прямому тракту к моей команде.

– Вот что!.. Ну, рад, мой друг, что мы с тобой хоть недельку поживем вместе. Вот уж масленица на дворе, блинков с нами поешь, повеселишься... А, да, кстати, о веселье: мне сказывали, что сегодня у твоего приятеля, Адама Фомича Гутфеля, будет вечеринка, по-вашему – ассамблея.

– В самом деле? – вскричал с радостию Симский. – Так уж позвольте мне, дядюшка, я сегодня к нему поеду.

– Ступай, мой друг! я затем и сказал тебе. Дело твое молодое, почему

29

не повеселиться. Только знаешь ли что, племянник? В последний твой приезд ты не пропустил ни одной вечеринки; только, бывало, и слышишь: "Еду, дескать, к Адаму Фомичу на ассамблею". И теперь что-то не путем обрадовался. Уж не приглянулась ли тебе у Гутфеля какая-нибудь красоточка?.. Эге, брат! что ж ты этак покраснел?.. Неужели в самом деле?.. Мне сказывали, что у Гутфеля дочка такая пригожая... Послушай, племянник: я слышал от многих, что Адам Фомич старик добрый, богатый, знаю и то, что государь его жалует, а все-таки он купец и не нашей веры. Я человек не спесивый и немцев не чуждаюсь, а, не прогневайся, и я скажу: нашему брату, родовому дворянину, жениться на какой-нибудь купеческой дочке вовсе не приходится. Как бы муж ее ни любил, а все житье ей будет коротенькое: мужнина родня станет ее поедом есть, а посторонние будут смотреть на нее свысока, знаться с нею не захотят... Да еще и Гутфель-то захочет ли выдать свою дочь за русского: ведь они также крепко своей веры держатся.

— Помилуйте, дядюшка! да я и сам ни за что не женюсь на дочери Адама Фомича.

— А коли ты только так, ради одной потехи, хочешь бедную девку с ума свести, так это еще хуже. У нас на Руси за хлеб-соль и ласковый прием говорят спасибо, а ты хочешь... Эх, племянник, нехорошо!

— Да почему вы думаете?..

— Как не думать! Лишь только я об этом намекнул, так посмотри, как ты раскраснелся.

— Ну, дядюшка, делать нечего: я лучше отдамся вам на дискрецию 1 и всю правду скажу. Я точно повстречался у Гутфеля с одной девицею, которая зело мне по сердцу пришлась; но только эта девица русская и хорошего рода.

— Право? А кто ж она такая?

— Я видел ее три раза у Гутфеля; она приезжала к нему со своей теткой, Аграфеной Петровной Ханыковой.

— С Аграфеной Петровной Ханыковой, у которой муж на службе в Азове?

— Точно так, дядюшка.

— А племянницу-то как зовут, не Ольгой ли Дмитриевной?

— Да, Ольгой Дмитриевной.

— Э, так это Запольская. Она так же, как ты, брат, круглая сирота: у нее нет ни отца, ни матери. Мы с ее родным дядею, Максимом Петровичем Прокудиным, старинные приятели.

— Ах, Боже мой!.. Да я у него вчера ночевал, и он еще велел вам кланяться. Да что ж это, дядюшка: коли вы с ними знакомы, так как же я ни разу их у вас не видал?

— Бабьи сплетни, братец! Жена моя стала выговаривать Аграфене

Петровне, зачем она ездит в Немецкую слободу; та разгневалась, перестала к нам жаловать, а уж Марфа Саввишна сама ни за что на свете к ней не поедет.

— Ну что, дядюшка, не правда ли, что Ольга Дмитриевна...

— Да! Девица хорошая, умная и, говорят, очень благонравная. Ее осуждают, что она частенько по вечеринкам изволит ездить, и тетушку за это побранивают; а как их послушаешь, так они обе правы. Ольга Дмитриевна ездит з-тем, что это угодно тетушке, а Аграфена Петровна з-тем, чтоб племянницу повеселить^– так и выходит, что они обе ездят поневоле. Да пускай себе и по охоте, – беда небольшая. Пора нам перестать держать взаперти наших жен и дочерей; и добро бы еще это был коренной русский обычай, а то ведь нет: мы переняли его у татар.

— Так вы думаете, дядюшка...

— Да, брат Василий, да: она по всему тебе пара, и достаток есть.

— Так что ж, дядюшка?..

— Да вот изволишь видеть: Максим-то Петрович ей вместо отца родного, а он человек упрямый, держится старины и не очень жалует вашу братию – гвардейских офицеров.

— Помилуйте!.. Да он меня так обласкал, такую атенцию ' во всем показывал...

— Это само по себе. Прокудин вовсе не походит на какого-нибудь Лаврентия Никитича Рокотова: тот не стал бы и говорить с тобою; а Максим Петрович мужик умный, большой хлебосол и всегда рад угостить проезжего человека, кто бы он ни был; но только вряд ли выдаст за тебя племянницу, – не то у него в голове. Он часто мне говаривал: "Коли посватается за Оленьку человек добрый, степенный, хорошего рода, русский по имени, русский по обычаю, – так милости просим; а за какого-нибудь молодчика с бритой бородкою, который на немца смахивает, я ни за что ее не выдам". Да ты как вчера к нему попал?

— Вовсе нечаянно: меня загнала к нему метель.

— Ну что он с тобою поговорил?

— Да все смеялся над Петербургом.

— А ты?

— А я за него горой стоял...

— Ох, худо, брат!

— Потом начал позорить наш мундир, над немцами подшучивать.

— А ты?

— А я за них заступался.

— Ну, худо!.. Вот то-то и есть, – зачем ты с ним спорил?.. Молчал бы, да и только.

— Но разве я мог отгадать...

— Что Ольга Дмитриевна родная племянница Максиму Петровичу?..

Ну конечно, этого ты отгадать не мог. Да Максим-то Петрович тебе в дедушки годится, так пригоже ли тебе с ним заедаться? Я – дело другое: у нас с ним бой равный. А ты что перед ним?.. Молокосос. И что за беда старику уступить? Да пусть он себе говорит что хочет.

– Так поэтому, дядюшка, мне нечего и надеяться?

– Да, племянник, большой надежды нет... Впрочем, почем знать? Попытка не шутка, а спрос не беда. Я съезжу прежде поговорить с теткою, а там, пожалуй, и в деревню- к Максиму Петровичу поеду, и если мы его уломаем, так теперь на слове положим, а там, как вернешься из похода, веселым пирком да за свадебку!.. Сегодня, может статься, ты опять увидишь ее у Гут-феля... Ведь вы, чай, там меж собой разговариваете?

– Как же, дядюшка, и танцуем и разговариваем.

– Так ты, братец, поразговорись с нею хорошенько, рассмотри ее порядком и себя ей покажи. Вот, подумаешь, – продолжал Данила Никифорович, – когда государь Петр Алексеевич изволил учредить эти ассамблеи и указал на них бывать и женам и дочерям боярским, так мало ли крику-то было: "Последние, дескать, времена наступили, антихрист воцарился! Уж коли православный государь заводит такие богопротивные сходбища, так чего ждать путного?" А прежние-то пирушки лучше, что ли, были? Съедутся на вечеринку, начнется попойка; барынь и барышень нет, так стыдиться некого, – пей себе в мертвую чашу! А как нарезкутся, так пойдут всякие непригожие речи, срамные холопские пляски, непотребные песни. То ли дело на этих ассамблеях. Как ты станешь бесчинствовать? Коли не постыдишься своей жены, так перед чужой будет совестно. Иной бы, пожалуй, хватил темную да вприсядку пошел, а тут нельзя! Выпьет стаканчик, другой – да и к сторонке. А это также разве безделица? Теперь ты приедешь на ассамблею, увидишь девицу, она тебе приглянется; ты с нею поговоришь, познакомишься и если задумаешь на ней жениться, так знаешь, на ком женишься; не то что прежде: бывало, ты свою невесту и в лицо никогда не видывал, а чтоб промолвить с нею словечко – да забудь об этом и думать! Под венцом она стоит в покрывале, кто ее знает, – может быть пригожа, а может статься, и рожа-то на стороне! Меня точно так же венчали... Да я-то еще слава Богу: моя Марфа Саввишна была красавица. Когда в опочивальне она встретила меня без покрывала да поклонилась в пояс, так у меня сердце запрыгало от радости! С другими не то бывало: иному сваха наговорит и Бог весть что: грудь лебединая, и брови собольи, и с поволокою глаза... а уж разумница-то какая! что слово скажет, то рублем подарит!.. А там, посмотришь, приедет от венца, заговоришь с нею – дура набитая, взглянешь на нее – батюшки, пугало огородное: рябая, кривая, носатая!.. Вот тебе и с поволокою глаза!.. Ну, пожалуй, после залучи к себе сваху, потешься, отломай ей бока, а что прибыли: жена не башмак, с ноги не сбросишь!..

– Так, дядюшка, так!.. Ассамблеи, а также и австерии поистине наиполезнейшие и зело премудрые учреждения. Ну, рассудите сами: какой я могу ожидать сатисфакции1 от супружества с девицею, которую не только не знаю персонально, но и в глаза-то никогда не видывал? Ведь жена, как вы сами изволите говорить, не башмак, вы его не станете носить, коли он натирает вам мозоль, а с женою-то что будешь делать?..

– Да, любезный, какова попадется, а уж не прогневайся, – развенчивать не станут. Ну-ка, брат Василий, – продолжал Данила Никифорович, вставая, – пособи мне халат надеть, чай, пора обедать... Да вот, кажется, за нами пришли... Что ты, Фаддей, кушанье готово?

– Готово, батюшка, – сказал слуга с низким поклоном, – Марфа Саввишна изволит вас дожидаться.

– Пойдем, племянник, покушай на здоровье, а там приляг да сосни хорошенько. Ты с дороги-то ни на что не походишь; а ведь тебе, любезный, – промолвил Данила Никифорович, выходя вместе с Симским из комнаты, – следует явиться к Адаму Фомичу молодцом. Смотри, брат, чтоб все немки, глядя на тебя, разахались; только сам-то не больно за ними ухаживай, – помни, брат, охотничью пословицу: "За двумя зайцами погонишься, ни одного не поймаешь".

Симский отправился в шестом часу после обеда к Адаму Фомичу Гутфелю. Иноземный гость, амстердамский уроженец, Адам Фомич Гутфель жил на Кукуе, то есть в Немецкой слободе, против самой кирки, в собственном доме. Хотя этот длинный деревянный дом очень походил на обширные хоромы русского боярина, однако ж во многом напоминал родину своего хозяина. Особенно отличался он от других домов своими широкими равносторонними окнами, черепичной кровлею, подъездом с улицы и резными дубовыми дверьми с двумя огромными медными скобами, из которых одна, повешенная на петлях, заменяла колокольчик, то есть возвещала о приходе гостя, который мог постучать ею как молотком в приделанную к дверям медную бляху. Какой-то путешественник, говоря о голландцах, сказал, что они любят жить очень чисто и для того беспрестанно моют все на свете, исключая своих собственных рук. Не знаю, до какой степени справедливо это замечание, но во всяком случае Адам Фомич вполне оправдывал его собою. У него во всем доме не было ни пылищи: столы, стулья, поставцы – словом, вся домашняя утварь лоснилась и блестела, как будто бы ее сейчас привезли из лавки. Но зато он сам почти всегда ходил неряхою и его толстые красные руки вовсе не могли назваться опрятными даже и тогда, когда у него была ассамблея и он принимал гостей; но на этот раз Адам Фомич, видно, об этом позаботился. Его борода была выбрита гладко, уки не запачканы, манжеты накрахмалены, и коричневый суконный кафтан с огромными пуговицами был почти так же чист, как цветной ковер, постланный в сенях и по всем ступенькам лестницы. Говоря о кафтане Адама Фомича, я упомянул только мимоходом о его огромных пуговицах, а они заслуживают особенного описания. Собственно сказать, это были не пуговицы, а весьма хитрой работы круглые медальоны с выпуклыми стеклами, под которыми очень искусно уложены были пестрые бабочки, красивые козявки, зеленые жучки и разные другие диковинные букашки: одним словом, это бортище пуговиц или, лучше сказать, этот голландский кунштштык мог служить вывескою для знаменитой петербургской кунсткамеры. Отчего же Адам Фомич принарядился таким необычайным образом? Зачем стоял он в сенях у самого крыльца, несмотря на то, что на дворе было довольно холодно? Ради чего дородная его супругу в пышном фуро из шелковой японской материи, вышла в переднюю комнату и держала в руках китайский лакированный поднос, на котором лежал хлеб, голландский сыр и стояла серебряная чарка с анисовой водкой?.. Читатель, может быть, позадумается, желая решить этот вопрос, но Симский, войдя в дом, сейчас догадался, что Адам Фомич ожидает к себе на ассамблею государя Петра Алексеевича. Вслед за Симским подъехал, в простых лубочных санях, царский комнатный писец Иван Антонович Черкасов. Он вошел в сени и, обращаясь к хозяину дома, сказал:

— Государь мой Адам Фомич Гутфель! Его царское величество изволил прислать меня экскузоваться перед вами. Сегодня он никоим родом не может у вас быть и ради того приказал мне: вместо себя, поклон вам отдать, поцеловать фрау Гутфель, выпить за ее здоровье кружку полпива и повеселиться на вашей ассамблее.

Проговорив эти слова, Черкасов чинно поклонился Адаму Фомичу, потом, чтоб исполнить в точности высочайшее повеление, облобызался с фрау Гутфель и пошел вместе с ними в приемную комнату. Эта приемная комната, лучшая во всем доме, была оклеена китайскими бумажными обоями, по углам стояли фарфоровые кувшины с цветами, а в простенках висели овальные зеркала в золоченых узорчатых рамах. За этим покоем была обширная гостиная, которая в то же время служила и танцевальной залой. В третьей, и последней комнате, обитой голландскими кожаными обоями, стояли вдоль степ дубовые столы, па которых насыпаны были небольшими кучками амстердамский кнастер ¹ и гамбургский вак-штап². Тут же лежали глиняные голландские трубки, и сверх того на каждом столе поставлено было по нескольку оловянных кружек с полпивом; на одном только кружка была серебряная, и крутом, вместо простых деревянных стульев, стояли четыре стула и одно кресло, обитые пунцовым утрехтским бархатом. Разумеется, этот стол был приготовлен для государя и остался незпятым. Посреди комнаты, на круглом столе, разбросаны были немецкие газеты, которые в то время назывались по-русски курантами, а на особых столиках приготовлены были, для охотников, шахматные доски. Вообще, все комнаты освещались сальными свечами, а полы, исключая одной гостиной, усыпаны были мелким песком.

Войдя в гостиную, Симский увидел с первого взгляда, что в числе посетительниц ассамблеи не было Аграфены Петровны Ханыковой и ее племянницы. Почти все русские барыни сидели вместе, особнячком от немок, и резко отличались от них не только своим пышным нарядом, но и каким-то принужденным видом, чопорной осанкой и совершенной неподвижностью. Затянутые в длинные талии своих робронтов, они не смели пошевелиться и, казалось, приросли к стульям. Изредка только и разом все, как будто бы по команде, они поворачивали свои головки, чтоб взглянуть на входящих гостей. Потом те из них, которые были побойчее, перешептывались меж собою, а другие принимали снова свое неподвижное положение и продолжали молчать. Разумеется, в числе русских барынь не было старых женщин. На частные ассамблеи никто не был обязан ездить поневоле, следовательно, одни только львицы тогдашнего времени осмеливались так явно нарушать обычаи своих предков. Совсем не то происходило на немецкой стороне: там говорили довольно громко, смеялись, молодые вертлявые немочки задирали мужчин, разговаривали с ними; пожилые голландки, из которых многие были в кофтах, вязали чулки, а даже одна старуха, теща Адама Фомича, преспокойно штопала бумажный полосатый колпак, вероятно, принадлежащий его тестю. Вот, наконец, вошел какой-то русский барин с молодой женою и двумя девицами; они показались Симскому гораздо развязнее и ловчее других – по крайней мере эти гости и говорили и двигались. Когда вслед за ними приехало еще несколько гостей, Адам Фомич, в сопровождении двух служанок, которые несли подносы, уставленные тарелками, начал потчевать дам всякими сластями, то есть цукатами, китайскими леденцами, марципанами и разными другими заморскими лакомствами. Симский, по-вертясь несколько времени в гостиной и не встречая никого из своих знакомых, прошел в угольную комнату. В пей находились одни только мужчины, и в том числе много русских, но они все без исключения были в немецких кафтанах. За одним столом сидел Черкасов и разговаривал с каким-то необычайно дородным барином, которому, вероятно, очень надоедал туго подтянутый галстук, потому что он вертел поминутно головою и даже запускал по временам за галстук пальцы, чтоб оттянуть и сделать хотя несколько просторнее этот проклятый немецкий ошейник, который мешал ему дышать свободно.

– Так, сударь Иван Антонович, правда, батюшка! – говорил он, повертывая головою. – Этот немецкий наряд, который я недавно еще ношу, истинно лучше нашего русского одеяния: и краса не та, и покою больше...

– Право? – прервал с насмешливой улыбкою Черкасов. – Так что ж вы, Андрей Алексеевич, беспрестанпо вертитесь, как будто бы вам неловко?

– Привычка, Иван Антонович, привычка! Меня и маленького за это часто журили: все, бывало, верчу головою. А, смею вас спросить, по какой причине государь Петр Алексеевич не пожаловал сегодня к господину Гутфелю?

– Я думаю, для того, чтоб не соблазниться и не скушать чего-нибудь за ужином.

– Да разве его царское величество изволит недомогать?

– Нет, слава Богу, он здоров.

– Так почему ж ему не покушать? Гутфель кормит своих гостей хорошо.

– В том-то и дело, а государь уже четвертую неделю не изволит ничего кушать, кроме пустых щей, хлеба и гречневой каши.

– Что вы говорите?..

– Право так. Государь Петр Алексеевич хотел изведать на самом себе, достаточна ли для пропитания и полного продовольствия солдата отпускаемая для него казенная порция, и для этого в течение целого месяца решился питаться одним солдатским пайком.

– Скажите пожалуйста! Ах, Господи, да зачем же он изволит себя так изнурять? Приказал бы кому-нибудь из своих генералов...

– Нет, Андрей Алексеевич, у его царского величества обычай уж таков. "Изведаю, дескать, на себе самом, так это будет повернее". Ведь он же не послал в Голландию никого из своих генералов учиться корабельному художеству, а сам пошел в рабочие люди; зато уж его теперь никакой иноземный мастер не проведет; он тотчас ему скажет: "Врешь, немец! Я это дело не хуже твоего знаю".

– А что, осмелюсь вас спросить, господин фельдмаршал, Александр Данилович Меншиков, пожалует ли к нам в Москву?

– Не думаю, – отвечал сухо Черкасов, закуривая свою трубку.

– Жаль, очень жаль!

– А почему вы так об этом жалеете? – спросил Черкасов, глядя пристально на толстого б. арина.

– Да как же, Иван Антонович, я еще ни разу не удостоился его видеть и, признательно вам доложу, желал бы очень взглянуть на – толь великого мужа.

Черкасов нахмурился.

– Да, сударь, – продолжал толстый барин, – дорого бы я дал, чтоб посмотреть на сего знаменитого полководца и верного слугу царского, который в столь короткое время...

– Попал в фельдмаршалы, – прервал Черкасов. – Ну, что ж тут диковинного? Государь волен жаловать кого хочет.

– Конечно, конечно! Да ведь жалует-то за дела...

– Неравны дела, Андрей Алексеевич: за иное дело как не пожаловать, а есть и такие дела, за которые следует по законам, несмотря на лицо, не токмо сослать в каторжную работу, но даже и весьма живота лишать.

– Неоспоримо есть, да ведь таковые люди достойное по своим делам и приемлют, а я говорю вам об Александре Даниловиче Меншикове.

– И я вам о нем же говорю.

– Как-с? – прошептал с ужасом толстый барин.

– Да так! Сегодня фельдмаршал, а завтра капрал.

– Кто-с?..

– Да тот, кто государя обманывает... Да что об этом говорить: коли Господь до времени терпит и царь покамест милует, так не наше дело!.. Только, право, не мешало бы господину фельдмаршалу почаще вспоминать пословицу: "Повадился кувшин по воду ходить..."

Андрей Алексеевич, который до того по милости своего галстука был ярко-пунцового цвета, вдруг побелел как мука; он робко посмотрел кругом, хотел что-то вымолвить, поперхнулся, начал кашлять и, не говоря ни слова, встал со своего места, а Черкасов взял со стола гамбургские газеты и принялся их читать. Меж тем Андрей Алексеевич подошел к двум господам, которые играли в шахматы; один из них, замечательный по своей необычайной худобе и быстрым лукавым глазам, играл, по-видимому, гораздо бойчее своего соперника, человека пожилых лет, в огромном парике с длинными кудрями и немецком светло-голубом кафтане.

– Шах и мат! – возгласил торжественно первый игрок, подвигая вперед пешку.

– Позвольте, позвольте!.. – прервал господин в голубом кафтапе.

– Не беспокойтесь, Аркадий Тимофеевич: шах или мат! Хоть до завтрева думайте, вам ходу нет. Здесь конь, а там визирь... Ну, куда вы ступите?

– Ах, какая досада! Так вы мне делаете шах и мат пешкою?

– Да, не прогневайтесь, иногда простая пешка задаст такого шаху, что и визирь не очнется.

– Истинно так! – сказал толстый барин вполголоса. – Неравна пешка: вот хоть этот кабинетский писец Черкасов... Ну что такое писец?.. Не велика птица...

– Да ноготок востер! – молвил господин в голубом кафтане.

– Подлинно востер! Кабы вы послушали, что он сейчас со мною говорил...

– А что такое, батюшка Андрей Алексеевич? – спросил с любопытством худощавый барин.

37

– И теперь очнуться не могу!.. Как он изволил позорить... да ведь вслух!..

– Позорить? Кого?

– Страшно вымолвить!.. Александра Даниловича Меншикова!..

– О, Господи! – воскликнул с ужасом худощавый барин. – И он это говорил с вами?..

– Я, батюшка, сейчас ушел... видит Бог – ушел!.. Слушать не стал!..

– Смотри пожалуй! Эка дерзость, подумаешь!.. Ну вот, сведи знакомство с таким человеком – беда!.. Пропадешь ни за денежку!.. И добро бы еще особа какая!.. Дело другое князь Яков Федорович Долгорукий, князь Ромодановский... Шереметев... а то писец... мальчишка... слеток этакий!.. Да что он, о двух головах, что ль?..

– И одна, да, видно, хороша! – прервал господин в голубом кафтане. – Недаром он в такой милости у государя.

– Право?..

– А как же? Да смел ли бы он этак поговаривать... помилуйте!.. Мне сказывал Бартенев, сослуживец Черкасова, что он и в глаза-то Меншикову Бог знает что говорит. Вам, я думаю, известно, что Александр Данилович человек надменный?..

– Как же, батюшка... вельможа!

– Вот однажды он обошелся грубенько с Черкасовым, а тот ему при свидетелях напрямик сказал, что если бы о всех делах его узнал государь, так перестал бы он кичиться своей знатностью и презирать честных людей.

– И Меншиков это вытерпел?..

– Где вытерпеть!.. Разгневался, поехал жаловаться государю.

– Что ж было с Черкасовым?

– Да ничего.

– Скажите пожалуйста!.. Ну, я думаю, Александр Данилович не очень его долюбливает?

Вероятно, только он держит это про себя. Мне рассказывал Крекшин, что однажды государь сильно изволил разгневаться на Меишикова и позвал его к себе в кабинет. Что там было, никто не видел, а слышать слышали. Меншиков, который подозревал в этом деле Черкасова, вышел из кабинета растрепанный, стал оправляться... вдруг – пырь ему в глаза Черкасов. Что ж вы думаете?.. Чай, Александр Данилович, сгоряча, взглянул на него зверем, ругнул?.. Ничуть не бывало, он пожал ему руку и сказал очень ласково: "Все ли вы, Друг мой, в добром здоровье?"

– Ну!.. Так, видно, государь очень его жалует.

– Да так-то жалует, что я не подивлюсь, коли Иван Антонович махнет прямо из кабинетных писцов в кабинет-министры.

– Что вы говорите!..

– Право так.

– В кабинет-министры!.. Вот подлинно, кому какая судьба!.. А знаете ли что? – продолжал худощавый господин, обращаясь к толстому барину. – Мы с Иваном Антоновичем в свойстве: моя внучатая тетка была за его двоюродным... да еще, полно, не за родным ли дядею; а ведь стыдно сказать: мы с ним не знакомы... Все как-то не случилось: он в Санкт-Петербурге, я в Москве; он приедет в Москву, я в деревне... Ну, словно в гулючки играем!.. И жена мне сколько раз говорила: "Что это, батюшка, ты не познакомишься с Иваном Антонычем? Ведь мы с ним свои..." Послушайте, Андрей Алексеевич, благо случай вышел, сведите нас теперь.

– С моим удовольствием.

– Скажите ему просто: вот, дескать, Ардалион Михайлович Обиняков, племянник вашей тетушки, Ирины Савельевны Таракановой...

– Хорошо... пойдемте же...

– Постойте, постойте!.. Мне кажется... ну, так и есть: он изволит читать куранты, так мы ему помешаем... лучше после.

– Как вам угодно.

Меж тем Симский, выкурив трубку табаку, пошел опять в гостиную; в одно время с ним вошли в эту комнату, только с противоположной стороны, две новые гостьи: одна из них женщина лет под тридцать, довольно приятной наружности, другая в самом цвете молодости, то есть лет семнадцати, высокого роста, с темными голубыми глазами и очаровательным лицом, белым как снег и румяным как весенняя заря, одним словом прелесть собою. Адам Фомич и его супруга встретили их с приметным удовольствием. И надобно сказать правду – эти новые гости вовсе не походили на прежних. Вместо того чтоб поклониться слегка хозяйке и ее дочери, они просто расцеловались с ними. Разумеется, такое свободное обхождение показалось для многих совершенно неприличным. Чопорные русские дамы стали поглядывать друг на друга, ухмыляться, началась общая шепотня, и насмешки градом посыпались на этих новоприезжих барынь.

– Посмотрите, Матрена Дмитриевна, – шепнула одна толстая краснощекая госпожа, толкнув локтем свою соседку, молодую женщину, которая была бы очень недурна собою, если б ее лицо поменьше лоснилось от белил и огромные брови дугою были насурьмлены немного поискуснее, – посмотрите, Бога ради, ну на что это походит?.. Кто говорит, почему не приехать на ассамблею к какой-нибудь немецкой купчихе... Да надобно, чтоб она знала себя и разумела других, а обходиться с ней как с своей сестрой дворянкой... помилуйте!..

– Конечно, конечно!.. Ведь, пожалуй, эта немка Сдуру подумает, что она и в самом деле нам ровня.

– Вон, к ним идет Адам Фомич... Господи, того и гляди, что они бросятся к нему на шею!

– Ах, что вы говорите, Ирина Никитична! – прервала Матрена Дмитриевна, закрываясь своим опахалом. – Как это вам не стыдно?

– Да от этой Ханыковой все станется!.. А племянница-то ее, Запольская... ах-, какая бесстыдница!.. Посмотрите: расхаживает, улыбается, говорит... ну, точно у себя дома, девчонка этакая!..

– Вся в тетушку!.. Да куда это она кинулась?.. Ирина Никитична, посмотрите: сама подошла к этой старухе... вон что в углу-то колпак штопает... Матушки, матушки!.. Слышите ли? Ведь она говорит с нею по-немецки!

– Неужели?

– Видит Бог, так!..

– Скажите пожалуйста!.. Что ж, это для того, чтоб почваниться перед нами.

– Известное дело!

– Видишь какая!.. Вот бы ей кстати выйти замуж за какого-нибудь немца-булочника.

– А что вы думаете... я не поручусь!.. Уж коли она выучилась говорить по-немецкому, так почему ж и веру не переменить и замуж не выйти за немца?

– Конечно, конечно!.. Посмотрите, Матрена Дмитриевна, что это за молодец к ней подлетел?.. Кажется, гвардейский офицерик?

– А, знаю, знаю!.. Он давно уже за нею ухаживает... Фу, какой шаркун!.. Так и рассыпается!

– Да кто он такой?

Мне сказывали, какой-то Симский... Что это он ей напевает?.. А, видно, что-нибудь такое... глядите, как она вспыхнула!

– Ну, это еще хорошо, Ирина Никитична, видно, совесть есть.

– Какая совесть!.. Вон видите: она прямехонько смотрит ему в глаза, говорит с ним... смеется... Фу, срам какой!

– От нее чего ждать, Ирина Никитична, девчонка глупая, да тетке-то как не стыдно, чего она смотрит?

– Помилуйте, до того ли ей!.. Поглядите, как ее облепили и немцы и русские!.. А она-то, матушка моя, так и коверкается, то с тем, то с другим!.. Ну, нечего сказать, хороша барыня!..

– И, Матрена Дмитриевна! муж в Азове, унять некому, так что ей, гуляй себе, да и только!

– А вот начинаются и танцы... Что вы, Ирина Никитична, минавею пойдете?

– Может быть.

– А если вас станут подымать на кондратанец¹?

40

– Нет, Матрена Дмитриевна, покорнейше благодарю!.. В прошлый раз достался мне какой-то долгоногий немец, да прыгун какой... замучил, проклятый!.. Ни за что не пойду!

Через несколько минут во всю длину гостиной выстроились в два ряда все танцующие пары, кавалеры против дам. Две скрипки и одна флейта затянули что-то похожее на протяжную немецкую песню, и бал открылся неизбежным церемонным менуэтом, который впоследствии заменился крутлым, а потом уже теперешним длинным польским. Этот церемонный танец, в котором дамы беспрестанно приседали, а кавалеры поминутно кланялись, продолжался довольно долго. Разумеется, Симский танцевал с Запольской и, надобно сказать правду, весьма неудачно. Вместо того чтоб заниматься своим делом, он не спускал глаз с Ольги Дмитриевны, подымал правую руку вместо левой и почти всегда кланялся невпопад. В числе зрителей, которые сошлись со всех сторон посмотреть на танцы, находился также Ардалион Михайлович Обиняков, этот худощавый шахматный игрок, который успел уже познакомиться с Черкасовым. По-видимому, этот господин не обращал ни на кого особенного внимания, а меж тем исподтишка посматривал беспрестанно на Симского и его танцовщицу; при каждой новой ошибке Симского он улыбался с таким лукавством и так выразительно, что, казалось, хотел сказать: "А, голубчик! знаем мы, отчего ты ошибаешься!" Вот под конец и Ольга Дмитриевна стала ошибаться, сбилась с кадансу ', потом забыла присесть и, вместо двух рук, подняла одну. Вертлявые глаза худощавого барина заблистали радостью; в них можно было прочесть, что в эту минуту он говорит про себя: "Ага, красавица, попалась... Подметил я тебя! Что, сударыня, видно, и тебе также не до танцев!"

Менуэт кончился; кавалеры раскланялись, то есть поклонились в сотый раз своим дамам; дамы также присели, разошлись, и посреди гостиной осталась одна только пара: хозяйская дочь и аптекарь Франц Карлович Цвибах, рыжий, худощавый немец высокого роста, с длинным бледным лицом, украшенным бесчисленным множеством веснушек, и со светло-серыми глазами, в которых выражалась если не спесь, то, по крайней мере, глубокое сознание собственного своего достоинства. Господин Цвибах был уже человек пожилой, но танцовщик неутомимый и совершенный мастер своего дела. Музыканты заиграли альманд, и эта образцовая пара пустилась в ход и начала выделывать необычайные штуки. Франц Карлович превзошел самого себя: он вывертывал таким неестественным образом руки своей танцовщицы, так хитро переплетал их со своими, делал такие чудные выверты и обороты, что нельзя было довольно надивиться его искусству; то, поднявшись на цыпочки, он изгибался, как змей, над своей дамою и заставлял ее кружиться у себя под плечом, то сам подвертывался к ней под руку, и все это не как-нибудь, а чисто, отчетливо, не отставая от музыки и не выпуская ни на минуту из рук своей танцовщицы, которая также с необычайной ловкостью выполняла все эти танцевальные кунштыки 2 и не сбивалась с каданса даже тогда, когда руки ее были совершенно выворочены. Все зрители, не исключая дам, встали со своих мест и, чтоб видеть поближе танцующих, обступили их со всех сторон. Одна только Ольга Дмитриевна, стоя позади толпы, не обращала на них никакого внимания; с нею разговаривал Симский.

Да, Ольга Дмитриевна, - говорил он, - я привез вам весточку от дядюшки вашего, Максима Петровича; он, благодаря Богу, здоров.

— Когда ж вы у него были? - спросила Запольская.

— Вчера проездом. Он, по милости своей, укрыл меня от непогоды и оставил ночевать.

— Вчера!.. Так вы приехали сегодня?

— Сегодня поутру и, признательно вам скажу, зело утомлен моим вояжем; но, несмотря на фатигу¹, которую чувствую с дороги, не хотел пропустить сегодняшней ассамблеи, в том чаянии, что, может быть, увижу здесь персону, которую я желал бы видеть не только вседневно, но даже всечасно.

— Что ж, эта персона здесь?

— О, всеконечно здесь! - подхватил Симский. - Иначе я не остался бы ни минуты.

— Почему же? Разве вам здесь не весело? Вы, кажется, любите танцевать.

— Только не со всеми, Ольга Дмитриевна.

— А с этой персоной? - спросила, улыбаясь, Запольская.

— О, это для меня такая великая сатисфакция, - отвечал Симский, не смея взглянуть на Ольгу Дмитриевну, - что когда я нахожусь вместе с сей персоной на ассамблее, то уж никак не могу резолвоваться поднять другую даму.

— Так как же вы со мной танцевали? - спросила с самым простодушным видом Ольга Дмитриевна.

Этот весьма естественный вопрос до того смутил Сим-ского, что он совершенно растерялся. Вместо того чтобы отвечать что-нибудь Ольге Дмитриевне, он начал рассматривать огромный эстамп, который висел на стене, и проговорил, заикаясь:

— Ах, какой прекрасный купфер-штык!.. Мне кажется, это изображение полтавской виктории... Не правда ли, Ольга Дмитриевна?..

— Право, не знаю, - отвечала Запольская с приметным замешательством.

Симский покраснел; глядя на него, Ольга Дмитриевна также вспыхнула, и они оба замолчали.

Не смейтесь над моим Симским, любезные читательницы: ведь то, что я вам рассказываю, происходило в 1711 году, то есть без малого полтораста лет тому назад; тогда наши молодые люди, не исключая и гвардейских офицеров, вовсе не умели изъясняться в любви и только осмеливались иногда намекать об этом обиняками, сторонкою, да и то с большой осторожностию. Чтоб отвечать на вопрос Ольги Дмитриевны, Симскому надобно было признаться, что она-то именно и есть та самая персона, для которой он приехал на ассамблею, то есть, другими словами, что он ее любит и желает быть ее мужем, а это было бы неслыханным нарушением всех приличий. В старину и круглый сирота не мог предлагать своей руки иначе, как через посредников, а человек с родством, дозволивший себе такое бесчинство, восстановил бы против себя не только всех родных и двоюродных дядей и тетушек, но даже и всех замужних сестриц до седьмого колена. Я уж не говорю о самой девице, которая, вероятно, сгорела бы от стыда и почла бы себя очень обиженной, если бы молодой человек сказал ей прямо в глаза, что хочет на ней жениться.

Вот наконец альманд кончился, и так благополучно, что не было никакой надобности посылать за костоправом. Вся толпа рассеялась, и к Симскому подошла Аграфена Петровна Ханыкова.

– Что я вижу? – вскричала опа. – Это вы, Василий Михайлович?.. Опять в Москве?

– Знаете ли, тетушка, – прервала Ольга Дмитриевна, – Василий Михайлович был вчера у дядюшки Максима Петровича.

– У братца! – проговорила с приметным беспокойством Ханыкова, – Что ж, вы ему сказали, что познакомились со мною на ассамблее у Гутфеля?

– О нет! Я только сегодня узнал, что Максим Петрович вам родня.

– Вот что!.. Вы не слышали от него, собирается он в Москву или нет?

– Максим Петрович не изволил ничего об этом говорить, он все расспрашивал меня о Санкт-Петербурге...

– И, верно, очень с вами спорил?

– Да. У нас были небольшие диспуты. Кажется, ваш братец не очень жалует Санкт-Петербург?

– Ох, уж не говорите!.. Батюшка братец человек очень умный и почтенный, но такой старовер, что не приведи Господи!.. Вы долго у нас пробудете?

– Не больше одной недели.

– Только-то!.. Хорошо еще, что вы приехали к масленице, по крайней мере повеселитесь, покатаетесь... время будет прекрасное.

– А почему вы изволите думать, что погода будет хороша?

– Это напечатано в календаре, в прогностике́ двенадцати месяцев.

– Прошу экскузовать меня! Не очень я верю сему прогностику,

государыня моя!.. В этом же календаре напечатано, что в нынешнем месяце конъюкции2 планет показывают добрую гармонию между всеми потентатами, однако ж войска наши находятся в походе, и, вероятно, несмотря на сию конъюкцию, мы побываем в гостях у турского салтана.

— Что вы говорите!.. Война с турком? А мой Степан Герасимович в Азове... Господи Боже мой!..

— Да вы не извольте предаваться напрасной тур-бации, — прервал Симский, — Азов нечто другое: ведь это зело крепкая фортеция, его взять не легко. И я мыслю так, что скорее мы будем в Царьграде, чем турки в Азове. Будьте благонадежны, Аграфена Петровна, этот прогно-стик повернее того, который напечатан в календаре.

— Ах, дай-то Господи!.. А, вот опять музыка заиграла?.. Кажется, кондратанец?

Тут подвернулся к Атрафене Петровне неутомимый Франц Карлович Цвибах и в самых отборных выражениях пригласил ее стать вместе с ним в первую пару. Один русский щеголь в бархатном кафтане разлетелся было к Ольге Дмитриевне, но Симский предупредил его и стал с нею во вторую пару.

— Опять вместе! — прошептал Ардалион Михайлович Обиняков, глядя на Ольгу Дмитриевну и Симского. — Уж, видно, у них все дело слажено... Вон и тетушка пошла выплясывать с аптекарем!.. Да она-то, голубушка, из чего бьется?.. Ведь от живого мужа нельзя выйти замуж и за немца... Ну, — промолвил Обиняков, потирая руки, — будет мне что порассказать Лаврентию Никитичу.

После этого танца Аграфена Петровна, у которой разболелась голова, отправилась домой вместе со своей племянницей, а вслед за ними уехал и Симский. Это последнее обстоятельство не укрылось также от бдительных взоров Ардалиона Михайловича, который, впрочем, остался до самого конца ассамблеи ради т; ого, что у Адама Фомича Гутфеля эти вечеринки оканчивались всегда сытным и хорошим ужином.

VI

В Земляном городе, между Тверской улицей и Никитскою, в самом тупике, то есть в конце глухого переулка, стоял высокий брусяной дом с теремом и рундуком, или, по-нынешнему, террасой, над которой подымалась остроконечная кровля, подпертая двумя выделанными из толстых бревен огромными балясинами. Этот дом, принадлежащий думному дворянину Лаврентию Никитичу Рокотову, стоял посреди обширного двора, или, вернее сказать, огороженного поля, на котором во всяком немецком городе поместилось бы по крайней мере две площади, а при нужде и несколько улиц с переулками. Чтоб добраться обыкновенным ходом до хозяина дома, надобно было непременно пройти через запачканную переднюю, в которой оборванные холопы днем сидели на лавках, а ночью спали где ни попало: одни на конике, а другие вповалку на грязном полу. По праву рассказчика я могу вас избавить от этого, любезные читатели, и попрошу вас перенестись вместе со мною прямо в гостиную. Эту комнату можно было бы назвать, сравнительно с другими, довольно опрятной, если б в ней, хотя изредка, промывали стекла в окнах и хотя раз в году обметали по углам паутину, которая со дня кончины супруги Лаврентия Никитича, то есть ровно три года сряду, оставалась неприкосновенной. Хозяин дома, Лаврентий Никитич Рокотов, бодрый старик лет шестидесяти, среднего роста, дородный, с длинной бородой, крутым широким лбом, навислыми бровями и угрюмым лицом, сидел за сытным завтраком, на котором не было ни гданской водки, ни сыру, ни голландских сельдей, ни немецких колбас, а была просто добрая настойка, жирный пирог с визигой, вяленая астраханская шемая, икра, балык и целые пирамиды разнородных блинов. С ним сидел Ардалион Михайлович Обиняков, тот самый худощавый барин, который на ассамблее Адама Фомича Гутфеля подсматривал исподтишка за Симским и Ольгой Дмитриевной.

– Ну что, Ардалион Михайлович, – сказал хозяир ведь пирог-то на славу испечен.

– Да, Лаврентий Никитич, пирог диковинный!

– Не прикажешь ли еще.

– Всенижайше благодарю!

– Так милости просим блинков!.. Ну что, каковы?

– У, батюшки!.. Что это... так во рту и тают!

– Право?.. Да, подлинно хороши!.. Аи да Аксинья! Истинно скажу, такой отличной стряпухи во всей Москве не найдешь... Изволь-ка вот этих, с припекою... Ну, что?

– Преизрядные!..

– В самом деле? Пожалуй-ка сюда... Да, недурны, а все не то, что мои любимые... Вот откушай-ка этих, со снетками.

– Еще лучше!.. Пухлые, поджаристые!.. Вот это блины!.. Страпгао есть, Лаврентий Никитич, того и гляди язык проглотишь!"

– Не бойся, любезный, не проглотишь. Кушай на здоровье, кушай!.. И я тебе помогу... Да что ж ты, Ардалион Михайлович, с одним блином не сладишь?.. Эх, брат, с тех пор, как ты нарядился немцем, так и кушать-то стал по-немецки.

— Вы все еще, батюшка, изволите меня упрекать, зачем я по-немецки одеваюсь... Да помилуйте, Лаврентий Никитич! Уж я вам докладывал: что ж мне было делать? Неволя скачет, неволя плачет, неволя песенки поет. Я человек служебный, состою под вла-стию, а, вы знаете, всем магистратским указано ходить в немецких платьях. Вот товарищ мой, Степан Иванович Спешнев, стал было отнекиваться, так его тот же час на порог да в шею.

— Так что ж?.. Не служи!..

— Не служи! Вам хорошо, батюшка, вы проживете и отцовским благословением. Ведь покойник-то счету не знал своим отчинам, а я человек бедный... жена, дети...

— Нет, любезный, я на твоем месте лучше бы с сумою пошел, стал бы питаться христовым именем... Ну, да и то сказать, человек на человека не приходит... Э, да что ж ты, любезный, перестал кушать?

— Нижайше благодарю, Лаврентий Никитич, будет!

— Так-то?.. Что ж это, первый блин да комом?

— Какой первый – помилуйте! Вот уж за полдюжину перешло.

— Эка важность!.. Кушай, любезный, кушай!

— Никоим родом не могу, Лаврентий Никитич, душа не принимает.

— Вот то-то и есть, братец, набаловался ты у этих немцев, ведь они, чай, гостей-то своих счетным зерном кормят. Вот, примером, вчера на бесовском сходбище, у этого собачьего сына, Гутфеля, уж верно также для гостей ужин был; чай, по ломтику протухлого сыра да по селедке на брата – кушай на здоровье! А что, Ардалион Михайлович, как ты свой ломтик сыру скушал, так другого и не попросил?

— Кто? Я-с? Помилуйте, стану я эту немецкую дрянь есть! Я и на вечеринке-то у пего был ради того только, чтоб пересказать вам...

— Да, да!.. Ну, что эта дура, Ханыкова, была там со своей племянницей?

— Была, Лаврентий Никитич.

— Срамница!.. Что ж, они плясали?

— Плясали, да еще как, батюшка: всех немок за пояс заткнули!

— Бесстыдницы этакие!

— Лишь только вошли, вся молодежь так к ним гурьбой и бросилась – и немцы и русские; а они с ними и пошли тара-бара, – и так и этак, и по-немецки...

— Как! Неужели по-немецки?

— Да, сударь! Я сам слышал.

— Вот до чего дошли!

— А пуще племянница – так и режет!

— Ну, пора дяде приехать!.. Я к нему писал. С сестрой Максиму Петровичу делать нечего – она отрезанный ломоть, а племянницу прибрать к рукам не мешает, ведь он ей вместо отца родного... Что, чай, молодежь-то около них очень увивалась?

— Да, сударь. За Аграфеной Петровною Ханыковой сильно ухаживал какой-то аптекарь, немец, а за Ольгой Дмитриевной Запольской вот этот офицерик, что месяца два тому назад...

— Так он опять сюда приехал?

— Видно, что так. Они все вместе изволили выплясывать. Сначала пошли минавею... Уж было чего посмотреть– смех, да и только!

— А что?

— Да как ж батюшка, чем бы им думать о своей пляске, а они друг на друга смотрят. Надо поклониться направо, а они кланяются налево. Она то вспыхнет, то побледнеет, а он, пострел этакий, глядит на нее, да так глазами и ест!

— Экий срам, экий срам!

— А там, как Аграфена Петровна собралась домой, так и он за ними следом, словно в одной колымаге приехали.

— Узнал ли ты, как зовут этого подлипалу? Спрашивал, сударь; говорят, какой-то... ну вот и позабыл! Помню только, что роду хорошего.

— У, батюшки!.. Что это... так во рту и тают!

— Право?.. Да, подлинно хороши!.. Аи да Аксинья! Истинно скажу, такой отличной стряпухи во всей Москве не найдешь... Изволь-ка вот этих, с припекою... Ну, что?

— Преизрядные!..

— В самом деле? Пожалуй-ка сюда... Да, недурны, а все не то, что мои любимые... Вот откушай-ка этих, со снетками.

— Еще лучше!.. Пухлые, поджаристые!.. Вот это блины!.. Страпгао есть, Лаврентий Никитич, того и гляди язык проглотишь!

— Не бойся, любезный, не проглотишь. Кушай на здоровье, кушай!.. И я тебе помогу... Да что ж ты, Ардалион Михайлович, с одним блином не сладишь?.. Эх, брат, с тех пор, как ты нарядился немцем, так и кушать-то стал по-немецки.

— Вы все еще, батюшка, изволите меня упрекать, зачем я по-немецки одеваюсь... Да помилуйте, Лаврентий Никитич! Уж я вам докладывал: что ж мне было делать? Неволя скачет, неволя плачет, неволя песенки поет. Я человек служебный, состою под властию, а, вы знаете, всем магистратским указано ходить в немецких платьях. Вот товарищ мой, Степан Иванович Спешнев, стал было отнекиваться, так его тот же час на порог да в шею.

— Так что ж?.. Не служи!..

— Не служи! Вам хорошо, батюшка, вы проживете и отцовским благословением. Ведь покойник-то счету не знал своим отчинам, а я человек бедный... жена, дети...

— Нет, любезный, я на твоем месте лучше бы с сумою пошел, стал бы питаться христовым именем... Ну, да и то сказать, человек на человека не приходит... Э, да что ж ты, любезный, перестал кушать?

– Нижайше благодарю, Лаврентий Никитич, будет!

– Так-то?.. Что ж это, первый блин да комом?

– Какой первый – помилуйте! Вот уж за полдюжй-ну перешло.

– Эка важность!.. Кушай, любезный, кушай!

– Никоим родом не могу, Лаврентий Никитич, душа не принимает.

– Вот то-то и есть, братец, набаловался ты у этих немцев, ведь они, чай, гостей-то своих счетным зерном кормят. Вот, примером, вчера на бесовском сходбище, у этого собачьего сына, Гутфеля, уж верно также для гостей ужин был; чай, по ломтику протухлого сыра да по селедке на брата – кушай на здоровье! А что, Ардалион Михайлович, как ты свой ломтик сыру скушал, так другого и не попросил?

– Кто? Я-с? Помилуйте, стану я эту немецкую дрянь есть! Я и на вечеринке-то у него был ради того только, чтоб пересказать вам...

– Да, да!.. Ну, что эта дура, Ханыкова, была там со своей племянницей?

– Была, Лаврентий Никитич.

– Срамница!.. Что ж, они плясали?

– Плясали, да еще как, батюшка: всех немок за пояс заткнули!

– Бесстыдницы этакие!

– Лишь только вошли, вся молодежь так к ним гурьбой и бросилась – и немцы и русские; а они с ними и пошли тара-бара, – и так и этак, и по-немецки...

– Как! Неужели по-немецки?

– Да, сударь! Я сам слышал.

– Вот до чего дошли!

– А пуще племянница – так и режет!

– Ну, пора дяде приехать!.. Я к нему писал. С сестрой Максиму Петровичу делать нечего – она отрезанный ломоть, а племянницу прибрать к рукам не мешает, ведь он ей вместо отца родного... Что, чай, молодежь-то около них очень увивалась?

– Да, сударь. За Атрафеной Петровною Ханыковой сильно ухаживал какой-то аптекарь, немец, а за Ольгой Дмитриевной Запольской вот этот офицерик, что месяца два тому назад...

– Так он опять сюда приехал?

– Видно, что так. Они все вместе изволили выплясывать. Сначала пошли минавею... Уж было чего посмотреть– смех, да и только!

– А что?

– Да как ж батюшка, чем бы им думать о своей пляске, а они друг на друга смотрят. Надо поклониться направо, а они кланяются налево. Она то вспыхнет, то побледнеет, а он, пострел этакий, глядит на нее, да так глазами и ест!

– Экий срам, экий срам!

– А там, как Аграфена Петровна собралась домой, так и он за ними следом, словно в одной колымаге приехали. " – Узнал ли ты, как зовут этого подлипалу? Спрашивал, сударь; говорят, какой-то... ну вот и позабыл! Помню только, что роду хорошего.

– Да ведь нынче не узнаешь, любезный. Ты отпустишь холопа на волю, а он твоим прозвищем станет называться. Теперь это нипочем, – как себе хочешь, так и прозывайся, истинно вавилонское столпотворение – смешение языков!

– Да, сударь, да, все перековеркано, Лаврентий Никитич, – продолжал Обиняков, смотря в окно, – к вам еще гость приехал... кажись, Герасим Николаевич Шетнев.

– Да, точно, это он... Эй, Ванька, вели подать свежих блинов!.. Я не ждал его сегодня... Видно, есть что-нибудь новенькое...

– Опять какая-нибудь немецкая выдумка, батюшка.

– А вот посмотрим.

В комнату вошел барин лет пятидесяти, в шелковой ферязи, из-за которой подымался вышитый золотом высокий козырь, то есть стоячий воротник кафтана, также шелкового. Герасим Николаевич Шетнев принадлежал к числу недовольных тогдашнего времени; он был человек не глупый, большой краснобай и отъявленный ненавистник всяких нововведений и перемен, сближающих право-, славную Русь с этим окаянным Западом. Шетнев называл все эти преобразования немецким духом, и никто лучше его не доказывал, что этот немецкий дух есть дух антихристов. Он не сказал бы Петру Алексеевичу, как известный Кикин: "Ты говоришь, государь, что я умен да за то-то я тебя и не люблю: ум любит простор, а при тебе ему тесно". Нет! Шетнев любил, по его словам, резать правду, да только втихомолку, в кругу искренних своих друзей; но зато уж когда он сидел с ними в огромном покое с запертыми дверьми, за версту от передней, то надобно было его послушать. О, как доставалось тогда всем: и ближним боярам, и немецким генералам, и этим выскочкам-временщикам, и самому старшему, которого, впрочем, он в этих случаях никогда не называл по имени.

– Милости просим, Герасим Николаевич! – сказал хозяин, идя навстречу к своему гостю. – Не ждал я тебя сегодня поутру.

– Здравствуйте, Лаврентий Никитич, здравствуйте! – промолвил Шетнев, садясь. – Фу, батюшки, устал!

– Устал? Отчего?

– Как отчего? Уж я сегодня ездил, ездил!.. Сейчас был на Крутицах у Ивана Ильича Чуфаровского. Я застал у него всех наших: князя Андрея

Юрьевича Шелешпанского, Абрама Васильевича Воропанова, князя Алексея Трофимовича Хворостинина, Софрона Саввича Возницыиа, Петрушку Сорокоумова... Поговорили, потолковали... Что, брат Лаврентий Никитич, час от часу не легче!

— А что?

— Да вот что: ты знаешь, что годов шесть тому назад наш батюшка — дай Бог ему доброго здоровья! — изволил обложить податью все дворянские бороды?

— Как не знать! Ведь и с меня, старика, берут по шестидесяти рублей в год за то, что я, православный, не хочу на поганого немца походить... Нечего сказать, дай, Господи, ему доброго здоровья!

— А вот Софрон Саввич Возницын говорит, что слышал от верных людей, будто б вместо шестидесяти станут брать с каждой бороды по сто рублей.

— Ну, это еще что! То не беда, коли на деньгу пошла: пожалуй, бери себе!..

— Бери себе! Хорошо, кому вмоготу; а вот Петруша Сорокоумов так и завыл.

— Скажи ему от меня: не горюй, дескать, не без добрых людей — помогут!

— И князь Шелешпанский больно переполошился. — Князь Шелешпанский? Да он богаче меня.

— Богат, да не тороват. Ну, вот припомни мое слово: коли Возницын сказал правду, так этот скряга отмахнет себе бороду.

— Нет, любезный, хоть двести рублей наложи, так он и тогда сберет с крестьян рубликов триста прибавочного оброка, двести отдаст в казну, сто положит себе в карман, а уж бороды ни за что не обреет, — не такой человек. Я сегодня звал его к себе на блины... Что, он будет или нет?

— Будет. Он хотел было ехать вместе со мною, да Чуфаровский также масленицу справляет, а ты знаешь князя: как он наляжет на блины, так ты с ним что хочешь, хоть в дубье прими, — ни за что не отстанет.

Да русский человек, — любит покушать.

Я ему говорю: "Полно, князь Андрей, что ты на блины-то навалился!" А он и ухом не ведет. "Пойдем, говорю, князь, пора!" А он молчит да убирает за обе Щеки. Ну, нечего сказать, здоров есть! Как я стал прощаться с хозяином, так он между двух блинов пробормотал мне вдогонку: "Скажи, дескать, Лаврентию Никитичу, что я безотменно буду..." Ах, батюшки! Эка память, подумаешь, совсем забыл! Как я к тебе ехал, так знаешь ли, кого обогнал?.. Максима Петровича Про-кудина. Тащится нога за ногу в дорожной повозке, видно, прямо из своей серпуховской отчины.

— Слава тебе Господи, давно бы пора приехать! — А что?

– Так, любезный, домашние дела. Ну что, пет ли у тебя еще чего-нибудь новенького?

– Есть, Лаврентий Никитич, есть!.. Да вот погоди... Не Прокудин ли это въехал во двор?

– Он и есть! – вскричал хозяин, вставая.

Через полминуты вошел в гостиную Максим Петрович Прокудин, в дверях встретил его с низким поклоном Обиняков, хозяин принял с распростертыми объятиями, Шетнев также с ним облобызался. Когда, после обыкновенных приветствий и вопросов о здоровье, все опять уселись, двери снова распахнулись настежь, и в комнату вошел князь Шелешпанский. Этот сиятельный барин, ведущий свой род от удельных князей Белоозерских, заслуживает особенного описания.

За несколько месяцев до смерти своего родителя князь Андрей Юрьевич Шелешпанский поступил из недорослей в московское укилецкое войско новиком. Ему было тогда с небольшим двадцать пять лет. Похоронив своего отца, он ударил челом об увольнении его на покой ради всегдашней хворости, многоразличных недугов и крайнего телесного бессилия. Князь Андрей Юрьевич обыкновенно жил в своей коломенской отчине и только изредка приезжал в Москву повидаться с родными, из числа которых был и Лаврентий Никитич Рокотов. Этого отставного новика можно было назвать видным и красивым мужчиной; он был роста высокого, широк в плечах и очень дороден: румяное, полное лицо его, опушенное небольшою окладистой бородкою, казалось, также издалека, довольно благообразным; но зато в круглых огромных глазах его, похожих на слуховые окна, выражалось какое-то тупоумие, которое, однако ж, он не всегда оправдывал своими поступками и делами. Пошлый дурак во всем, он был не только не глуп, но даже очень смышлен, когда дело шло о том, чтоб дешево купить или дорого продать. Князь Шелешпанский был известный лошадиный охотник, или, вернее сказать, барышник, то есть он любил не лошадей, а лошадиный торг так, как любят его и понимают все дюжинные барышники и цыгане. У него никогда не бывало заветного коня. Он беспрестанно покупал, продавал, а всего чаще менялся лошадьми, и, надобно отдать ему справедливость, он был мастер этого дела. Никто не мог бы выгоднее его сбыть с рук испорченной лошади или променять какую-нибудь запаленную, разбитую клячу на доброго и здорового коня. Князь Андрей Юрьевич был очень богат и в то же время чрезвычайно скуп. Живя в деревне, он разъезжал по своим соседям, весьма редко угощал их у себя, а остальное время обедал и ужинал по очереди у своих крестьян. Однажды забрались к нему в кладовую как-то воры и украли тридцать окороков ветчины; это ужасное происшествие до того поразило князя Шелешпанского, что с тех пор, рассказывая о каком-нибудь случае, он всегда определял время покражею своей ветчины, то есть вместо того, чтоб сказать: "Это случилось тогда-то или в таком-то году", он обыкновенно говаривал, что это было или до покражи, или после покражи его ветчины.

– А, князь Андрей! здравствуй, любезный! – сказал Рокотов, обнимая своего гостя. – Хорош молодец. Обещался ко мне на блины, а поехал к Чуфаровскому!

– Ничего, Лаврентий Никитич, ничего, – проревел князь Шелешпанский, – нам не впервые в одно утро на двух блинах побывать, мы еще, благодаря Бога, постоим за себя.

– Любезный друг, – продолжал Рокотов, подводя Шелепшанского к Максиму Петровичу, – прошу познакомиться: приятель мой и родственник, князь Андрей Юрьевич Шелешпанский.

– Очень рад, батюшка, познакомиться с тобою, – сказал Прокудин.

– Просим любить и жаловать!.. – пробормотал Шелешпанский. – Имя и отчества вашего не знаю...

– Окольничий Максим Петрович Прокудин, – прервал хозяин.

Прокудин?.. Слыхали, батюшка, слыхали!

Ну что ж, дорогие гости, – промолвил Рокотов, – блины горячие на столе, милости просим!

Спасибо, Лаврентий Никитич, – отвечал Прокудин, – я уж поел.

– А ты, князь Андрей?

– Пожалуйте, пожалуйте!.. Я от этого никогда не отказываюсь.

Шелешпанский выпил добрую чарку настойки, присел к столу и начал действовать отличным образом.

Пока он справлялся с блинами, Лаврентий Никитич усадил своих гостей, и между ними начался следующий разговор.

Прокудин: Ну что, друзья сердечные, что у вас новенького?

Рокотов: Мало ли что? С тех пор, как государь Петр Алексеевич изволил пожаловать в Москву, у нас дня не пройдет без разных выдумок. Вот Герасим Николаевич хотел мне что-то сообщить...

Шетнев: Да, новая новинка, и вещь не шуточная. Слыхал ли ты, Лаврентий Никитич, что такое сенат?

Рокотов: Сенат?.. Нет, не слыхал.

Прокудин: Сенат?.. Постойте-ка!.. Ну да, я читал в книге о язычеcких царствах, что в древнем Риме был сенат, сиречь верховное судилище.

Шетнев: Так прошу знать и ведать, что сегодня учрежден в Москве правительствующий сенат.

Рокотов: Правительствующий, то есть который станет всем править?

Шетнев: Да, он будет и разрядные дела ведать, судить всякие тяжбы выше всех других приказов, и царскую волю объявлять, и указы рассылать...

Рокотов: Да это ни дать ни взять боярская дума...

Шетнев: Нет, любезный, сенат.

Рокотов: Да ведь в этом сенате будут заседать бояре?

Шетнев: Нет, Лаврентий Никитич, сенаторы.

Рокотов: А из кого же этих сенаторов понаделают?

Шетнев: Вестимо дело: из бояр.

Рокотов: Так и выходит по-моему, что боярская дума, что этот сенат...

Шетнев: Нет, любезный, разница превеликая: боярская-то дума, изволишь видеть, по-нашему – по-русски, а сенат – по-иноземному.

Рокотов: Что ж, от этого лучше, что ль, будет?

Прокудин: А как же! Посмотрите, как теперь дела-то пойдут.

Шетнев: Думных дьяков уже не будет, а вместо них будут обер-секретари.

Прокудин: Вот оно что! Слышишь, Лаврентий Никитич: вместо думных дьяков будут... как бишь их?

Шетнев: Обер-секретари.

Рокотов: Так что ж? Крапивное семя как ни называй...

Прокудин: Что ты, что ты, помилуй! Коли думного дьяка будут называть по-немецки, так уж к нему, брат, с приносом не ходи"

Рокотов: А почему ж нет?

Прокудин: Как это можно! Станет он взятки брать – сохрани Господи!.. Разве ты не знаешь: любого мошенника Ваньку назови Иоганном – тотчас уймется воровать!

Рокотов: Ах ты, Господи, Господи!.. Видно, нечего делать... А знаешь ли ты, Герасим Николаевич, кого в этот сенат посадили?

Шетнев (вынимая из-за пазухи исписанный лист бумаги): Как же! Вот у меня и список есть.

Рокотов: Чай, все заморская братья.

Шетнев: Нет, имена-то русские.

Прокудин: Читай, читай!

Шетнев (читая): Во-первых: граф Мусин-Пушкин...

Прокудин: Уж коли граф, так какой русский!

Рокотов: Кто, Пушкин?.. Хуже всякого немца.

Обиняков: А спесь-то, сударь, какая... Фу-ты, батюшки! С тех пор как он изволил побывать в Неметчине, так и приступу к нему нет.

Рокотов: Куда!.. Он теперь с нашим братом и говорить не захочет. За морем побывал, умен стал! Ведь там народ все ученый; от последнего мужика до знатного барина все говорят по-немецкому. Там все лучше нашего: и скот, и люди, и дома... Что дома! Там, дескать, и звезды-то светят ярче нашего русского солнышка.

Прокудин: Читай, Герасим Николаевич, читай!

Шетнев (читая): Тихон Стрешнев.

Обиняков: Задушевный друг Адама Фомича Гутфеля.

Рокотов: Свой своему поневоле брат.

Шетнев (читая): Князь Григорий Волконский, Ми-хайла Долгорукий...

Прокудин: Князь Михаила Долгорукий?.. Первый из всех бояр обрил себе бороду.

Шетнев (читая): Григорий Племянников...

Рокотов: Хорош молодец!.. С немецким пастором хлеб и соль водит!

Шетнев (читая): Князь Григорий Волконский, Ми-хайла Самарин и Василий Опухтин.

Рокотов: Василий Опухтин?.. Какой это Опухтин?

Шетнев: И я его не знаю.

Князь Шелешпанский (обтираясь салфеткою): Василий Опухтин?.. Мы с ним люди знакомые.

Рокотов: Ну что он за человек такой?

Князь Шелешпанский: Мужик добрый... плоховат немного. Вот тому годов пять... или нет!., это уж было по покраже моей ветчины... года три или четыре... купил он У меня вороного жеребчика, статей не отличных и передком слабенек... У меня в возу ходил, а ему продал за персидского аргамака. Уж он им любовался, любовался!.. Такой простофиля, что и сказать нельзя!

Обиняков: Вот, подумаешь, кажись, чего лучше: вы, Максим Петрович, изволили заседать в старину в боярской думе; вы, батюшка Лаврентий Никитич, также; так чем бы хватать на улице и встречного и поперечного...

Рокотов: И, полно, Ардалион Михайлович, куда нам в сенаторы!

Шетнев: Правда, друг сердечный, правда! (Встает.) Ну, прощай, Лаврентий Никитич!..

Рокотов: Куда ты спешишь?

Шетнев: Да надобно, любезный, еще местах в трех побывать. Теперь еду на Берсеньевку, к Матвею Сидоро-вичу Баклановскому.

Обиняков: Так сделайте милость, Герасим Николаевич, довезите меня до дому, вам по дороге.

Шетнев: Изволь, братец, довезу. До свиданья, друг сердечный!.. Милости просим к нам, Максим Петрович! (Шетнев и Обиняков уходят.)

Князь Шелешпанский (вставая): И мне пора.

Рокотов: А ты, князь, куда?

Князь Шелешпанский: К Григорию Фаддеичу Тап-тыкову, он звал меня сегодня на блины.

Рокотов: Ну, князь, видно, у тебя жернова-то хорошо мелют. В одно утро на трех блинах!

Князь Шелешпанский: Да это что, Лаврентий Никитич! Так ли я, бывало, едал в старину. Вот однажды... давно уж, этак еще годов шесть до покражи моей ветчины, у князя Гагина, на завтраке, за спором дело стало; говорят мне: "Не съешь, дескать, князь, за один прием две дюжины блинов с припекою", а я говорю: съем! Вот подали блины, я присел, сначала полегоньку, а там как принялся вплотную, – пошел да пошел!.. Как теперь помню – так за ушами и пищит. Съел дюжину, съел другую, – кричу: "Подавай третью!" Что ж, сударь, как сели мы после обедать, так я как ни в чем не бывало! Полгуся съел да ни одной похлебки не пропустил, а их было до восьми!.. Нет, теперь уж не то!

Рокотов. И, князь! что Бога гневить, хорошо и теперь!

Князь Шелешпанский: Счастливо оставаться, Лаврентий Никитич!.. Прощенья просим, батюшка Максим Петрович! Прошу не оставлять меня вашей милостью!.. (Целуется с Рокотовым и Прокудиным; потом, низко поклонясь обоим, уходит.)

VII

– Уехали! – сказал Прокудин. – Теперь, Лаврентий Никитич, нам можно поговорить с тобой на просторе. Ну, любезный, получил я от тебя грамотку... И теперь очнуться не могу!.. Ты пишешь ко мне...

– Сущую правду, друг сердечный: Аграфена Петровна сгубит свою племянницу. Вот и вчера они были на ассамблее у этого колбасника Гутфеля, плясали с немцами, говорили по-немецкому и разные другие неподобные дела чинили. Около твоей сестрицы увивался какой-то аптекарь-немец, а с племянницей только что не целовался тот же самый офицерик, о котором я тебе писал. Эй, Максим Петрович, послушайте меня, увези отсюда племянницу!

– Я затем и приехал. Да что это с сестрой-то сделалось?

– Что сделалось? Вестимо что: плясать-то веселее, чем сидеть дома за рукодельем.

– Ну, так ли она была воспитана в отцовском дому!

– И, любезный, стоит только начать, а уж там лукавый поможет! Да ты с нею виделся или нет?

– Нет еще; я прямо к тебе взъехал.

– И хорошо сделал, Максим Петрович.

– Конечно, ей очень будет прискорбно, что я не хотел у ней остановиться...

— А Бог весть! Ты для нее теперь хуже всякого путала. "Вот, дескать, бука приехал какой! При нем нельзя будет и повеселиться!" Да и ты, Максим Петрович, не долго бы у нее нагостил: к ней шляются всякие немцы, а ведь ты их не очень жалуешь. И что тебе до сестры? Она замужем, сама себе госпожа... Ты подумай-ка лучше о племяннице.

— Думаю, Лаврентий Никитич, думаю, да не знаю, что придумать. Вот кабы она была девочка лет двенадцати, так увез бы ее к себе в деревню, да и концы в воду; а ведь Ольга Дмитриевна уж невеста, отведала волюшки, так с ней теперь и не сладишь. И то сказать: я человек вдовый, одинокий, ей не с кем будет у меня словечка перемолвить, с тоски умрет!.. Вот кабы Бог послал женишка...

— А что ты думаешь! Послушай-ка, Максим Петрович, тебе какого надобно жениха?

— Известное дело: я хочу, чтоб он был ровня моей племяннице.

— Сиречь роду хорошего, человек добрый, не старый, с достатком, а пуще всего наш брат русский.

— Ну да!

— Так изволь, друг сердечный, я тебе жениха поставлю. Он уж давно ищет себе невесту и меня об этом просил.

— А кто он таков?

— Ты сейчас его видел: князь Андрей Юрьевич Ше-лешпанский. Ведь он еще не женат.

Прокудин покачал головою.

— А что, — продолжал Рокотов, — чем же он худ? Собою молодец...

— Да, — молвил Максим Петрович, — что и говорить, высок и дороден.

— Природный князь...

— Что князь! Этим нас, любезный, не удивишь. Таких дробных князей, как он, у нас на Руси пудовками меряют.

— Человек богатый.

— Вот это не худо... Конечно, и племянница моя невеста богатая: я за нею укреплю все мое именье, и отцовского-то у нее довольно...

— Тем лучше, любезный, подавай нам! Маслом каши не испортишь.

— А что, обычаем-то он каков?

— Сущий ягненок! Малый тихий, рассудительный; ему еще и сорока годов нет, а такой степенный, что нашему брату старику под стать будет. Любит держаться старины, немцев терпеть не может...

— Вот что хорошо, то хорошо! А все, любезный...

— Что все?.. Уж не браковать ли хочешь? Помилуй, Максим Петрович!.. Коли князь Андрей не жених, так какого же тебе жениха надобно?

— Кто говорит, жених хороший, в поре, собой не дурен, да вот тут-то, — промолвил Прокудин, указывая на свою голову, — кажись, у него ветерок посвистывает.

– А что? По-твоему, глуп? Нет, любезный, ошибаешься! Конечно, он парень не речистый и смотрит увальнем, а попытайся-то его провести – трех дней не проживешь. Да, Максим Петрович, князь Андрей не краснобай, не фертик какой-нибудь, а человек дельный. Говорят, будто бы скупенек немного, да это не беда: скупость не глупость. Поглядишь, у другого из отцовских вотчин ни кола ни двора не осталось, а у него из двух тысяч родовых душ выросло четыре...

– Четыре тысячи душ?

– А поживет, так и восемь будет.

– Ну, конечно, такого женишка охаять нельзя, ты же его хвалишь...

– Так что ж? По рукам, что ль?

– Я не прочь от этого, Лаврентий Никитич, и если он приглянется моей племяннице...

– Приглянется?.. Вот еще!.. Да ей-то что до этого? Разве у нас на Руси невесты сами женихов себе выбирают? Как мы это дело меж собой уладим, так ты ей скажешь: "Племянница, я выдаю тебя замуж за князя Андрея Юрьевича Шелепшанского, мы уж с ним по рукам ударили". Вот и все!

– Конечно, любезный, конечно! У нас всегда так заживалось, и жених вовсе не знает, на ком женится, и невеста не ведает, за кого выходит замуж... Да полно, хорошо ли это?..

– Что, что?.. Хорошо ли то, чему нас учили отцы и деды?.. Максим Петрович, в своем ли ты уме?.. И как язык у тебя повернулся говорить такие речи?..

– Да ты не гневайся, а выслушай. И ты, чай, не купишь за глаза деревни? Дай, дескать, посмотрю сам, каковы утодья, то, другое...

– Вот куда тебя бросило!.. Да разве это то? Разве мужа-то покупают?

– Оно так! Да скажи-ка мне: женился ли бы па моей племяннице твой князь Шелешпанский, кабы за ней не было души христианской?

– Ну, вот еще!.. Да и ты не выдал бы ее за какого-нибудь нищего, а коли он богат и она с достатком, так о чем и толкорать?

– Эх, Лаврентий Никитич, насмотрелся я на моем веку! Не приведи Господи жить с немилым человеком! Ведь век-то прожить – не поле перейти.

А что же по-твоему, лучше б было жениха-то с невестою познакомить да спросить у них, любы ли они друг другу?

– А почему бы и не так?

Ба, ба, – Максим Петрович, что это с тобой сделалось?.. Где ты набрался этого немецкого духа?

Ну, вот уж и немецкого духа!.. Да я не знаю, как немцы-то и женятся, а говорю так по своему рассуждению.

– Полно, Максим Петрович, не хитри! Я вижу, брат, чего ты хочешь. Тебе захотелось из окольничих-то в сенаторы.

– Нет, Лаврентий Никитич, не обижай!

– Что не обижай! Не ты первый, не ты последний... Делать нечего, служи, любезный, служи двум господам!

– Эх, Лаврентий Никитич, ну как тебе не совестно? Ты знаешь, что я крепко держусь наших старинных обычаев, а это так на мысль мне пришло. "Что, дескать, это такое? И приятелем не будешь человеку, если прежде с ним не познакомишься; а ведь муж-то и жена не то что приятели: коли они не живут душа в душу, так житье-то их не больно завидное".

– Да неужели, Максим Петрович, по-твоему, коли детина личмянный приглянется девке, так он ей и муж?

– Кто говорит! Коли девица будет на одну мужскую красоту зариться...

– А ты думаешь на что? Станет молодая девка толковать о том, о чем мы теперь с тобой толкуем? Ей что за дело, есть ли у суженого достаток, хорошего ли он роду, каков обычаем, – был бы только молодец собою. У них только и речей: "Хорош, дескать, и пригож – по сердцу пришел!" А там, глядишь, пригожий-то муж хуже черта будет. Да вот, примером сказать, дай волю своей племяннице, так я голову мою прозакладаю, что она выйдет замуж за этого офицерика, который по вечерин-кам-то около нее изволит ухаживать. А что он за человек такой, кто его знает?.. Чай, какая-нибудь голь беспоместная, а может статься, и холопский сын. Ведь нынче не узнаешь, и коли отдаешь в солдаты парня попроворнее, так кланяйся ему в пояс: "Будешь, дескать, батюшка, во времени, о нас, грешных, вспомяни!"

– Нет, Лаврентий Никитич! – прервал с жаром Прокудин, – я еще из ума не выжил, и хоть Ольга не дочь моя родная, а из послушания моего не выступит. Пока я жив, не бывать ей замужем за каким-нибудь прындиком в кургузом кафтанишке да с бритой бородою. Я хочу жить с племянником в ладу, а с заморским щеголем и полунемцем у меня никогда ладу не будет.

– Так-то говоришь, любезный, а все до поры до времени. Ведь этот молодчик, говорят, в большой милости у Александра Даниловича Меншикова, а может статься, и сам государь его жалует.

– Этим, Лаврентий Никитич, меня не прельстишь.

– Знаю, друг сердечный, знаю! Да если сам государь Петр Алексеевич возьмется за это дело? Ведь он уж много этаких бобылей переженил.

– А что ты думаешь?.. Чего доброго!.. Мне сказывали, что он за крестника своего, какого-то черномазого арапа, сиречь мурина, высватал знатную и богатую невесту.

58

– Вот то-то же! Ну, коли он сам, наш батюшка, пожалует к тебе сватом?..

– Сохрани Господи!

– Что ты тогда скажешь, а?..

– Вестимо что: его царская воля!

– Вот то-то и есть. Эй, послушайся меня, выдавай скорей племянницу замуж! У этих гвардейских офицериков, а пуще у царских денщиков, чутье хорошее, – как раз проведают о богатой невесте, да там и бух царю в ноги, а ему-то, нашему батюшке, то и с руки. Поди-ка, жалуй всех за службу поместьями!.. А тут что? Сосватал да женил на богатой девице – вот тебе, голубчик, и поместье!

– Правда, правда,' любезный! дело статочное!..

– Да и где ты найдешь лучше жениха для твоей Ольги Дмитриевны? Князь Шелешпанский роду знаменитого, богат, парень добрый, он ее на руках станет носить, да и к тому же один как перст: у племянницы твоей ни свекра, ни свекрови, не будет, кланяться некому; лишь только от венца, так и хозяйка в дому – барыня!..

– Так, так!

– Князь Андрей станет почитать тебя как отца родного. Ступай-ка, любезный, породнись с каким-нибудь нынешним молодчиком, так он тебе и слова не даст вымолвить; а этот зятем умничать не будет: что ты скажешь, то и свято.

Прокудин призадумался.

– Ну что, Максим Петрович, – продолжал Рокотов, помолчав несколько времени, – по рукам, что ль?

– По мне пожалуй! – отвечал Прокудин. – Ты так расхваливаешь своего жениха... а я тебе, друг сердечный, верю. Неужли ты захочешь погубить мою племянницу?

– Сохрани Господи!

– Вот то-то и есть!.. Я боюсь только, чтоб она не заартачилась.

Вестимо дело, если ты скажешь ей об этом теперь, одесь она изволит забавляться, по ассамблеям разъезжать, около нее ухаживают всякие молодчики... Ну, конечно, это веселее, чем выйти замуж, сидеть дома да хозяйничать. Ты прежде увези ее к себе в деревню. Вот как поживет с тобой месяц-другой, так дурь-то из головушки выйдет.

– Полно, выйдет ли? Ведь она уж теперь поиз-баловалась: ей будет у меня скучно...

– Тем лучше, Максим Петрович, того-то нам и надо!.. Коли ей скучно будет у тебя жить, так пойдет охотой замуж. От веселья веселья не ищут, а от скуки-то иногда и в петлю полезешь. Я здесь улажу все дело с князем, ты ей скажешь, что слово дал, а там, на Фоминой неделе, я прикачу к тебе с женихом, остановлюсь с ним на селе; ты свою невесту снарядишь, отвезешь в церковь, мы ее примем, да и под венец!.. Ну что головой покачиваешь? Конечно так.

— А если она заупрямится?

— Что на это смотреть, ты все-таки вези ее в церковь.

— Учнет плакать...

— И, Максим Петрович! девичьи слезы — вода! Известное дело: все невесты до венца плачут, уж это у них так заведено. Да будь же благонадежен, все уладится как нельзя лучше, увези только отсюда племянницу.

— Ну, хорошо. Мы еще, об этом с тобой потолкуем, — молвил Прокудин, вставая, — а меж тем прикажи-ка заложить для меня сани, я поеду к сестре. Да не худо бы также принарядиться: на мне дорожное платье, а еще неравно у сестры гостей застанешь...

— А вот пожалуй со мною, — сказал Рокотов, также вставая. — Я провожу тебя до твоей половины, изволь там располагаться как у себя дома.

Теперь, пока Максим Петрович одевается, чтоб ехать к сестре, мы можем предупредить его, то есть отправиться на Покровку, к Аграфене Петровне Ханыковой. В то время Покровская улица была почти вся застроена княжескими и боярскими домами. В ней были дворы князей Пронских, Сицких, Мосальских, Волконских, Мещерских, Мордкиных, Куракиных, Лыковых и многих других. Несмотря на это аристократическое соседство, дом, в котором жила Аграфена Петровна, вовсе не мог назваться барским. Этот небольшой, чистенький домик, со светлыми окнами и красной черепичной кровлею, казался еще менее, но в то же время и красивее оттого, что рядом с ним стояли с одной стороны огромные уродливые хоромы сибирского царевича Андрея Кучумова, а с другой — ветхие, обросшие мхом и запачканные палаты князя Василия Тюменского. В одной из комнат этого скромного домика сидели за рукодельем Аграфена Петровна и племянница ее, Ольга Дмитриевна Запольская; они обе обшивали кружевами атласное пунцовое фуро, в котором Запольская была накануне у Гутфеля.

— Ну вот, так и есть, — сказала Ханыкова, снимая с пальца наперсток, — ровнехонько пол-аршина недостает... Делать нечего! Ты помнишь, Оленька, лавку, в которой мы кружево покупали?

— Помню, тетушка.

— Так возьми с собою мамушку Григорьевну да Максимку на запятки и съезди в город. Я возок давно уж велела заложить. Оленька, — промолвила Ханыкова, вставая, — на-ка тебе платье-то... приподыми его кверху... вот так... Ну что, не правду ли я тебе говорила: совсем другое стало?

— Да, тетушка, только цвет...

— И, полно, радость моя, что такое цвет!.. Как будто бы у тебя двух

60

алых фуро быть не может. Да уж поверь мне, жизнь моя, никому и в голову не придет, что ты была в нем на ассамблее у Гутфеля.

– А что, тетушка, завтра у Стрешневых простая вечеринка или также ассамблея?

– Ассамблея, мой друг.

– И много будет?

– Я думаю. Стрешнев вчера у Гутфеля звал к себе всю молодежь.

– Так поэтому у него будет и Василий Михайлович?..

– Симский?.. Как же! Стрешнев при мне его просил.

– Так он будет?.. Как я рада!

– Что ты, что ты, матушка, перекрестись!

– А что, тетушка?

– Ну можно ли девице такие речи говорить! Хорошо, что мы одни, а коли ты этак при людях промолвишься, ведь иной подумает и Бог весть что! Симский, конечно, молодец прекрасный и танцует хорошо, а все-таки тебе не след радоваться, что ты с ним увидишься У Стрешневых.

– Я это, тетушка, сказала... так...

Вот кабы он был твоим женихом, так это дело Другое, тогда такая и мера, а теперь ты знай себя... Да что об этом говорить!.. Все это пустячки, мой друг!.. Эти гвардейские офицеры любят только так... пошалберить, амурное словцо отпустить, а какие они женихи!.. Ведь они у нас в Москве ни дать ни взять перелетные пташечки: сегодня здесь, а завтра и поминай как звали!.. Оленька, посмотри-ка, мой друг, кто это въехал к нам во двор?

– Не знаю, тетушка. Какой-то господин, только я его никогда не видывала.

– Лицо как будто бы знакомое, а хоть убей – не знаю кто.

– Здравствуйте, матушка Аграфена Петровна! – сказал Данила Никифорович Загоскин, входя в комнату.'– Не прогневайтесь, что я вошел к вам без доклада: у вас в передней никого нет. Да что ж вы, Атрафена Петровна, изволите на меня так смотреть? И вы, сударыня Ольга Дмитриевна?.. Иль не узнали старинного приятеля?

– Возможно ли! – вскричала с радостию Ханыкова. – Это вы, Данила Никифорович?

– Я, матушка.

– Ах, как я рада! Насилу-то вы за ум взялись!

– А что, Аграфена Петровна, этак лучше?

– Как можно сравнить! Да вы теперь совсем другой человек.

– И жена говорит то же, да только не так.

– Привыкнет, Данила Никифорович.

– Вестимо дело, привыкнет когда-нибудь. А знаете ли что, матушка, бороду я себе обрил, а ведь часом и мне бывает ее жаль.

– И, полноте!

– Право так. Все как будто бы чего-то недостает. Я ж ее, мою голубушку, так холил!.. Ну, да что об этом!.. Не с бородою жить, а с добрыми людьми. Я приехал к вам, Аграфена Петровна, во-первых, ради того, чтоб повидаться с вами и с вашей прелюбезной племянницей, а во-вторых, матушка, – промолвил Данила Никифорович вполголоса, – у меня до вас и дельце есть.

– А что такое?

– Да мне бы нужно об этом с глазу па глаз поговорить с вами.

– Извольте, батюшка, извольте! Оленька, ну что ж ты в город-то не едешь. Пора!.. Ступай, мой друг.

Когда Ольга Дмитриевна вышла из комнаты, Данила Никифорович приметным образом смутился; он начал переминаться, кашлять и поглаживать рукою свой голый подбородок.

– Ну, вот мы теперь одни, – сказала Ханыкова, – извольте говорить.

– Ох, сударыня моя! – промолвил Данила Никифорович, – дело-то мое непривычное... не знаю, с чего начать...

– Что ж это такое?

– Не бойтесь, матушка, страшного ничего нет. Вот изволите видеть... как бы мне вам сказать... ну, так и быть, ведь в старину всегда этим начинали... Матушка Аграфена Петровна, у вас есть товар, а у нас купец.

– Как, Данила Никифорович, вы приехали ко мне сватом?

– Да, государыня, я приехал сватать вашу племянницу, Ольгу Дмитриевну Запольскую.

– За кого?

– Есть у меня родной племянник, такой же сирота, как и ваша Ольга Дмитриевна: отца у него убили под Нарвою, а старушка мать скончалась в запрошлом году. Он человек с достатком, малый прекрасный, на хорошей дороге, собой молодец... да что тут говорить: вы лично его изволите знать.

– Я его знаю? Да кто ж он такой?

– Василий Михайлович Симский.

– Симский!.. Так он вага племянник?

– Да, матушка, сын родной моей сестры, Авдотьи Никифоровны. Ну что ж, каких вы о нем мыслей?

– Самых хороших, батюшка. Он молодец прекрасный, умный и, как мне кажется, истинно достойный человек.

– Так поэтому племянник может надеяться?

– Вот это речь иная, Данила Никифорович, на то отвечать я ничего не могу. Об этом извольте спросить у брата моего, Максима Петровича Прокудина, из воли которого Оленька никак не выступит.

– Я знаю, матушка, что Ольга Дмитриевна взросла на руках у вашего братца Максима Петровича и всеконечно должна во всем ему повиноваться, да неужели он отбракует такого жениха, как мой племянник?

А Бог весть, Данила Никифорович. Максим Петрович человек нравный, не очень долюбливает нынешнюю молодежь, и коли он забрал себе в голову выдать племянницу за человека, который так же, как он, придерживается старины, бороды не бреет и в немецком платье не ходит, так не прогневайтесь!.. Он любит Оленьку как дочь родную, да зато хочет, чтоб и она его слушалась как отца родного.

– Ну, делать нечего, – надобно будет скакать к нему в деревню. А вы уж, Аграфена Петровна, сделайте милость, скажите об этом вашей племяннице.

– Что вы, Данила Никифорович, стану я об этом говорить Оленьке!.. Коли дело пойдет на лад, успею сказать и тогда, а коли из этого ничего не выйдет, так лучше, чтоб она вовсе не знала, что Василий Михайлович за нее сватался. Может статься, он и теперь ей нравится, да это все пе то: мало ли молодцев на свете, обо всех плакать не станешь, а жених... сохрани Господи! да его век не забудешь!

– Правда, матушка, правда!.. Ну, дай Бог вам здоровья, – разумный вы человек, Аграфена Петровна!.. Да что и говорить: в этих делах наш брат мужчина не токмо перед вами – да и перед всякой женщиной дурак дураком!

В комнату вошел или, лучше сказать, вбежал слуга, он растворил настежь обе половинки дверей и проговорил торопливым голосом:

– Государыня Аграфена Петровна, Максим Петрович изволил приехать!

Ханыкова вспыхнула, Данила Никифорович также смутился.

– Здравствуй, сестра! – сказал Прокудин, входя в комнату.

– Ах, батюшка братец! – вскричала Ханыкова, кидаясь на шею к Максиму Петровичу, – вот уж я никак не ожидала...

– Я думаю, что не ожидала, – молвил Прокудин, взглянув исподлобья на Данилу Никифоровича. – Что, матушка, видно, не в пору гость хуже татарина?

– Ах, братец, боитесь ли вы Бога? Ну можно ли этак шутить!.. Как жаль, что Оленьки нет дома; она поехала с мамушкой в город кой-что себе купить, сейчас воротится.

– Здорово, друг сердечный! – сказал Данила Никифорович, подходя к Прокудину. – Ну что ты на меня смотришь?

– Да вот гляжу, батюшка! Откуда Господь шлет мне такого сердечного друга?

– Скажи пожалуйста!.. Так ты по голосу-то меня не узнаешь?

– Господи, Господи! – вскричал с ужасом Прокудин, – Данила Никифорович!

— Да, любезный, это я...

— Ты?.. Да, нет, нет! Это демонское наваждение!.. В этом немецком кафтане... с бритой бородою!.. Фу, батюшки, в глазах позеленело, ноги подкосились! – прибавил шепотом Максим Петрович, опускаясь в кресла, которые ему пододвинула Аграфена Петровна.

— И, любезный! – сказал, садясь подле него, Данила Никифорович, – есть от чего ногам подкоситься!

— Ну, – промолвил Максим Петрович, – этого-то уж я никак не ожидал!.. До меня слухи дошли, что сестра водит хлеб-соль с немцами и что они, проклятые, каждый день к ней таскаются. Ну, так и есть, подумал я, вот уж один немец налицо! Немец!.. Данила Никифорович!

— Эх, полно, Максим Петрович! Ну, что, в самом деле: погневался, пожурил, да и будет!

— А что, старинный друг и приятель, – продолжал Прокудин, – скажи-ка мне по совести... О, Господи! и спросить-то страшно... Да уж так и быть – режь одним разом!.. Что ты, Данила Никифорович, веру переменил?

— Веру?.. Что ты, что ты, перекрестись!

— Так еще не переменил? Слава тебе Господи!

— Помилуй, с чего ты взял?..

— С чего? Да не прогневайся, коли наш брат, старик, без всякого принуждения, а по своей собственной охоте пойдет на такое дело, так поневоле подумаешь, что ему в немецкую кирку захотелось.

— Эх, любезный!.. Ну как тебе не совестно, человеку умному, такие речи говорить? Да неужели по-твоему вся сила православия в нашей бороде? И коли я, по каким ли есть причинам...

— Так сделай милость, – подхватил Прокудин, – скажи мне, ради чего ты изволил оскоблить свою бороду?

— Изволь, скажу. Не знаю, захочешь ли ты понять меня, а коли захочешь, так поймешь. Господь Бог послал нам такого царя, какого еще до сих пор нигде не бывало. На воине – Александр Македонский; на суде – премудрый Соломон; в чужих краях – простой работник, поденщик ради того, чтоб перенять все хорошее и изведать не по рассказам, а на себе самом, что пригодно и полезно для нашей матушки святой Руси; дома у себя – хозяин, да еще какой! Ему нужды нет, что он трудится в поте лица и сеет то, что пожнут другие: "Я, дескать, умру, но Русь-то святая не умрет; теперь, может быть, на меня станут досадовать, роптать, да зато внучата спасибо скажут". Ты себе, Максим Петрович, как хочешь ухмыляйся, покачивай головкою, а я все-таки буду говорить одно. Как свят Господь, так правда то, что наш батюшка Петр Алексеевич ничего не делает ради только одной прихоти или своей забавы, а если иное кажется нам непонятным, так это потому, что мы как дети: их учат складам, а они думают про себя: "Ради чего это заставляют нас твердить: буки аз – ба,

64

веди аз – ва, что, дескать, это такое?" Ради того, деточки, чтоб вы грамоту знали: вот как станете сами читать, так и поймете тогда, зачем вас складам учили...

– Вот подлинно – век живи, век учись! – прервал Прокудин. – Недавно один премудрый молокосос толковал мне, что немцы – солдаты, а мы, русские – новобранцы; теперь ты мне изволишь говорить, что мы все, старики, безграмотные ребятишки и что нас, дураков, складам учат... Спасибо, любезный!

– Да это я говорю так, Максим Петрович, наприк-лад...

– И нечего сказать, – красно говоришь. А все-таки я не знаю...

– Зачем я бороду обрил? А вот послушай. На прошлой неделе завернул ко мне приятель, Иван Дндреевич Бухвостов, и рассказал, что было при нем в Воронеже, когда государь Петр Алексеевич изволил там находиться. В самый день светлого воскресенья Александр Данилович Меншиков обрил всем магистратским членам бороды и одел их в немецкое платье. В соборе, у заутрени, государь, увидя их в этом наряде, так обрадовался, что с ними первыми похристосовался, благодарил, что они его для такого великого праздника порадовали, пригласил к своему столу, пил за их здоровье и во весь тот день был так весел, что и сказать нельзя. Вот у меня и пошло бродить в голове; думаю про себя: "Что это государю нашему так полюбилось немецкое платье?" Думал, думал, да вот что мне пришло на мысль: хоть я не ведаю, почему наш премудрый государь желает, чтоб мы все одевались по-иноземному, а уж верно тут что-нибудь да есть! Не стал бы он так налегать на это, кабы тут не было никакой пользы. Я стар, живу на покое, ни на что ему не пригоден, так дай же я ему, нашему батюшке, хоть этим послужу. Авось, глядя на меня, и другие тем же его потешат. Вот я заказал себе немецкое платье, а как мне вчера его принесли, так послал за цирюльником, да и отмахнул себе бороду. Ну, понимаешь ли теперь, для чего я – твоими же словами скажу – оскоблил себе бороду?

__ Понимаю, любезный! Ты уверен и не сомневаешься, что государь Петр Алексеевич знает лучше всякого, что для нас пригодно и полезно и что он, как истинный царь русский, любит свой народ паче всего на свете...

– Да! Видит Бог, я это думаю.

– Хорошо, любезный. Ну, а если б ты думал совсем другое? Если бы ты верил и не сомневался, что государь Петр Алексеевич, попущением божиим и в наказание за тяжкие грехи наши, предался вовсе немецкой прелести и любит не свой православный народ, а немцев, голландцев и всяких других еретиков, которые теперь, словно саранча, обсели всю землю русскую, так и ты бы, Данила Никифорович, так же, как я, стал чтить государя Петра Алексеевича как помазанника Божия и повиноваться беспрекословно его царским указам, но, уж верно, ты для его потехи не нарядился бы каким-нибудь заморским шутом и не стал бы кланяться в пояс всякому немецкому колбаснику потому только, что он немец.

– Да помилуй, Максим Петрович, с чего ты взял, что государь Петр Алексеевич больше любит немцев, чем нас?

– А коли нет, так зачем же он, наш батюшка, имя-то свое, говорят, подписывает по-иноземному, и новый город свой назвал по-немецки, и нас всех немцами поделать хочет?.. Да что об этом говорить: коли Господь Бог наслал казнь, так молчи и покоряйся.

– И то правда, друг сердечный, что об этом толковать! По-твоему, это гнев небесный, а по-моему – Божье милосердие, так мы во веки веков с тобой не поладим. Давай-ка лучше побеседуем кой о чем другом, любезный, а нам есть о чем поговорить. Знаешь ли что, Максим Петрович? Ведь я сбирался к тебе в деревню!..

– Милости прошу.

У меня есть до тебя дело, и дело не шуточное; я сейчас об этом говорил с Аграфеной Петровной. Племянник мой, Василий Михайлович Симский, месяца два тому назад познакомился здесь, в Москве, с твоей сестрицею и с Ольгой Дмитриевной...

Познакомился!.. И верно, на вечеринке, или, по вашему, на ассамблее, у этого... Сестра, как бишь зовут твоего приятеля-то?..

– Какого приятеля, братец?

– Ну, вот этого немца, у которого ты вчера с аптекарем плясала.

– У Адама Фомича Гутфеля? – прервал Данила Никифорович. – Да, любезный, мой племянник бывал у него на вечеринках вместе с твоей сестрицею и племянницей... Да ты уж не думаешь ли, что этот Гутфель какой-нибудь булочник?.. Нет, Максим Петрович, он человек именитый, к нему сам государь изволит жаловать...

– Как не жаловать!.. Ведь он немец.

– Что немец!.. Немцев много. Адам Фомич и человек хороший, и живет барином. Он здесь у всех в большом почете...

– Еще бы!.. Делать-то нечего, станешь почитать и татарина, коли он тебе господин!.. Так твой племянник познакомился с моей племянницей у этого Гутфеля?.. Знаю, знаю!.. Ведь он, сиречь твой племянник, как по вашему-то, фенрик, что ль?..

– А вот, Бог даст, скоро и подпоручиком будет.

– Так, так!

– Он третьего дня ночевал у тебя в деревне.

– Ночевал, любезный.

– Ну что, как он тебе кажется?

– Молодец прекрасный!

– Так он тебе приглянулся?

– Как же!

– А что, друг сердечный, если б он посватался за твою племянницу Ольгу Дмитриевну!..

– Так я долго не стал бы его маять, а тотчас бы сказал: этому не бывать.

– Как не бывать?..

– Да так!..

– Фу, батюшки! Как дубиной по лбу!

– Не прогневайся!

– Да ты хоть подумай, Максим Петрович, Симский роду хорошего...

– Знаю, знаю! Его батюшка был казанским воеводою.

– Человек богатый.

– И это знаю.

– Так почему ж?..

– Долго рассказывать, Данила Никифорович, да и на что? Ты спросил, я отвечал, – чего ж еще тебе?

– Батюшка братец! – промолвила робким голосом Ханыкова.

Младший офицер, прапорщик (от нем. Fahnrich).

– Не твое дело, матушка! Покойная сестра, умирая, сдала мне с рук на руки свою дочь, завещала воспитать ее во всяком благочестии и страхе Божием, беречь и любить как родное свое детище. Что будешь делать! Согрешил я перед покойницей: не вполне соблюл ее приказание... Да Бог милостив, это еще дело поправимое... Теперь уж я с ней ни за что не расстанусь...

– Как, братец, – вскричала Ханыкова, – вы хотите Оленьку увезти в деревню?..

– Я затем и приехал, матушка.

– Так моему племяннику нечего и надеяться? – проговорил Данила Никифорович, вставая.

– Зачем не надеяться, – сказал Прокудин, – Бог в животе волен, а я человек смертный.

– Эка упрямая башка! – прошептал Загоскин. – Прощай, старинный приятель! – промолвил он, выходя вон из комнаты. – Нечего сказать, потешил ты меня!

– Ничего, любезный, – прервал Максим Петрович, – это дело обоюдное: мы, кажется, оба друг друга потешили. До свидания!

– Да, полно, Василий, кручиниться! И вчера ты целый день прогоревал, и сегодня словно в воду опущенный!.. Что, в самом деле, иль про тебя одна только невеста и была Ольга Дмитриевна Запольская? Ну, конечно, она девица хорошая, да, Бог милостив найдем и почище ее.

Так говорил Данила Никифорович, утешая Симского, которому он накануне объявил о своей неудачной попытке.

– У нас в Москве, – продолжал Данила Никифорович, – чего другого, а невестами-то хоть пруд пруди! Вот покамест ты будешь в походе под турком, мы постараемся, похлопочем да такую приищем тебе невесту, какой ты и во сне не видывал. Не правда ли, жена?

Уж конечно, батюшка, не чета будет этой вертушке Запольской, – отвечала Марфа Саввишна. – И что тебе, Васенька, понравилось в этой девочке? Ну какая она будет хозяйка? Ей бы только вырядиться заморской куклою, поплясать да перед молодежью покобениться...

– Нет, тетушка, – прервал Симский, – напрасно вы это изволите говорить. Ольга Дмитриевна девица скромная и по своему отличному мериту ело достойна всякого эстиму.

– Да ты как хочешь ее по-немецки-то хвали, а все-таки она не много получше своей тетушки! Да уж Аграфена Петровна – об ней что и говорить – отменный соболь!.. Ни стыда ни совести...

– И, полно, Марфа Саввишна! – прервал Данила Никифорович. – Ну за что ты ее так позоришь?.. Что она тебе сделала?

– Виновата, батюшка Данила Никифорович, согрешила!.. А, воля твоя, правду всегда скажу.

– И вы уверены, дядюшка, – сказал Симский, – что Максима Петровича нельзя никак умилостивить?

– Куда умилостивить!.. Приступу нет, так с дуба и рвет!.. "Не бывать этому!", да и только!

– Ну, видно, уж такое мое счастье!..

– Полно, брат Василий! Ты еще молод, твое счастье впереди.

– Ах, дядюшка, кабы вы знали, как мне грустно!.. Я и сам не думал, что так люблю Ольгу Дмитриевну... Нет, уеду поскорей, догоню мой полк, стану драться с турками... быть может, положу голову за святую Русь...

– Что ты, мой друг! – вскричала Марфа Саввишна. – Христос с тобой!.. Ну, как ты в самом деле себе напророчишь...

– Так что ж, тетушка? Я сирота, обо мне плакать некому.

– Спасибо, племянник! – прервал Данила Никифорович. – А мы-то тебе посторонние, что ль? Полно, брат, выкинь эту дурь из головы! Пойдем-ка лучше завтракать; у меня есть заветная бутылочка фряжского винца; выпьем чарки по две, так авось у тебя на сердце-то будет повеселее.

– Нет, дядюшка, у меня голова и без этого горит. Пойду лучше пройдусь пешком.

– Ну, ступай, мой друг. Да смотри же приходи к обеду.

– Приду, дядюшка.

Симский накинул свой форменный плащ и, сойдя со двора, повернул вниз по Знаменке к Кремлю. День был ясный, погода теплая, разумеется по-зимнему; самый умеренный морозец, без ветру, не допускал только портиться санному пути и придавал воздуху какую-то особенную легкость и живительную прохладу. Все жители Москвы справляли масленицу, то есть веселились, гуляли и катались по улицам. На каждом шагу встречались с Симским разодетые в пух слободские девки, посадские бабы, городские мещане и мужички под хмельком, которые, обнявшись друг с другом и пошатываясь из стороны в сторону, растабарывали и гуторили меж собою. Тут целая гурьба веселых горожанок шла посередине улицы и пела, немного на разлад, но зато во все горло, плясовую песню, под которую разбитной детина, медленно подвигаясь перед толпою, расстилался вприсядку. Подле питейного дома лихие песенники, окружив самоучку-музыканта, отпускавшего удивительные трели на берестовом рожке, заливались в удалой бурлацкой песне: "Вниз по матушке по Волге". Тут же, в одном уголку, народ умирал со смеху, глядя на медведя, который плясал с козою, и несколько шагов подалее толпился вокруг лубочного балагана, в которого заморский знахарь глотал огромные камни, дышал огнем и жупелом, ел хлопчатую бумагу и делал разные бесовские штуки. Мимо Симского, в широких пошевнях, покрытых коврами, и расписных санях, мелькали поминутно московские барыни, богатые купчихи и гостьи иноземные; то проезжал рысцою обитый полинялым сукном рыдван на полозках, из которого выглядывали набеленные старухи в собольих шапочках; то вдруг, как птица, пролетал мимо всех разгульный молодец на борзом казанском иноходце; одним словом, все веселились, гуляли, и Симскому от этого стало еще грустнее. Чтоб не смотреть на эти забавы, в которых он не мог и не хотел принимать никакого участия, Симский, пройдя несколько шагов по Неглинной, повернул Троицкими воротами в Кремль. В то самое время, как он, пробираясь к соборам, миновал дворец Бориса Годунова, с ним повстречались парные сани и кто-то проговорил громким голосом:

– Здравствуй, Василий Михайлович!

Симский остановился, из саней выскочил молодой гвардейский офицер и бросился к нему на шею.

– Мамонов! – вскричал Симский, обнимая своего однополчанина. – Вот уж никак не ожидал! Я думал, что ты при полку.

– Нет, мой друг, я здесь в откомандировке. А ты какими судьбами?..

– Меня отпустили па недельку повидаться с родными.

– Так ты недолго здесь пробудешь?

– Еще денька два или три.

– А потом?

– Отправляюсь догонять полк.

– Счастливый человек!.. Да садись-ка, брат, в сани, поедем ко мне. Я живу близехонько, на Варварке, в доме дяди моего, Степана Ивановича Шеина.

Симский сел в сани к Мамонову. Через несколько минут они въехали во двор и остановились у небольшого кирпичного домика, вовсе не затейливой наружности.

— Вот, как видишь, Василий Михайлович, — сказал Мамонов, вылезая из саней, — палаты небольшие, да зато в них тепло, и я живу один-одинехонек. Милости просим!

Когда они вошли в сени, им послышались в передней комнате голоса; казалось, о чем-то спорили.

— Да погоди, тетка, сейчас вернется! — говорил кто-то басом.

— Чего годить! — раздался в ответ писклявый голос, — что мне, до вечерен, что ль, у вас дожидаться?

— Ну, так и есть! — сказал Мамонов, входя в переднюю. — Это Игнатьевна. Здравствуй, голубушка!

— Здравствуй, мой сокол ясный! — пропищала, кланяясь в пояс, пожилая женщина в штофной шубейке и бархатной, опушенной куницею шапочке. — Уж я тебя ждала, ждала!

— Так подожди еще немножко, мы с тобой поговорим.

— Ох, кормилец ты мой, часочки-то у меня счетные! Мне еще надо побывать у Спаса на Чигасах, а оттуда к Харитонию в Огородниках; не задержи меня, батюшка!

— Небось, Игнатьевпа, не задержу.

Мамонов и Симский отдали денщику свои плащи и, пройдя через столовую комнату и небольшую гостиную, вошли в угольный покой, в котором стояло несколько стульев, большой шкап, резной дубовый стол и кровать с белым пологом.

— Садись, любезный! — сказал Мамонов, снимая с себя трехцветную шелковую перевязь, которая была у пего надета по мундиру.

— Ого! Да ты в полном параде, — сказал Симский, — шарф через плечо.

— Как же, Василий Михайлович: я был в Сенате; мне там читали царский указ.

— Указ? О чем?

— А вот, изволишь видеть: у нас теперь война с турком, и велено забирать на службу всех взрослых недорослей из дворян, неслуживших новиков и всяких разночинцев, которые еще молоды и здоровы, а под разными предлогами отбывают. от царской службы и проживают в Москве. Вот как пошел перебор, так все эти тунеядцы, которым бы только на боку лежать да ничего не делать, и бросились вон из Москвы, кто куда попал. Меня для этого и прикомандировали к Сенату, чтоб я их везде отыскивал, хватал и представлял на службу; об этом мне и указ сегодня читали. Эх, Симский, счастлив ты: будешь драться с турками, станешь

70

бить этих басурманов, в плен брать, а я... Правда, и я буду брать в плен матушкиных сынков, сорокалетних недорослей и этих мироедов, которые называют себя дворянами, а дворянской службы нести не хотят. Да какая мне будет от этого сатисфакция? Ведь уж тут доброй манерою не кончишь. Хлопот не оберешься, брани также. Все московские барыни, а пуще барышни, закидают меня каменьями... Ну, нечего сказать, вынулся мне жеребьек!.. Добро бы еще оставили меня в Санкт-Петербурге, а то живи здесь – в этом захолустье.

– Вот как!.. Так ты называешь Москву захолустьем?

– А как же прикажешь ее назвать? Неужели такой же резиденцией, как наш Санкт-Петербург? Нет, любезный: кто привык обходиться с людьми эдюкованными ' и понасмотрелся иноземных обычаев, тому здесь какое житье? Так ли веселятся и проводят время в нашей резиденции!.. Конечно, и здесь бывают ассамблеи, да только ни дать ни взять – шарман-катеринки: заведут их – они, как будто живые, танцуют, не заведут – так просто сидят как разряженные куклы. А что за кавалеры!.. Посмотришь, иной одет как человек, в немецком кафтане, в парике, подымет даму как следует, а примется танцевать – фу, батюшки!.. В какие позитуры становится, что за ухватки!.. Так и смотришь, сейчас пойдет вприсядку!.. Заведешь с ним какую-нибудь конверса-цию, он выпучит глаза, слушает и не понимает самых обыкновенных речей. Да что и говорить! В Москве не токмо народ ординарный, но даже люди принципиальные, только бороды себе выбрили, а рожи-то у них все немытые! Нет, Василий Михайлович, наша резиденция не то!

– Ну, конечно, Андрей Степанов; однако ж и Москва...

– Что Москва?.. Москва просто русский город.

– А разве наш Санкт-Петербург город не русский?

– Нет, любезный, извини!.. Санкт-Петербург город немецкий, знаешь, этак... как бы тебе сказать?.. Европа!.. А здесь что? И люди, и дома, и обхожденье – все на русскую старинную старь. Здесь, брат, с деньгами пропадешь: ничего нет порядочного. Пива хорошего не отыщешь, изрядного голландского сыру не спрашивай, уж о добром гамбургском кнастере или старом францвей-не ' и не заикайся. Деревня, братец, деревня!

– Хороша деревенька!

– Велика!.. Да что в этом толку. Знаешь пословицу...

– Полно, Мамонов! Ты позоришь Москву, потому что тебе скучно, а скучно оттого, что ты в ней никогда не живал.

– И дай, Господи, никогда не жить! Знаешь ли, Василий Михайлович, чем я отвожу себе душу?.. Одна только забава и есть!.. Ты видел в передней старуху?

– Видел. Кто она такая?

71

– Самая знаменитая московская сваха, Федосья Игнатьевна по прозванию Перепекина.

– Сваха? Да разве ты хочешь жениться?

– И пе думаю... Ну, брат, видно, здесь в Москве залежалых-то невест довольно. Недели две тому назад Игнатьевна явилась ко мне от какой-то вдовушки, которая видела меня у Гутфеля, и с тех пор отбою нет: что ни день, то новая невеста.

– И это тебя забавляет?

– А как же! Во-первых, каждый день смотр: то в том приходе, то в другом. Я, разумеется, всегда невесту отбракую, Игнатьевна разгневается, я начну ее поддразнивать, она примется меня ругать – потеха, да и только!.. А сверх того, если я проживу здесь месяца три или четыре, так уж верно всех московских невест поодиночке переберу; коли сам не женюсь, услужу приятелю. Да не хочешь ли, Симский, я тебе как раз невесту найду?

– Нет мой друг, моя невеста не здесь.

– А где же?

– Да Бог знает. Может быть, в чистом поле, а может статься, и под какою-нибудь турецкой фортецией: булатная сабля, свинцовая пуля, чугунное ядро – вот мои невесты, Мамонов, других суженых у меня не будет.

– И, полно братец! живой живое и думает. Да что это с тобою сделалось?.. Ты в самом деле грустен... Что ты, любезный, с похорон, что ль?

– Так, ничего... пройдет!

– А вот постой, я тебя развеселю, – сказал Мамонов, отворяя дверь в гостиную.

– Федосья Игнатьевна, – закричал он, – милости просим сюда!

Игнатьевна вошла в комнату, перекрестилась на икону и поклонилась низехонько хозяину и гостю.

– Садись-ка, любезная, к нам поближе, – продолжал Мамонов, указывая ей на порожний стул.

– Присяду, батюшка, присяду! – молвила Игнатьевна, садясь. – Не прогневайся, езды-то у меня много, а коней всего одна бессменная пара, да и так уж старенька, шестой десяток служит.

– Ну что ж, Федосья Игнатьевна, поговорим-ка о деле.

– Да как же это, кормилец, у тебя гость?

– Ничего, это мой задушевный друг: при нем все можно говорить.

– Так, батюшка, так!.. Ну что, сударь, ты вчера, как обедня отошла у Николы в Пыжах, изволил быть на паперти?

– Как же! Ведь ты меня видела?

– А видел ли ты, мой сокол ясный, барышню, с которой я шла рука об руку?

– Что ж, эта барышня та самая невеста, о которой ты мне говорила?

– Да, батюшка, да!

– Видел.

Что, мое красное солнышко, правду ли я тебе сказала – красавица!

– Кто?.. Эта барышня? Эх, Федосья Игнатьевна, ну не грешно ли тебе так людей морочить? Что она за красавица?.. Набелена, нарумянена...

Без этого нельзя, сударь: дело девичье... Да она и так, Бог с нею, такая белолицая, румяная, что и сказать нельзя!

– Нос в пол-аршина.

– Уж и в пол-аршина!.. Что ты, кормилец!.. Нос как нос, поменьше твоего будет.

– Я, Игнатьевна, дело другое: я мужчина и человек рослый, а она девица и собой-то больно невеличка.

– А что ж тебе, батюшка, Сухареву башню, что ль?

– Да воля твоя, Игнатьевна, по мне лучше Сухарева башня, чем этакий недоросток. Я жену в кармане носить не хочу.

– В кармане? Не упрячешь, батюшка!!

– Она же, кажется, на левую ножку изволит прихрамывать.

– Прихрамывать? Что ты, батюшка, перекрестись!

– И глазки-то у нее... не прогневайся, любезная...

– Что глазки?

– Да так! Немножко врозь посматривают.

– Что, что?.. Так она, по-твоему, коса?

– Есть грешок, Игнатьевна.

– Коса!! Да что ты, сударь, вчера до обедни-то не хлебнул ли?

– Двух передних зубков, кажется, нет.

– Тьфу ты, окаянный этакий! – вскричала старуха, вскочив со стула. – Да что ж ты, в самом деле, всех моих невест цыганишь, что я тебе дура, что ль, досталась?

– Ну, полно, Федосья Игнатьевна, не гневайся! – сказал Мамонов, усаживая ее опять на стул. – На-ка вот тебе за труды, – продолжал он, подавая ей два рублевика. – Что ж делать, коли мне так показалось.

– Показалось! – повторила Игнатьевна все еще несколько сердитым голосом. – Вишь, какой зубоскал!.. Чего тут показаться?.. Благо ты господин-то добрый и тороватый, а то бы я давно перестала к тебе жаловать!.. Вот то-то и есть: дали вам повадку, голубчики!.. Бывало, в старину, хочешь верь, хочешь не верь, а уж невесты тебе не покажут. Видишь, что выдумали: изволь товар лицом продать!.. А кто на вас угодит?.. То не так, другое не этак... Ох вы, баловники этакие!

– Да ведь так-то лучше, Федосья Игнатьевна. Теперь жених пеняй на себя, а прежде, бывало, за все отвечает сваха. Что, любезная, скажи-ка правду: чай, тебе иногда доставалось на орехи?

– Ну, конечно, батюшка, всяко бывало. Уж наше дело таковское. Бывало, угодишь, так матушке Федосье Игнатьевне челом; а не угодишь – так старую чертовку Игнатьевну позорят на чем свет стоит.

– А этак, случится, и потасовку зададут?

– Кому, сударь? Мне?.. Нет, батюшка, велико бесчестье заплатишь!.. Я ведь не посадская баба какая; мой покойный муженек служил поддьяком в холопьем приказе; ему подчас и бояре кланялись. И кабы не бедность моя, не стала бы я по вашей братье шататься... Ну что, молодец, так эта невеста тебе не люба?

– Нет, Федосья Игнатьевна, подавай другую.

– Подавай другую!.. Эва как поговаривает!.. Да разве невесты-то блины?.. Подавай другую!

– На-ка вот тебе еще рублевик... Полно, голубушка, не скупись: что есть в печи, все на стол мечи!

– Спасибо, кормилец, спасибо!.. Ах ты, мой сокол ясный! Хотелось бы мне тебе послужить... Да ты, Андрей Степанович, человек-то бедовый!.. Видишь, какой привередник!.. Ну, так и быть – скажу! Уж только и ты, батюшка, не забудь меня, старуху. Есть у меня на примете невеста – и хороша, и пригожа, девица рослая, не то чтобы очень дородная, а этак, знаешь, наливное яблочко: свежая, румяная, глаза голубые, брови черные... Да это еще ничего, – богатство-то какое!.. Покойный ее батюшка тридцать лет сряду был якутским воеводою, а ведь там воеводам житье! От царя земного далеко, а царь небесный грешников милует, так делай что хочешь – своя рука владыка. Ты, чай, изволишь знать, Сибирь-то золотое дно. Там, говорят, из черных соболей нагольные тулупы носят, а простых куниц никто и даром не берет, так есть около чего ручки погреть!.. Да он таки и понагрел их, дай Бог ему царство небесное! Легко вымолвить: тридцать годов на воеводстве просидел!.. А дочка-то у него одна-одинехонька осталась, делиться не с кем... Ну, что?.. Неужели ты, кормилец, и эту невесту охаешь?

– А вот как посмотрю.

– Тебе бы все смотреть!

– Нельзя без этого, Игнатьевна... Э, да постой, любезная!.. Давно хочу тебя спросить: я недели две тому назад познакомился на ассамблее у Стрешневых с одной барыней– не знаешь ли ты ее? Аграфена Петровна Ханыкова...

– Как, сударь, не знать!.. Я у нее зачастую бываю. Приношу всякую всячину: то кружева и ленточки, то шелковые платочки. Ведь я человек бедный, батюшка, веем промышляю. Да что ты о ней изволишь спрашивать? Разве она овдовела?

– Нет, Игнатьевна: с ней живет племянница.

– Ольга Дмитриевна?.. Вишь, ты какой!.. Губа-то У тебя не дура, батюшка!

– А что?

– Как что? Да Ольга Дмитриевна не то что всякая другая, это, сударь, нещечко! Собой красавица, богатство большое, родство знатное, ни отца ни матери... Нет, Андрей Степанович, тут взятки-то гладки!

– И, полно, Игнатьевна! Коли Ольга Дмитриевна невеста...

– Невеста, сударь, невеста, да только не твоя.

– А почему ж не моя?

– Да потому, батюшка, что она уж просватана. Симский побледнел.

– Просватана? – повторил Мамонов. – За кого?

– Ох, молодец, крепко-накрепко заказано не сказывать... А я все-таки скажу... назло ему скажу... скряга этакий!.. Я, батюшка Андрей Степанович, часто хаживала к одному богатому женишку, князю Андрею Юрьевичу Шелепшанскому; его уж давно разбирает охота жениться, и он также куда браковал невест; да только не так, как ты, кормилец: он все добивался богатой невесты. Вот я, сударь, и приискала ему одну купеческую дочку– лет этак под сорок и собою некрасива: рябая, черномазая... да зато вся в жемчугах; у отца чугунные заводы, рыбные ловли в Астрахани и всего только две дочери. Сегодня поутру я зашла об этом поговорить с князем Андреем Юрьевичем, а он мне и слова не дал выговорить. "Спасибо, дескать, Игнатьевна, за твою службу и труды, а я уж покончил; мой двоюродный братец, Лаврентий Никитич Рокотов, высватал мне богатую невесту. Вчера по рукам ударили, а на Фоминой будет и свадьба". – "Ах, батюшка, – молвила я, – да дай же порадоваться твоей радости, – скажи мне имечко нареченной; может статься, и я ее знаю". Князь Андрей Юрьевич учал отнекиваться, а я все приставала. Вот он помялся, помялся, да и сказал мне, что Максим Петрович Прокудин выдает за него племянницу свою, Ольгу Дмитриевну Запольскую и что уж это дело совсем поконченное. Как я стала с ним прощаться, так говорю ему: "Батюшка, милостивый князь, я много для тебя потрудилась, не одну пару чеботов истоптала и денно и нощно заботилась о том, как бы тебе угодить, не забудь же теперь меня на такой радости, – пожалуй мне, старой сиротинке, хоть что-нибудь на хлебец!" Ах, батюшки, как его, сударь, стало коробить!.. Инда в пот ударило! Учал он ходить по комнате и туда и сюда, гляжу: пошел ж себе в чуланчик... Уж он там шарил, шарил!.. Вот изволит опять идти – такой красивый, так и пышет! Подошел, да и сунул мне в руку... что ж ты думаешь, кормилец?.. Полтинник!.. Да еще проткнутый, – видно, с какой-нибудь мордовки! "На, дескать, Игнатьевна, у меня его не берут, а ты везде шатаешься, у тебя с рук сойдет".

— Неужели ты, Федосья Игнатьевна, взяла?

— Что ты, батюшка! Я этот дырявый полтинничек положила ему на стол, низехонькNo поклонилась да сказала: "Прими, батюшка, Христа ради!", а сама и вон. Вот, сударь, скряга-то!

— Да, хорош! И за него выдают Ольгу Дмитриевну!

— Что ж делать! Андрей Степанович богат, природный князь и, нечего сказать, собою молодец.

— Право?

— У, батюшка!.. Детина такой ражий, дородный... что вы, молодцы! Обоих-то вас сложить, так его одного не будет.

— Вот как!

— Да, сударь, да!.. Не будь он такой скула, так нечего сказать, жених недюжинный!.. Э, да что толковать об этом шмольнике. Ты мне лучше скажи, батюшка, хочешь, что ль, посмотреть воеводскую-то дочку?

— Как же, Игнатьевна, хочу.

— Так изволь, сударь, знать, что она завтра будет у Троицы на Кулишках, после ранней обедни, милостыню нищим раздавать, и я с ней вместе буду.

— У Троицы на Кулишках! Где ж это?

— Ничего, батюшка, я твоему Федоту растолкую, так он тебя прямехонько довезет. Ну, мое красное солнышко, — промолвила Игнатьевна, вставая, — заболталась я с тобой!.. А дела-то у меня, дела, Господи Боже мой!.. Прощенья прошу, батюшка! Смотри же, не забудь, завтра после ранней обедни...

— Небойсь, Федосья Игнатьевна, не забуду. Прощай, любезная!.. Ну что, — продолжал Мамонов, обращаясь к своему гостю. — Какова моя сваха?.. Э, да ты никак стал еще грустнее!.. Что это с тобой?

— Так, что-то нездоровится.

— Катайся больше, любезный, так все пройдет. Знаешь ли что, Симский, приезжай завтра ко мне пораньше, поедом вместе смотреть воеводскую дочку.

— Нет:, Мамонов, я сегодня в ночь или завтра чем свет уеду отсюда.

— Сегодня? Да ведь ты хотел пробыть в Москве еще дня два или три.

— Ни за что на свете!

— Что, брат, видно, правду говорил, видно, Москва-то не Санкт-Петербург?

— Да, мой друг! Мне скучно, мне тошно здесь... так душа и рвется! Скорей бы туда, где пули посвистывают и люди валятся как снопы!.. Вот как, Бог даст, догоню наш полк да под турецкими ядрами почерпну водицы в Дунае, так авось тогда на душе-то у меня будет повеселее. Прощай, Мамонов!

— Прощай, Симский, — сказал Мамонов, обнимая своего приятеля. —

Коли Господь поможет тебе отличиться, так вспомни, друг сердечный, и пожалей обо мне. Я бы от тебя не отстал.

На другой день, рано поутру, из Калужских ворот выехала на Серпуховскую дорогу лихая ямская тройка. В открытых пошевнях лежал закутанный в медвежью шубу Симский, впереди на облучке сидел денщик его, Демин.

– Ну, что ж вы стали поперек дороги? – закричал ямщик, сдерживая лошадей.

Симский приподнялся. В пяти шагах от него стоял большой возок, двое слуг помогали кучеру перепрягать коренную лошадь.

– Возьми полевее, – ^сказал Симский, – их не переждешь.

Когда ямщик, своротя в сторону, поравнялся с возком и Василий Михайлович взглянул на открытое окно, из которого выглядывала какая-то барыня, то вся кровь его прилила к сердцу; эта барыня была Ольга Дмитриевна Запольская; подле нее сидел Максим Петрович Прокудин.

– Ну что ж ты? – сказал Демин ямщику. – Коли выбрался на торную дорогу, так ступай!

– Эй вы, соколики! – гаркнул ямщик.

Рысистая коренная легла в гужи, отлетные подхватили, и снежная пыль вихрем закрутилась из-под копыт удалых коней.

IX

Мы должны теперь расстаться на некоторое время с Василием Михайловичем Симским и воротиться опять в Москву. В то самое утро, когда Симский так неожиданно повстречался на большой дороге с Ольгой Дмитриевной, но только гораздо позднее, Атрафена Петровна Ханыкова сидела у себя в гостиной с Ардалионом Михайловичем Обиняковым. Я думаю, читатели не забыли еще этого худощавого господина, которого люди неблагонамеренные называли приказной строкою, нахлебником, переметной сумой и даже подозревали, что он "язык", то есть тайный доносчик, готовый при случае оговорить и выдать руками своего родного брата. Разумеется, Аг-рафена Петровна не знала ничего об этом и, по случаю одного тяжебного дела, очень часто советовалась с Ардалионом Михайловичем как с человеком знающим и деловым.

– Так вы, батюшка, полагаете, – говорила она, – что, этак месяца через два, наше дело должно решиться?

– Да, Аграфена Петровна, по всему бы так следовало. Крепостные записи и межевые книги вами представлены, все справки собраны, и задержек формально никаких нет, а все-таки, может статься, дело ваше протянется. Слабенько вы изволите действовать, матушка Аграфена Петровна!

– Да что ж прикажете мне делать?

– Всякая тяжба, сударыня, требует хождения. Теперь дело поступило в отчинную коллегию, – так что Ж зевает ваш поверенный? Надо попросить.

– Да я сама ездила к президенту, просила его...

– И, сударыня!.. Что президент!.. Дела-то вершат не президенты, а секретари.

– Что вы, Ардалион Михайлович! Хоть я и женщина, а все-таки кой-что знаю: у секретарей и голосов нет.

– Так, сударыня, так! Только вот что, когда вы изволите играть, примером сказать, на гуслях, так голос-то подают они, а все-таки сила не в них, а в вас: что вы захотите, то они и заиграют.

– Так, по-вашему, Ардалион Михайлович, и председатель и судьи...

– Гусли, сударыня, гусли!.. Ну, Аграфена Петровна, не прогневайтесь, я вижу по всему, что ваш поверенный вовсе приказного порядку не знает и, кажись, дело-то без меня не обойдется.

– Ах, сделайте милость!

– Вот изволите видеть, матушка Аграфена Петровна, надобно, во-первых, одарить секретаря, у которого в руках ваше дело; не мешает также и протоколиста подмазать, чтоб оно ходче пошло; а там еще кой-кому: регистратору, актуариусу; так, может статься, и ближе двух месяцев эта тяжба кончится в вашу пользу. Да уж положитесь во всем на меня, Аграфена Петровна, я это дельце обработаю... Не извольте только забывать одного, матушка: коли плохо сеешь, так и жатва бывает плоха.

– Андрей Степанович Мамонов приехал, – сказал слуга, войдя в комнату.

– Ты сказал, что я дома?

– Сказал, сударыня.

– Так делать нечего – проси!

– Здравствуйте, государыня моя Аграфена Петровна! – сказал Мамонов, входя в гостиную и кланяясь хозяйке. – Зело радуюсь, что нахожу вас в вожделенном здравии.

– И я также, государь мой Андрей Степанович, – отвечала Ханыкова, вставая, – с великой сатисфак-циею вижу, что и вы совершенно здоровы, в чем я, признательно скажу, начинала уже сомневаться. В последний раз, на ассамблее у Стрешневых, вы дали мне ваш пароль' посетить меня, и вот уже скоро две недели...

– Прошу экскузовать меня, Аграфена Петровна: я несколько раз хотел к вам презентоваться2, но все это время так был занят службою...

– То есть гуляли, веселились... Ну, да Бог вас простит!.. Прошу покорно садиться!

Обиняков взглянул исподлобья на Мамонова, лукаво улыбнулся и взялся за свою шапку.

– А вы куда, Ардалион Михайлович? – сказала Ханыкова. – Побудьте с нами.

– Коли вам это угодно, Аграфена Петровна, – промолвил Обиняков с той же самой двусмысленной улыбкою, – так я с моим удовольствием!.. Мне торопиться некуда.

– Я приехал к вам, государыня моя, – сказал Мамонов, садясь подле хозяйки, – во-первых, для того, чтоб отдать вам мой всенижайший респект, а во-вторых, чтоб поздравить...

– Поздравить? С чем?

– Как с чем? Ведь ваша племянница, Ольга Дмитриевна, выходит замуж.

– Оленька выходит замуж! С чего вы это взяли?

– Я слышал от верных людей.

– Помилуйте! Да ее даже нет и в Москве: она уехала в деревню к своему родному дяде, Максиму Петровичу Прокудину.

– Может быть, Аграфена Петровна, вам не угодно разглашать о помолвке Ольги Дмитриевны и я поступаю весьма неполитично, говоря об этом, но, воля ваша, когда сам жених объявляет, что дело уже кончено...

– Сам жених!.. Ах, Боже мой! Да неужели в самом деле Максим Петрович, не сказав мне ни слова, просватал племянницу?

– И я также, сударыня, – прервал Обиняков, – слышал кой-что об этом стороною.

– Что вы говорите?!

– Я ужинал вчера у Лаврентия Никитича Рокото-ва, а у него был князь Андрей Юрьевич. Опи изволили немного подгулять, и Лаврентий Никитич, этак между речей, проговаривал, что свадьбы дальше Фоминой недели откладывать не должно, а то, дескать, чего доброго, тетушка как-нибудь и разобьет. От этой, дескать, Аг-рафены Петровны Ханыковой все станется. А ведь, кажется, сударыня, окромя вас никакой Аграфены Петровны Ханыковой в Москве нет, а у вас одна только племянница Ольга Дмитриевна.

– Возможно ли! Так это правда?

– Видно, что так.

– Да за кого же ее выдают?

— За какого-то князя, — сказал Мамонов. — Вспомнить не могу... Шпанского!.. Гипшанского...

— Должно быть, — прервал Обиняков, — за князя Андрея Юрьевича Шелешпанского.

— Да, точно так!

— Ах, бедная Оленька! — вскричала Ханыкова, всплеснув руками. — Да ведь этот Шелешпанский совершенный мужик, дурачина!..

— Так вы его знаете? — спросил Мамонов.

Я только один раз его видела. Года два тому назад он приезжал к нам торговать деревню. Господи Боже мой!.. Что за фигура, какие ухватки! А уж глуп-то как!. Представьте себе: для первого знакомства стал нам рассказывать, как у него украли ветчину, а там принялся хвастаться своим конским заводом, да такие речи начал говорить, что я из комнаты вон ушла... И я должна буду называть этого человека моим племянником!

— А почем звать, Аграфена Петровна? Ведь насильно венчать никого нельзя; и если этот жених не понравится Ольге Дмитриевне...

— Так она будет втихомолку плакать, зачахнет с горя, а все-таки выйдет за него замуж. Вы не знаете Оленьки: ведь это ангел во плоти; ей и в голову не придет, что она может не повиноваться своему дяде. Оленька же привыкла его любить и почитать как отца родного...

— Да что ж это вздумалось вашему братцу? Неужели он не мог найти лучшего жениха для своей племянницы?

— Женишок-то, сударь, хорош, — прервал Обиняков, — четыре тысячи душ.

— Нет, тут есть что-нибудь другое, — подхватила Ханыкова. — На одно богатство Максим Петрович никогда бы не польстился.

— Богатство само по себе, да ведь не худо и то, сударыня, коли мою родную племянницу станут княгиней величать.

— И, полноте, Ардалион Михайлович! Да что такое князь Шелешпанский?

— Шелешпанский! — повторил Мамонов. — Позвольте, позвольте!.. Да у меня, кажется, в списке есть какой-то князь Шелешпанский.

— В каком списке? — спросила Ханыкова.

— А вот изволите видеть: я здесь прикомандирован к Сенату ради того, чтоб забирать и рассылать по полкам всех дворян, которые или вовсе еще не служили, или еще в силах продолжать службу. По этой-то оказии и выдан мне регистр разным лицам, и, помнится, в числе их... Да вот постойте — я посмотрю...

Мамонов вынул из кармана исписанный кругом лист бумаги и начал читать про себя.

— Ну да, — вскричал он, — так и есть: "Князь Андрей Шелешпанский, тридцати осьми лет, по разрядам писан был в московском жилецком войске новиком, проживает в своих отчинах и бывает наездом в Москве". Ну что – он ли это?

– Он и есть, – сказал Обиняков.

– Так не беспокойтесь, Аграфена Петровна, – продолжал Мамонов, – что будет впереди, я не знаю, но по крайней мере теперь этому князю Шелешпанскому жениться будет некогда. Да что, он в Москве? – промолвил Мамонов, обращаясь к Обинякову.

– Как же! Я с ним вчера ужинал у Лаврентия Никитича Рокотова.

– А где он живет?

– Кто, сударь? Лаврентий Никитич?

– Нет, этот князь Шелешпанский?

– А кто его знает! Чай, где-нибудь на подворье... Помнится, он всегда останавливается по Троицкой дороге, у Креста.

– Да это все равно. Я завтра же велю его отыскать и сообщить ему, чтоб он ко мне явился.

– А что ж после будет? – спросила Ханыкова.

– Известное дело: коли еще молод и здоров, так послужи, голубчик!

– А где ж он будет служить?

– Да не опасайтесь, Аграфена Петровна, в Москве не останется. Я слышал, что он молодец собою.

– Да, сударь, – сказал Обиняков, – князь Шелешпанский человек рослый, повыше вас будет.

– Так, может статься, и к нам в Преображенский полк попадет, а не то в драгуны или в бомбардирскую роту. Не беспокойтесь, найдем место.

– Что ж, его примут офицером? – спросила Ханыкова.

– Из новиков да прямо в офицеры – помилуйте! За что? Послужит и солдатом.

– Ах, бедненький!

– Ну вот уж вы о нем и жалеть стали.

– Да как же, Андрей Степанович: подумаешь, человек богатый, привык жить барином, и вдруг – ступай, служи солдатом!

– Что ж делать, Аграфена Петровна. Я, кажется, ничем его не хуже, а годика три солдатом прослужил.

– Да вы еще были тогда очень молоды, а этому князю Шелешпанскому под сорок лет.

– Вольно ж ему было до сих пор лежать на боку. Да вы не горюйте о нем, Аграфена Петровна: служба пойдет ему впрок. Он, по вашим словам, и совершенный мужик, и дурачина, а посмотрите, как мы его вышколим, – не узнаете! Будьте спокойны, Аграфена Петровна, – примолвил Мамонов, вставая, – я этим делом займусь.

– Вы уж едете? – сказала Ханыкова, также вставая.

– Мне еще надобно кой-где побывать. Да сделайте милость,

государыня моя, – продолжал Мамонов, очень вежливо и с большою ловкостию, пятясь назад спиною, – не извольте принимать для меня никакой фатиги! Останьтесь, прошу вас!

– Как это можно, Андрей Степанович, – это моя облигация2: я хозяйка, а вы мой гость.

– Вы меня конфузите, сударыня! Да, по крайней мере, не извольте провожать так далеко.

– Помилуйте, что за далеко! Разве вы не знаете пословицы: "Для дорогого гостя и семь верст не околица"?

– Всенижайше прошу вас... без проводов, Аграфена Петровна!..

Однако ж Аграфена Петровна проводила своего гостя до самой передней.

– И вы также едете, Ардалион Михайлович? – сказала она Обинякову, который повстречался с нею в дверях гостиной.

– Пора, сударыня, время обеденное; чай, жена давно уж меня дожидается.

– Ну, Бог с вами, только смотрите же, не забудьте о моей тяжбе.

– Как это можно! Я на этих днях непременно у вас побываю.

– Сделайте милость!

Обиняков отправился, но только не к себе на Берсеньевку, а в Зарядье, к Андрею Юрьевичу Шелепшанскому, который никак не подозревал, что над его беззащитной головою сбирается такая ужасная гроза. Этот потомок удельных князей Белоозерских останавливался обыкновенно в одном из самых худших постоялых дворов Зарядья. Он занимал три небольших покоя, или, вернее сказать, одну грязную, запачканную комнату, разделенную натрое дощатыми перегородками. Первая комната служила лакейскою для двух холопов, которые, судя по их тощей наружности, были великие постники; во второй – князь Андрей Юрьевич принимал своих гостей, а в третьей, более похожей на теплый чулан, чем на комнату, он изволил спать ночью и отдыхать после обеда на высокой лежанке, которой недоставало только полатей, чтоб походить совершенно на самую простую крестьянскую печь. Нечаянный приезд Обинякова помешал любимому занятию князя Шелешпанского: он считал свои деньги, отбирал к стороне истертую мелочь и чистил кирпичным порошком серебряные рублевики.

__ Ах, батюшка Ардалион Михайлович, – вскричал он – Как ты меня захватил!.. Сейчас... сейчас!.. Сочту после, – продолжал он, всыпая торопливо деньги в кожаную суму и кладя ее за пазуху. – Что это тебе вздумалось?

__ Да надобно кой о чем поговорить с вами.

__ Поговорить! О чем? Уж не хочешь ли опять торговать моих саврасых?

– Нет, сударь, дорого просите.

– Дорого?.. Что ты, Ардалион Михайлович, побойся Бога! За эту цену у меня их с руками оторвут. Таких коней на свете мало: трехвершковые казанки – да ведь это диковинка, любезный!.. Им на охотника и цены нет. Вот у меня была – давно уж, еще до покражи моей ветчины – такая же пара, так я взял за нее двести рублей чистоганом, да еще жеребчика в придачу, вот того самого, что я продал Опухтину за персидского аргамака.

– Да не о том речь, князь Андрей Юрьевич. Я приехал с вами поговорить о деле нешуточном. Во-первых, честь имею поздравить вас с невестой...

– С какою невестой?

– А как же?.. Ведь вы женитесь на племяннице Максима Петровича Прокудина.

– Кто это тебе сказал?

– Помилуйте, об этом вся Москва говорит.

– Неужели?.. Да от кого же это вышло?

– Видно, вы сами как-нибудь проговорились.

– Я только сказал об этом одной Федосье Игнатьевне Перепекиной... Ты знаешь ее?

– Сваху Игнатьевну? Как не знать! Ну, батюшка, нашли человека! Да вы бы еще взлезли на Ивана Великого да ударили в успенский колокол!

– Так это Игнатьевна разболтала?.. Ах она чертова тетка!.. А ведь как божилась, проклятая!.. "Никому, батюшка, не скажу, видит Бог, не скажу! Отсохни у меня правая рука по локоть, коли я кому ни есть хоть словечко вымолвлю!" Ну, делать нечего!.. Да и то сказать, пускай себе говорят, что князь Андрей Юрьевич Шелеш-панский женится" на Ольге Дмитриевне Запольской... Эка беда! Что она, краденая, что ль, какая?.. Невеста богатая...

– Так, сударь, так! Да вот изволите видеть: я сейчас был у ее тетушки...

– Аграфены Петровны Ханыковой?

– Да, князь. Ей при мне об этом сказали... Батюшки светы! Она так на стены и полезла... "Не хочу, да и только!"

– Вот еще! Да ей-то какое до этого дело? Она тут ни при чем.

– Помилуйте, родная тетка!..

– Так что ж? Не приедет ко мне на свадьбу?.. Да пожалуй себе не езди! Кума с возу, возу легче!

– Это бы ничего, князь, да у нее есть приятель, гвардейский офицер, Андрей Степанович Мамонов...

– Эка важность! Велика фря, гвардейский офицерик... Да что он мне сделает?

– Ну, сударь, не говорите! Знаете ли, зачем прислали в Москву этого Мамонова?

— А кто его знает.

— Ему указано от царя забирать и рассылать по полкам всех неслужащих дворян.

— Всех? Как всех?

— Ну, вестимо дело, сиречь тех, которые еще молоды и здоровы, а пуще-то всего молодых дворян, которые писаны были в новиках, а службы никакой не несли.

— Батюшка Ардалион Михайлович, — вскричал князь Шелепшанский, побледнев как полотно, — да ведь этак, пожалуй...

— Да, князь, и до вас доберутся. Этот Мамонов читал мне список дворян, которых потребуют на службу, а в нем и ваше имечко есть.

— Что ты говоришь?

— Был, дескать, писан в московском жилецком войске новиком, тридцати осьми лет; живет, дескать, праздно в своих отчинах и доселе облыжно показывал, что он человек недужный.

— Так и написано?

— Так, сударь. Я поспешил вас об этом уведомить, потому что завтра, а может быть и сегодня вечером, пришлют за вами.

— Неужели пришлют?

— Непременно.

— Ну, а коли я не поеду?

— Нельзя: возьмут насильно.

— Неужели насильно?

— А вы думаете, кланяться вам станут?..

— Ах ты, Господи!.. Вот дело какое!..

— Кажись, этот Мамонов, — продолжал Обиняков, — очень желает угодить Аграфене Петровне. Он при мне говорил: "Уж вы не беспокойтесь, матушка: князь Шеле-шпанский не женится на вашей племяннице". Да еще как похвалялся, разбойник! Я, дескать, этого женишка ушлю туда, куда ворон и костей не заносил.

Бледное лицо князя Андрея Юрьевича покрылось багровыми пятнами, холодный пот выступил на лбу; он вскочил со стула и начал как шальной бегать по комнате, повторяя шепотом:

— Куда ворон костей не заносил! Вот тебе на!.. Футы, нелегкая!.. Эка притча, подумаешь!.. Да что же этот проклятый Мамонов говорит, — промолвил он наконец, остановясь напротив Обинякова, — меня опять, что ль, новиком запишут?

— Какие, сударь, теперь новики! Об них давно нет и в помине. Вас запишут в драгуны или в какой ни есть пехотный полк солдатом.

— Как солдатом?

— Да так! Бороду обреют, наденут на вас лямку... — Солдатом!.. Да ведь солдат-то бьют?

– Бьют, сударь.

– Да ведь этак, пожалуй, не ровен час, и меня палочьем вздуют?

– Вздуют, батюшка.

– Ах ты, Господи! – завопил Шелепшанский. – Отцы мои!.. Сударики!.. Кормильцы!.. Да что ж мне делать?

– Я вам, батюшка князь, объявил об этом заранее, а уж там как сами знаете.

– Постой, Ардалион Михайлович! Знаешь ли что?.. Дай-ка я себе растравлю руку или ногу...

– Так что ж? Вас отвезут в лазарет, сиречь в казенную больницу, а там как раз вылечат.

– Эко дело, подумаешь! куда ни кинь, все клин!.. Да нельзя ли хоть деньгами откупиться?..

– Деньгами? Нет, сударь, не такой человек этот Мамонов, его не подкупишь.

– И что ты, Ардалион Михайлович! Да кто же себе злодей? Станут мне деньги давать, а я не возьму?

– Вы дело другое, сударь: вы человек умный, а этот Мамонов что? шалопай, мотыга, – ему деньги нипочем. Да и что вы ему дадите? Ведь он богаче вас.

– Неужели?.. Ну, пропала моя головушка!.. Коли нельзя и деньгами взять, так делать-то нечего, ложись да умирай!

– Оно конечно, – молвил Обиняков, помолчав несколько времени, – дело-то плоховато... Тут надобно, чтоб и волки были сыты, и овцы целы... Разве подняться на какие-нибудь хитрости?

– Ах, друг сердечный! – прервал Шелешпан-ский, – сделай милость, дай, батюшка, ума... приставь голову к плечам!

– Вот то-то, князь Андрей Юрьевич, теперь дай ума, приставь голову к плечам! А как в прошлом месяце я просил у вас взаймы двадцать пять рубликов, так и денег нет!

– Право не было!.. Видит Бог, не было!

– А теперь, кажется, есть: вы при мне считали. Одолжите, сударь, пятьдесят рублей, мне крайняя нужда.

– Да ведь это деньги-то не мои.

– Ну, коли не ваши, так и говорить нечего. Счастливо оставаться, батюшка!

– Постой!.. Куда ты?

– К Аграфене Петровне Ханыковой: она, верно, не откажет мне в пятидесяти рублях, барыня богатая...

– Помилуй, да на что тебе пятьдесят рублей?.. Ну, двадцать пять рублей куда ни шло! – продолжал Шеле-шпанский, вынимая из-за пазухи мешок с деньгами.

— Премного благодарю, батюшка князь, да мне этого мало, и коли пришлось занимать, так лучше занять у одного приятеля, чем у двоих... Прощенья просим, Андрей Юрьевич!

— Постой, постой! Ну, Ардалион Михайлович, недаром говорят, что ты крапивное семя! На, вот тебе, считай, — промолвил князь, высыпая деньги на стол, — возьми себе пятьдесят рублей... Да ведь ты мне их отдашь?

— Как же, князь! — отвечал Обиняков, отсчитывая себе пятьдесят рублевиков. — Непременно отдам, когда будут деньги... Ну, спасибо вам, князь Андрей Юрьевич, — помогли бедному человеку в нужде! — продолжал Обиняков. — Теперь мы поговорим о вашем деле. Коли забирают на службу всех дворян, так это потому, батюшка, что у нас война с турком, а вот как сделается с ним замирение, так тревожить никого не станут и дела-то пойдут по-прежнему. Нам бы только с вами как ни есть время протянуть, а там, Господь милосерд, все будет шито да крыто. Вся сила в том, князь Андрей Юрьевич, чтобы вы к Мамонову не являлись и чтоб вас, несмотря на это, нельзя было назвать ослушником.

— Да как же ты это сделаешь?

— А вот как: коли вы не знаете, что он вас требует, так вам нечего к нему и являться, — не правда ли?

— Ну, вестимо! Да ведь ты сказал, что за мной пришлют?

— За вами пришлют завтра, а вы уезжайте в деревню сегодня, да только не в ту, в которой всегда живете. Я слышал, что у вас около Москвы много отчин.

— Как же, все мои отчины около Москвы, одних сел до десяти будет.

— И все по разным дорогам?

— Все по разным: и по Тверской, и по Коломенской, и по Серпуховской, и по Владимирке есть, и по Остромынке...

— Ну вот изволите видеть!.. Поезжайте теперь в какую-нибудь отчину, а здесь оставьте верного человека. Лишь только я узнаю, что Мамонов проведал, где вы живете, я к вам тотчас гонца. Незваные-то гости на двор, а ваш и след простыл! "Уехал, дескать". — "Куда?" — "Да Бог весть — не то в Москву, не то в коломенскую отчину". А вы переезжайте в серпуховскую, а коли надобно будет, так в другую, в третью, а там в четвертую, — устанут за вами гоняться. Ну, а если каким ни есть случаем вас и захватят, так что ж? "Я, дескать, не знал, что меня требуют, и от царского указа не прятался; а ездил по моим отчинам". Да и как вас захватить? Я буду здесь сторожить, и коли вы сами зевать не станете, так будь этот Мамонов хоть семи пядей во лбу, а все-таки на своем не поставит. Ему же и без вас дела-то будет довольно, погоняется за вами, а там, глядишь, плюнет да скажет: "Черт его побери совсем!"

— Ну, Ардалион Михайлович, головка-то у тебя...

— Годится покамест, батюшка.

– Только вот что: как же я женюсь? Ведь свадьбе положено быть на Фоминой неделе.

– Здесь, в Москве?

– Нет, в серпуховской отчине Максима Петровича Прокудина.

– Так что ж? Тем лучше: в чужом селе и подавно вас искать не станут. Да еще до Фоминой недели много воды утечет, лишь только бы на первых-то порах вы не попались в лапы этому Мамонову. Известное дело: новая метла всегда чисто метет; теперь он сгоряча и рвет и мечет, а там, Бог милостив, уходится, голубчик! Только уж вы не мешкайте, батюшка, уезжайте скорей из Москвы.

– Чего мешкать... Эй, Фомка!.. Сидорка! Двое слут вошли в комнату.

– Скажите Андрону, – продолжал Шелешпанский, – чтоб скорей запрягал лошадей, мы сейчас едем. Ты, Сидорка, поедешь со мною, а ты, Фомка, останься здесь.

– Слушаю, батюшка! – отвечал Фомка с низким поклоном.

– Найми себе какой-нибудь уголочек, да смотри – подешевле! Харчевых я тебе оставлю. Будет с тебя копейки по две на день?

– Воля твоя, государь князь Андрей Юрьевич.

– Чего ж еще тебе?.. Скоро пост. Был бы только хлеб, а за водой и сам на реку сходишь. Смотри, каждый день являйся к Ардалиону Михайловичу и что он тебе прикажет, то и делай – слышишь?

– Слушаю, батюшка.

– Ну, ступайте же, помогайте Андрону запрягать лошадей, а я стану здесь укладываться. Да у меня смотри – живее!

– Прощайте, князь Андрей Юрьевич, – сказал Обиняков, вставая, – мы, кажется, все порядком уладили, теперь вам бояться нечего.

– Нет, Ардалион Михайлович, боюсь, крепко боюсь!.. Как подумаю об этом Мамонове, так меня вот так трясучка и начнет бить... У, батюшки, страсть какая! Пожалуй, еще пошлют под турка...

– Вестимо дело! Теперь с ним война, об этом уж и манифест объявлен.

– А ведь там, говорят, людей-то до смерти бьют.

– Да, батюшка, по головке не гладят.

– Вот то-то же!.. Уж ты сделай милость, Ардалион Михайлович, не зевай ради Бога! Лишь только узнаешь что-нибудь, мигом посылай ко мне Фомку.

– Да куда ж посылать-то?

– По Смоленской дороге, в село Сысоево: я теперь туда поеду.

– Так оставьте ж ему деньги на езду.

– Зачем? Дойдет и пешком: ведь всего только пятьдесят верст.

– Ну вот еще!.. Он пойдет пешком, а команда от Мамонова поедет на подводе, – что вы это!

– Да ведь он у меня ходок.

— Эх, князь, вот нашли время алтынничать. Ведь дело-то нешуточное!

— Ну, хорошо, хорошо!

— Прощенья прошу, князь Андрей Юрьевич... Ну что, сударь, послужил ли я вам?

— Как же, любезный! — сказал Шелешпанский, посматривая с горем на свой кожаный мешок с деньгами. — Ах ты, мошенник этакий! — прошептал он, когда Обиняков вышел вон из комнаты. — Послужил!.. Ну за что содрал с меня пятьдесят рублей?.. Отдам, дескать, когда деньги будут! Да когда у тебя деньги-то бывают, голь проклятая!.. А там еще для Фомки лошадей нанимай, плати за его харчи... Вот не было печали, да черти накачали! — промолвил князь Андрей Юрьевич, начиная укладывать в чемодан свое добро. — Эка притча какая!.. Копишь, копишь деньги: не доешь, не допьешь, сбираешь по копеечкам; а как пришла беда, так рубли нипочем!.. Ну, нечего сказать, выдался денек!

ЧАСТЬ ВТОРАЯ

I

"Летом деревня – рай", – говорят все любители сельского быта, и в этом я с ними совершенно согласен; разумеется, если деревня, в которой я провожу лето, окружена рощами, а не голою степью, и перед моим веселым домиком расстилается не грязный, подернутый зеленью пруд, но изумрудный луг, усыпанный цветами, между которыми вьется игривая и светлая речка. О, конечно, такой сельский приют не грешно назвать земным раем, только не приведи Господи жить в этом раю зимою, а особливо человеку несемейному. Если он не умрет со скуки, то, уж конечно, можно сказать утвердительно, что люди от скуки не умирают. Вот, например, ночью подымется непогода; вы просыпаетесь поутру, протираете глаза и думаете: "Неужели еще ночь?" Нет, на дворе уж полдень, – да ваш дом занесло метелью, и огромные сугробы снега лезут к вам прямехонько в окна. Если иногда проглянет солнышко и улыбнется по-летнему, – не спешите к нему навстречу, потому что на дворе уж верно трескучий мороз. Полюбуйтесь этим солнышком сквозь двойные стекла и оставайтесь по-прежнему в натопленных комнатах, в которых мы все, как тепличные растения, должны прозябать большую часть нашей жизни. Если, наконец, вам надоест это искусственное тепло и вы захотите подышать свежим воздухом, надевайте на себя шубу, шапку, теплые сапоги и ступайте гулять, то есть ходить взад и вперед по утоптанной тропинке, которая ведет от барского дома к селу. Вероятно, эта прогулка не принесет вам большого удовольствия, – напротив, вам сделается очень грустно. Посмотрите вокруг себя: неужели эти голые, огромные метлы были когда-нибудь роскошными пушистыми деревьями, под тенью которых вы с таким наслаждением отдыхали в знойный полдень? Неужели это однообразное белое поле, эти наносные бугры снега, эти непроходимые сугробы – тот самый луг, на котором вы рвали цветы? А эта изгибистая дорожка, прорезанная глубокими колеями, та самая речка, в которой вы купались несколько месяцев тому назад? Согласитесь, что лучше сидеть дома, в теплой комнате, чем мерзнуть и смотреть на эти мертвые деревья, засыпанные снегом поля и это безжизненное солнце, которое, вместо тепла, обдает вас холодом. Но что ж вы будете делать дома? Читать беспрестанно нельзя: и голова устанет, и глаза заболят; а общества в деревне нет. Бывают иногда соседи, да и тут беда: на одного умного, приятного собеседника заберется к вам с полдюжины таких приятелей, для которых в городе ваши двери были бы всегда заперты, а тут отворяйте их настежь. Деревенский быт имеет свои собственные условия и законы. В городе вы можете одного гостя принять, а другому сказать, что вас нет дома, – попытайтесь это сделать в деревне... Да сохрани Господи! Вас закидают каменьями!.. Нет, круглый год жить в деревне можно только там, где солнце греет и зимой, где я могу и в декабре месяце открыть окно, сорвать на лугу цветок, покататься в лодке и отдохнуть под тенью густого дерева, покрытого зелеными листьями.

Вероятно, в старину зимняя деревенская жизнь была еще скучнее. Наши предки не знали этих отрадных минут, которыми дарят нас умственные занятия: словесность, музыка и все изящные художества; ничем не сокращаемые длинные зимние вечера должны были им казаться бесконечными. Вы можете судить поэтому, как весело было жить Ольге Дмитриевне в деревне Максима Петровича Прокудина. Бедная девушка тосковала, как ручная птичка, которая побывала на воле, полетала под открытым небом, полюбовалась на свет Божий и потом попала опять в ту же самую тесную клетку, в которой томилась почти со дня своего рождения. Чтоб не зачахнуть с тоски, она старалась забыть о своем настоящем положении; изредка, да и то с какою-то безнадежной грустью, мечтала она о будущем; но зато беспрестанно думала о прошедшем, то есть о том счастливом времени, которое она провела в Москве, у своей тетки. Как часто, сидя за рукодельем, она переносилась мыслию на эти веселые ассамблеи Гутфеля, у которого в первый раз встретился с нею Василий Михайлович Симский. "Где он теперь? – думала Ольга Дмитриевна. – Помнит ли меня?.. Ах, нет! Чай, давно уж забыл!.. И зачем ему обо мне помнить? Может быть, мы уж век не увидим друг друга... Да и мало ли на белом свете девиц милее и пригоже меня... И что это мне казалось, что будто бы он... Да нет, если бы я пришла ему по сердцу, так уж верно бы он за меня посватался... Правду говорила тетушка: "Эти гвардейские офицеры – что им! Им бы только в Москве погулять, повеселиться да посмеяться над бедными московскими барышнями..." Так зачем же я беспрестанно о нем думаю? Отчего он мерещится мне и днем и ночью? Может быть, он теперь ухаживает за какой-нибудь красавицей... смотрит ей в глаза... любуется ею, а я... О, слава Богу, что это моя заветная тайна!.. Ну, если б кто узнал об этом? Избави Господи!.. Да мне бы тогда стыдно было и на людей смотреть!.. Нет, не стану о нем думать – забуду его!.." – повторяла про себя Ольга Дмитриевна, потом начинала плакать, тосковать и принималась снова думать о Симском.

В летнее время кругом Максима Петровича Прокудина жило много соседей. В десяти верстах от него была отчина Лаврентия Никитича Рокотова, несколько подалее – поместье Герасима Николаевича Шетнева и в весьма близком расстоянии пять или шесть господских усадеб, принадлежащих по большей части богатым помещикам; но зимою они все уезжали в Москву, за исключением только двух, которые жили безвыездно в своих деревнях. Один из них, бывший некогда комнатным стольником царя Алексея Михайловича, – Антон Кондратьевич Чередеев, дряхлый старик, разбитый параличом; другой – помещик тридцати душ, Карп Саввич Пыжов, служивший при царе Федоре Алексеевиче городским дворянином в Серпухове, лысый старик, весьма некрасивой наружности, не слишком грамотньгй, но человек очень добрый и простодушный. Этот мелкопоместный дворянин вместе с приходским священником села Вздвиженского, отцом Филиппом, составляли зимою единственное общество Максима Петровича. К ним можно было присоединить и дворецкого, Прокофия Сидорыча Кулагу, который принимал иногда участие в общих разговорах, играл в пташки с барином, толковал с Карпом Саввичем Пыжовым о старине и осмеливался даже, как человек начитанный, рассуждать с отцом Филиппом о разных духовных предметах, в особенности о древних церковных книгах, которым он, несмотря на свое православие, отдавал явное преимущество перед новыми. Ольга Дмитриевна редко находилась при этих беседах. Она тотчас после обеда уходила в свою комнату, сначала принималась за работу, а там, покинув свое рукоделье, сидела иногда по нескольку часов сряду в каком-то забытьи и думала, разумеется, о том, о чем столько раз зарекалась думать. Так прошел весь великий пост. Вот, наконец, "эта седая чародейка", русская зима, понатешилась вдоволь; повеял весенний ветерок, зашумели снежные потоки, вода хлынула с гор, и все поля покрылись бесчисленным множеством быстрых ручейкой. Вот появился первый гость весны, голосистый жаворонок, и начал перепархивать с одной проталинки на другую. Прошло еще несколько дней, и настал великий праздник Божий, и весь русский мир закипел жизнию и весельем. Казалось, что вместе с Христовым воскресеньем воскресло все – и люди и природа. Холмы опушились зеленью, озимые поля, сбросив свой снежный покров, разостлались роскошными коврами. На всех лицах сияла радость, все дышало любовью, и все, встречаясь друг с другом и восклицая: "Христос воскресе", обнимались, как родные братья.

В светлое воскресенье Максим Петрович, по старинному русскому обычаю, разговелся за одним столом со всеми своими домочадцами, потом вышел с Ольгой Дмитриевной на крыльцо, поклонился всему миру, который собрался на его барский двор, и перехристосовался поодиночке со всеми крестьянами, из которых каждый принес своим господам по красному яичку. К обеду Максим Петрович поджидал своего соседа Пыжова, но он не приехал. На другой день праздника, когда Прокудин садился за стол вдвоем со своей племянницей, Карп Саввич вошел в столовую.

– А, соседушка любезный, – вскричал Максим Петрович, – Христос воскресе! Милости просим откушать нашего хлеба и соли!

Пыжов облобызался с Прокудиным, с Ольгой Дмитриевной, со всеми служителями, которые на ту пору были в комнате, перекрестился и сел за стол.

– Что это, друг сердечный, – сказал Максим Петрович, – за что такая немилость? Когда это бывало, чтоб ты не обедал у меня в светлое воскресенье?

– Что ж делать, батюшка! – отвечал Пыжов, кушая, с прохладой и с расстановкою, сытную похлебку из гусиных потрохов. – Я и сам не чаял этого. Уж я отговаривался, отговаривался, да он пристал ко мне, как с ножом. "Ты, дескать, мой прихожанин, зачем тебе ехать к Максиму Петровичу? Разговейся у меня, а к нему и завтра поедешь".

– Да о ком ты говоришь?

– О Лаврентии Никитиче Рокотове.

– Как? Да разве он здесь?

– Здесь, батюшка. Третьего дня изволил приехать в свою отчину и завтра собирается к тебе.

– Милости просим.

– Ну, батюшка, дай Бог ему много лет здравствовать! Потешил он меня, старика.

– А что?

– Да вот что, Максим Петрович: глаза-то у меня становятся больно плохи; уж чего, кажется, крупнее акафистов киевской печати, – и те с грехом пополам читаю; что ж, он, мой кормилец, привез мне из Москвы какие-то стеклянные наглазники...

– Сиречь очки?

– Да, сударь, по-иноземному – окуляры; знаешь, этак на нос надеваются. Немецкая выдумка, батюшка, а, нечего сказать, хитро придумано.

– Что ж, тебе в них лучше?

– Как же, батюшка, свет увидел!

– Вот что! Так стекла-то пришли тебе по глазам?

– Да как бы тебе сказать... не очень по глазам. – Сначала все как будто бы застилало, да я фортель нашел.

– Какой фортель?

– А вот какой: как я начну читать, так книгу-то держу подальше, а наглазники спущу пониже да через них и смотрю. Ну, этак хорошо!.. Что ж ты, батюшка Максим Петрович, смеешься?.. Право так!

– Ах ты голова, голова! Да коли ты через них смотришь, так на что ж они тебе?

– Ну вот, поди ты! Я и сам в толк не возьму; а лучше, право лучше!.. Видно, уж так хитро устроено, и князь Андрей Юрьевич Шелешпанский тоже говорит: "Знать, дескать, тут есть пружина какая-нибудь".

– Князь Шелешпанский? Так и он здесь?

– Как же, батюшка!.. Приехал погостить к Лаврентию Никитичу. У него здесь недалеко и своя отчина есть. Фу, батюшки, богат!.. Куда ни поезжай кругом Москвы, все его отчины! И сам-то он какой молодчина!.. Вот бы тебе, государыня Ольга Дмитриевна, женишок! То-то была бы парочка!

– Что вы это, Карп Саввич, – прервала Запольская, – охота вам говорить!

– А что ж, матушка? Ты у нас девица на возрасте, невеста.

– Да полноте, как это вам не стыдно!

– Да что ж тут стыдного, Ольга Дмитриевна? Дело житейское. Не век же тебе сидеть в девках.

– А вам-то что до этого? – сказала с улыбкою Ольга Дмитриевна, стараясь обратить этот разговор в шутку.

– Как что, матушка? – подхватил Карп Саввич. – Да ведь ты наше красное солнышко; мы все Бога молим, чтоб он послал тебе суженого роду знатного, богатого, молодца собою и чтоб он человек-то был добрый. Ну кто говорит, и ты у нас, Ольга Дмитриевна, невеста первостатейная: и красотой, и умом, и богатством – всем наделил тебя Господь. Да и князь-то Шелешпанский не другим чета. Такие женишки, какой он, и в старину за углами не валялись, а теперь, не прогневайся, матушка, в сапожках ходят! Человек смирный, молодец собою, и, легко вымолвить – четыре тысячи душ! А в кладовых-то, говорят, отцовское серебро так ворохами и навалено; одних серебряных братин десятка два наберется, а разным кубкам, ковшам и позолоченным чаркам счету нет!.. Так как же, матушка, не пожелать тебе счастья, а нам, старикам, радости; то-то бы попировали на твоей свадебке!.. Ну, вот уж ты и нахмуриться изволила!.. А за что, матушка?.. Ведь это я любя говорю...

— Я очень вам благодарна, только сделайте милость...

— Ну, хорошо, сударыня, хорошо. Мы теперь об этом говорить не станем, эта речь впереди... Да я же, видит Бог, ни с чего другого об этом заговорил, а так, матушка, к слову пришлось... И то правда, — промолвил вполголоса Пыжов, обращаясь к хозяину, — дело девичье!.. Ушки-то у них золотом завешены, и слышат, да не слышат, и любо, да не скажут!

После обеда Карп Саввич пошел отдохнуть. Ольга Дмитриевна хотела также уйти к себе в комнату, но дядя приказал ей остаться, посадил подле себя, приласкал, потом, помолчав несколько времени, сказал:

— Послушай, Оленька, ведь Карп Саввич-то дело говорил, и если б князь Андрей Юрьевич Шелешпанский за тебя посватался...

— Ах, что вы, дядюшка! — вскричала Запольская.

— А что, мой друг?.. И я также тебе скажу: ты уж, матушка, невеста, — не век же тебе в девках сидеть.

— Нет, дядюшка, я не хочу с вами расставаться.

— И я этого не хочу, мой друг. Да в том-то и дело: если б ты вышла замуж за князя Андрея Юрьевича, так мы бы никогда с тобой не расстались; он переехал бы на житье в здешнюю свою отчину, вы стали б ездить ко мне, я к вам...

— Да отчего вы думаете, дядюшка, что этот князь...

— За тебя посватается? А почем знать?.. Конечно, он жених недюжинный, да ведь Карп-то Саввич и про тебя правду сказал: таких невест, как ты, в Москве не много наберется... Ну что, мой друг, коли он в самом деле за тебя посватается?..

— Избави, Господи!

— Что ты, что ты, Ольга Дмитриевна? Да уж это, не прогневайся, глупо! Ты его в лицо не знаешь, тебе говорят, что он молодец, ты слышишь о нем речи все хорошие и, ничего не видя, руками и ногами!.. Как будто бы тебя за какого-нибудь старого черта выдают замуж!

— Ах, дядюшка! Бога ради, не выдавайте меня замуж! И зачем вам торопиться?.. Я еще так молода...

— Да я-то стар, мой друг, и мне бы очень хотелось пристроить тебя, пока еще жив. На сестру у меня плохая надежда. Конечно, она баба добрая, да — не при тебе будь сказано — вовсе свихнулась: из русской барыни сделалась немкою да и тебя было совсем онемечила. Как подумаю, что бы сказала покойница, твоя мать, если б ты при ней поехала на пирушку к этому еретику Гутфелю?.. И зачем?.. Чтоб поплясать там с каким-нибудь колбасником или сорванцом, гвардейским офицериком, для которого что ты благородная и честная девица, что какая-нибудь разбитная немка – все едино. Ну, да что об этом говорить: кажись, Бог милостив, – я успел еще в пору выручить тебя из этого омута... Не по грехам наказал меня Господь: т, ы все еще моя разумница, моя послушная и добрая племянница – милое дитя мое!.. Не правда ли, мой друг, ты все еще любишь меня, как отца родного?

– О, конечно, как отца родного! – вскричала Ольга Дмитриевна, обнимая своего дядю. – И вам не грешно меня об этом спрашивать?

– Эх, Оленька! ты ведь человек молодой, а там, я думаю, чего тебе в уши-то не напевали? Да вот, примером сказать, кабы ты не жила у своей тетки, так, верно, бы не стала говорить, что не хочешь замуж идти, а, по русскому благочестивому обычаю, отвечала бы мне: "Воля ваша, дядюшка!.." Хочешь ли, я тебе скажу, что ты теперь думаешь? "Да зачем мне идти замуж? Мне и в девках не скучно. Вот поеду опять к тетушке, начну веселиться, ездить по пирушкам..." Да нет, Ольга Дмитриевна, ты напрасно это думаешь: не отпущу я тебя на житье к тетке, не видать тебя московским коршунам, моя чистая белая голубушка!.. Эх, что я говорю!.. Вот годика через три, как ты войдешь в совершенные лета, будешь полною госпожою, так, может быть, сама покинешь своего дряхлого дядю. "Пусть, дескать, этот старый ворчун умирает здесь на чужих руках, а я поеду в Москву плясать да веселиться у немца Гутфеля!"

Ольга Дмитриевна заплакала.

– Ну вот уж и в слезы! – проговорил Максим Петрович встревоженным голосом. – Ох эти мне слезы! И откуда они у тебя берутся?.. Да полно же, мой друг, – '– продолжал он, лаская свою племянницу, – не плачь, жизнь моя!.. И о чем тут плакать?.. Ведь это так – простой разговор!

– И вы могли сказать, дядюшка, – молвила сквозь слезы Ольга Дмитриевна, – что я покину вас на старости!..

– Ну, виноват, моя радость, виноват! прости меня, Бога ради!.. И как это непригожее слово сорвалось у меня с языка!.. Вот то-то и есть, друг сердечный, коли человек одинокий доживет до старости, так ему подчас и Бог весть что придет в голову!.. Ну, ступай, моя душа, к себе; мне пора уж отдохнуть, и ты также приляг, успокойся... Да полно же – перестань!.. Эх, худо дело, – прошептал Максим Петрович, покачивая головой и глядя вслед за уходящей племянницей. – Уж не опоздал ли я тебя увезти из Москвы?.. Кто говорит: здесь житье скучнее московского, да от скуки этак не плачут... Ох мне этот гвардейский фенрик!.. Хорошо еще, что племянница не знает, что он за нее сватался.

II

На другой день, то есть во вторник на святой неделе, дворецкий и приказчик Максима Петровича, Прокофий Сидорыч Кулага, выехал на тележке осмотреть барские поля, которые тянулись версты на три по обеим сторонам большой Серпуховской дороги.

– Эка благодать Божья! – шептал он про себя, посматривая с радостью на яркую и густую зелень озимых полей. – Что, брат Ферапонт, – молвил он, обращаясь к седому старику, который правил лошадью, – каковы всходы?

– Да, батюшка Прокофий Сидорыч, – отвечал старик, – из годов вон!.. Давно я живу на свете, а таких озимей не видывал! Нечего сказать: коли Господь не нашлет какой невзгоды, так будем с хлебцем.

– Ферапонт, – прервал Кулага, – посмотри, что это впереди-то... на большой дороге... вон там из-за горки... кажись, кто-то скачет.

– Да, Прокофий Сидорыч, два вершника... А вон за ними катит кто-то на тройке вороных.

– В телеге?

– Нет, батюшка: кажись, в одноколке.

– Э, да это никак Лаврентий Никитич Рокотов!

– Он и есть, Прокофий Сидорыч. Вон передний-то вершник, на саврасом коне, куманек мой, Фомка Дерюгин.

Когда одноколка поравнялась с Прокофьем Кулагой, он спрыгнул с телеги и снял шапку.

– Постой! – закричал Рокотов. – Здорово, Кулага! Христос воскресе!

– Воистину воскресе, государь Лаврентий Никитич! – отвечал Прокофий с низким поклоном.

– Что, барин твой здоров? – Слава Богу, сударь.

– Гостей у него нет?

– Никого нет, батюшка.

– Хорошо. Пошел!

Минут через пять Максим Петрович встретил своего гостя на крыльце. После обыкновенных дружеских приветствий и лобызаний Лаврентий Никитич сказал Про-кудину:

– Ну вот, друг сердечный, мы, кажись, не запоздали. Готов ли ты, а мы, пожалуй, хоть накануне Фомина понедельника нагрянем к тебе со всем поездом.

– Помилуй, – прервал с приметным смущением Прокудин, – что это тебе так загорелось, любезный? До другого-то поста еще далеко.

– Эх, Максим Петрович, или ты не знаешь русской пословицы: "Куй железо, пока горячо"? Чего тут мешкать? Дальше в лес, больше дров. Мы с тобой по рукам ударили, жених налицо...

– Так что ж? Пусть он погостит у тебя неделек пять или шесть.

– Что ты, друг сердечный, легко вымолвить: шесть недель! Да ты этак моего парня вовсе замаешь: он так и бредит твоей Ольгой Дмитриевной. Хочешь верь, хочешь нет, а видит Бог – исхудал! Бывало, живет безвыездно в своей коломенской отчине, а теперь ему на месте не посидится: поживет в одном селе недельки две, а там переедет в другое, из другого – в третье, словно его кто-нибудь гоняет. Тоска, дескать, одолела, хлеба лишился!

– Да отчего ж, любезный? Ведь он моей племянницы и в глаза не видывал.

– Ну вот поди ты!.. Видно, уж я не путем ее расхвалил. Нет, Максим Петрович, откладывать нечего. Уж коли ты со мной порешился, так чем скорей, тем лучше.

– А Бог весть, любезный! Как поспешишь, да людей насмешишь.

– Как так?

– Да так! Я вчера пытался сторонкою намекнуть об этом племяннице...

– Ну что ж она?

– И руками и ногами!

– Чай, прежде хочет посмотреть своего жениха?

– Нет, об этом и речи не было.

– Так из чего ж она упрямится;

– Из чего? Вот в том-то и дело, друг сердечный. Ты говоришь, что князь Андрей с тоски умирает по моей племяннице, и она все тоскует да плачет, только, кажись, не о нем.

– Что ты говоришь?

– Да, любезный. Помнишь, ты мне рассказывал об этом гвардейском фенрике, сиречь прапорщике, который познакомился с нею у немца Гутфеля?

– Как же! Василий Михайлович Симский, племянник Данилы Никифоровича. Оба хороши – и племянник и дядюшка! Ты знаешь, что этот старый черт оскоблил себе бороду?

– Знаю, знаю!.. Да это что! У всякого свой царь в голове. Захотел осрамить себя на старости – его воля! А вот что худо, Лаврентий Никитич: мне сдается, что этот Симский не в добрый час свел знакомство с племянницей.

– А что?

– Вестимо что: Симский – молодец, собою красавец...

– Да неужели ты думаешь, Максим Петрович, что племянница твоя до того забыла весь девичий стыд...

– Что, не спросясь меня, полюбила этого Симско-го?.. Эх, Лаврентий Никитич! И не хотелось бы этого думать, да думается.

– И, полно, друг сердечный! Может ли статься, чтоб воспитанная в благочестивом доме, благородная и разумная девица полюбила заезжего детину, который сегодня здесь, а завтра Бог весть где!.. Да и он, чай, вовсе о ней не думает. Ведь эта петербургская молодежь на наших московских барышень и смотреть не хочет. Вот кабы он посватался за твою племянницу...

– Да то-то и беда, любезный, что он сватался.

– Неужели?

– Да, Лаврентий Никитич! Дядюшка его, Данила Никифорович, сам изволил сватом приезжать.

– Ну что ж, ты его порядком отбоярил?

– Да. Я сказал наотрез, что этому не бывать.

– А Ольга Дмитриевна знает, что Симский за нее сватался?

– Как это можно! Ее на ту пору и дома не было.

– Да Аграфена-то Петровна не сказала ли об этом племяннице?

– Сохрани Господи!.. Хоть она и очень поглупела, а все еще настолько-то у ней в голове толку есть, чтоб понапрасну девку не тревожить.

– Полно, так ли?

– Уж я тебе говорю. Сестра мне сама сказала, что она об этом Оленьке никогда не заикнется. Уж если, дескать, ей, бедной, не суждено быть за Симским, так лучше вовсе не знать, что он хотел на ней жениться.

– Ну, коли ты правду говоришь, так это еще дело поправное.

– И я то же думаю, только надобно за него умненько взяться. Круто повернешь – хуже будет, любезный! Теперь, может статься, она частехонько думает об этом Симском, а как пройдет месяц-другой, так дурь-то понемногу из головы выйдет.

– Эко дело, подумаешь! – прервал Рокотов. – Вот они – эти проклятые ассамблеи! Бывало, наша сестра, благородная девица, сидит у себя в терему, болтает с подружками о том о сем, погадает на святках о суженом, да, может статься, иногда, выходя из церкви, взглянет украдкою на какого-нибудь молодого парня – вот и все!.. А теперь, на этих бесовских сходбищах, обступят ее, мою голубушку, удалые молодцы, начнут подхваливать да всякие другие неподобные речи говорить, – так диво ли, что у нее голова-то кругом пойдет. Да вот хоть твоя племянница – почему ты знаешь?., может быть, этот подлипало, Симский, давно уж ей сказал, что хочет на ней жениться?

– Ну, этого не думаю, любезный: племянница не стала бы таких речей и слушать; да и он какой бы ни был сорвиголова, а не посмел бы так обидеть благородную девицу.

– А кто его знает! Ведь нынешние-то молодые ребята не то, что мы были с тобою в старину, от этих пострелов всего жди... Да вот постой, любезный – ведь Ольга Дмитриевна с нами будет кушать?

– Вестимо дело: она у меня хозяйка в дому. Да ты не хочешь ли с нею поговорить?.. Избави Господи, ты все дело испортишь!.. Она сгорит со стыда...

– Да уж не бойся, Максим Петрович, я маху не дам... У меня есть кой-что в голове... и коли правда, что она ничего не знает, так погоди, любезный, будет как шелковая!

– Да ты скажи мне...

– Теперь ничего не скажу; а вели-ка, брат, подать водки да чего-нибудь закусить: я что-то очень проголодался.

Перед самым обедом Ольга Дмитриевна, желая угодить своему дяде, который очень любил все старинные обычаи, вошла в гостиную и взяла из рук слуги, который шел позади нее, небольшой серебряный поднос с двумя позолоченными чарками.

– Милости просим, Лаврентий Никитич! – сказал Пр. окудин. – Подавай, племянница!

– Ах ты, моя красавица! – молвил Рокотов, принимаясь за чарку. – Ну, стою ли я этой милости?.. Да это и дело то не девичье!

– Знаю, друг сердечный! – прервал Максим Петрович. – Вот кабы моя покойница была жива, так она бы поднесла тебе чарочку, а теперь не осуди, любезный, другой хозяйки у меня в дому нет.

Ольга Дмитриевна поднесла другую чарку Максиму Петровичу, похристосовалась с Лаврентием Никитичем и, пригласив к столу хозяина и гостя, пошла – не прогневайтесь, любезные читательницы, – не впереди них, а вслед за ними в столовую комнату. К концу обеда Рокотов начал говорить о московских новостях.

– Дошел ли до тебя слух, Максим Петрович, – сказал он, – что государя Петра Алексеевича, когда он изволил быть в польском городе Луцке, сильно схватил какой-то недуг?

– Помилуй Господи! А теперь-то что?

– Говорят, совсем оправился, а так было прихватило, что не чаяли ему, нашему батюшке, и в живых остаться.

– Скажи пожалуйста!.. Вот была бы напасть-то! И дома умирать не легко, а умереть в дороге...

– Да это будет когда-нибудь. Разъезжать-то он больно охоч, наш батюшка: сегодня в Архангельске, а там, глядишь, через неделю в Воронеже... В старину этого не бывало: наши православные цари всегда живали дома.

– Так, Лаврентий Никитич, да зато, чай, иногда за глазами-то и Бог весть что делалось. Ведь русский царь в своем государстве что хозяин в дому; а коли хозяин сам за всем не присмотрит, так пеняй на себя. Нет, этим наш батюшка Петр Алексеевич хорош: все хочет видеть своими глазами, все знать доподлинно; и сам не ленится, и других понукает. Нечего сказать – хозяин!.. Эх, если б он, наш кормилец, поменьше любил этих проклятых немцев!..

– Если б!.. Вот то-то и есть, любезный, кабы не тучи на небе, так мы бы солнышко видели... Ну, да что об этом!.. Поговорил бы я с тобою... – промолвил шепотом Лаврентий Никитич, поглядывая на слуг, которые суетились вокруг стола, – поспорил бы... да ушей-то здесь больно много... А знаешь ли ты, друг сердечный, – продолжал Рокотов, – какая была у нас в Москве богопротивная содомщина?.. Как ты думаешь: на первой неделе великого поста, у этого собачьего сына, Гутфеля, была ассамблея с музыкой и со всякими бесовскими потехами! Знаешь, немецкую масленицу справлял.

– Да, уж верно, у него никого из русских не было?

– Вот то-то и дело! Говорят, что были.

– Не может статься...

– И я плохо этому верю, а мне называли... Ну-ка, отгадай, кого?.. Андрея Семеновича Юрлова с женою и с дочерью!

– Ах он старый хрыч... Да что, он перешел, что ль, в немецкую веру?

– Вот изволишь видеть: старик простоват, а мать баловница, видно, хотела свою дочку развеселить. Говорят, она больно тоскует по своему жениху.

– А разве дочка-то их помолвлена?

– Так ты об этом и не слыхал? Давно уж помолвлена. Ну, нечего сказать – убили бобра!

– А что?

– Правду говорят, любезный, что глупость-то подчас хуже воровства! Помолвили они свою дочь за гвардейского офицерика. Детина, говорят, видный собою, а такой ветрогон, что не приведи Господи! На другой день помолвки он поскакал догонять свой полк, который теперь в походе. Ну что б им, кажется, не сказать: "Ты, дескать, батюшка, сходи прежде под турка, а там, как вернешься жив и здоров, так мы об этом и поговорим с тобою". А то, рассуди сам, Максим Петрович: воротится он об одной руке или на деревяшке – тогда-то что?.. Попятиться и взять свое слово назад – дело не честное, да и дочку-то выдать за калеку большой радости нет; ан и выходит: сглуповали так, что и сказать нельзя. И чему обрадовались? Достатка большого нет, и, говорят, мальчишка пребеспутный. Он с первозимья был также в Москве и тогда еще втихомолку сватался за Юрлову, а в то же время, говорят, у Алексея Тихоновича Стрешнева старшую дочь с ума свел, разбойник! Да ты должен его знать, Максим Петрович, он родной племянник приятелю твоему, Даниле Никифоровичу.

– Родной племянник?

– Ну да!.. Как бишь его... дай Бог память... Да! Василий Михайлович Симский.

Ольга Дмитриевна побледнела.

– Оленька, что ты, мой друг? – вскричал Прокудин, вскочив со стула и подходя к племяннице.

– Так, дядюшка, – отвечала дрожащим голосом Ольга Дмитриевна, – голова очень болит.

– На-ка, мой друг, выкушай водицы... Ах, Господи, на тебе лица вовсе нет!

– Ничего... пройдет...

– Пройдет, – повторил Рокотов, вставая.

– Ступай, мой друг, к себе, – сказал Прокудин, – приляг да сосни, если можешь...

– Да, дядюшка... позвольте мне...

– Ступай, мой друг, ступай!..

Ольга Дмитриевна вышла вон из комнаты.

– Ах, Господи, – прошептал Максим Петрович, – как ее вдруг перевернуло!.. Эх, любезный!

– А что? – спросил Рокотов.

– Как можно этак... вдруг... не говоря доброго

слова...

– Нет, доброе-то слово я сказал, посмотри, что будет!.. Да пойдем отсюда.

– Андрюшка, – молвил Максим Петрович, – ступай, проведай барышню – что она?

– Да что ты тревожишься? – продолжал Лаврентий Никитич, когда они вошли в гостиную. – Эка важность!.. Ну, поплачет денек, много другой – вот и все.

– Бедненькая!.. Эх, сестра, сгубила ты мою Ольгу Дмитриевну!

– И, полно, братец!.. Велика беда, что молодой девке приглянулся пригожий детина. Небось, любезный: теперь как она знает, что он помолвлен с другой, так в головке-то у нее бродить перестанет.

– Да что, этот Симский в самом деле женится на Юрловой?

– А почем знать, может быть, я ему и напророчил.

– Так ты солгал, любезный?

– Солгал, Максим Петрович.

– Эх, Лаврентий Никитич, нехорошо!

– А почему ж нехорошо? Да разве ты не знаешь, что ложь бывает иногда во спасение?

– Нет, я этого не знаю

– Вольно ж тебе не знать. Мне сказывали, что это в какой-то духовной книге напечатано.

– Верно, в той же, в которой говорится: "Отруби по локоть ту руку, которая добра себе не желает"?

– Может статься.

– Нет, любезный, таких духовных книг не было и не будет. Не то заповедал нам Господь: он говорит, что всякая ложь есть от дьявола.

– Ах ты, святоша этакий! Ну что за грех солгать ради пользы? Ведь ты не хочешь выдать свою племянницу за этого Симского?

– Не хочу

– Так не лучше ли, чтоб она вовсе о нем не думала9 Что покачиваешь головою? Ну, добро, добро, – коли, по-твоему, это грех, так я беру его на свою душу.

– И что толку-то будет из этого?

– А вот погоди: дай ей денька два наплакаться досыта, а там заговори с нею опять о князе Андрее Юрьевиче, так увидишь, что она тебе ответит.

– Ну что, Андрюшка, – спросил Прокудин у слуги, который вошел в гостиную, – что Ольга Дмитриевна?

– Все слава Богу, батюшка. Нянюшка Федосья говорит, что барышня ни на какую болезнь не жалуется, а только прилегла на постель и втихомолку изволит плакать...

– Ступай!.. Ну, слышишь, Лаврентий Никитич, она плачет...

– Еще бы, и нашему брату в таком деле сгрустнется, а ведь она девица. Да пусть себе поплачет, – ничего, пройдет!

– Пройдет!.. Вестимо дело, все пройдет, да каково-то ей теперь?

– И, любезный! стерпится, слюбится.

– Хорошо, кабы так. Да точно ли ты уверен, что князь Андрей Юрьевич будет добрым мужем?

– Я, Максим Петрович, боюсь только одного, что он вовсе избалует жену. Такие добрые люди, как он, в диковинку.

– Это-то хорошо. По мне, доброта лучше разума, а все бы не мешало, если б он был...

– Так же умен, как твоя Ольга Дмитриевна?

– Ну хоть и не так же...

– Да что ты так за умом-то гонишься?.. Ведь с умным мужем жена не барыня То ли дело, когда он по ее дудочке пляшет

– Нехорошо и это, Лаврентий Никитич

– Вестимо нехорошо, коли жена не умнее мужа, а ведь у твоей Ольги Дмитриевны ума-то на двоих мужей достанет Увидишь, друг сердечный, заживут так, что любо!. Князь Андрей будет во всем ее слушаться, да и она также иногда его послушается. Я уж тебе говорил, что он не простофиля же какой-нибудь; он смотрит только простячкой, а где надобно, так вовсе не глуп. Ну да что об этом говорить! Ко ги дело совсем сладится, так скажешь спасибо, и Ольга-то Дмитриевна не раз мне поклонится; а теперь не худо бы отдохнуть, любезный а там и в путь.

– Как, разве ты у меня не ночуешь?

– Нельзя. Чай, теперь князь Андрей ждет меня не дождется. Я ему скажу, Максим Петрович, что на Фоминой неделе свадьба будет

– И, что ты, Лаврентий Никитич, помилуй!

– Хорошо, хорошо!.. Приезжай ко мне этак денька через три, может статься, мы с тобой поладим

Лаврентий Никитич, отдохнув часа полтора, распрощался с Прокудиным и отправился обратно в свою деревню.

На другой день поутру Ольга Дмитриевна пришла в комнату к своему дяде. Она была гак бледна, так исхудала в одни сутки, что Максим Петрович перепугался.

– Оленька, друг мой! – ""-вскричал он. – Что с тобой?.. Да ты никак в самом деле больна?

– Нет, дядюшка, – отвечала Ольга Дмитриевна, – теперь, славу Богу, мне гораздо лучше.

– Лучше? Да отчего же ты так бледна?

– Я всю ночь не могла заснуть.

– И, верно, плакала?.. Посмотри-ка, глаза-то у тебя!..

– Теперь уж я не плачу, дядюшка. Всю ночь у меня болела голова и сердце что-то очень тосковало. Вот в самые заутрени я встала с постели, начала молиться пред иконою Божией матери; мне как будто бы сделалось полегче, а там все лучше да лучше, тоска прошла, и теперь я почти совсем здорова.

– Дай-то Господи!.. А все что-то смотришь невесело Вот то-то и есть: тебе скучно, ты вовсе отвыкла от нашего деревенского житья.

– Привыкну опять, дядюшка.

– Нет, Ольга Дмитриевна, не привыкнешь. Вот если б ты была замужем – дело другое: с добрым мужем везде весело.

– Да мне и с вами не скучно.

– Так-то говоришь, мой друг, а в самом-то деле тебя, чай все Москва на уме.

– О нет, дядюшка! Бог с ней совсем

– Добро, добро!. А знаешь ли что, Оленька? Ведь я тебе напророчил: князь Андрей Юрьевич Шелешпанский за тебя сватается...

Максим Петрович остановился и посмотрел с удивлением на свою племянницу. Да и было чему подивиться. "За тебя сватаются" – кажется, от этих слов у каждой девушки должно сердце замереть от радости или от ужаса, смотря по тому, кто сватается, а Ольга Дмитриевна преспокойно их выслушала, не обрадовалась, не испугалась, не переменилась в лице, ну точно как будто бы речь шла о какой-нибудь вовсе незнакомой ей девице.

– Да, мой друг, – повторил Максим Петрович, помолчав несколько времени, – князь Шелешпанский за тебя сватается.

– Слышу, дядюшка.

– Ну что ж прикажешь ему сказать?

– Что вам угодно.

– Так ты пойдешь за него замуж?

– Воля ваша.

– А коли моя, так послушай, мой друг: князь Андрей Юрьевич жених недюжинный; он роду знатного, человек молодой, одинокий, собою молодец; я слышу от всех, что он очень добр, а уж как богат...

– И, дядюшка! Мне все равно...

– Все равно? Даже и то, мой друг, если твой муж увезет тебя за тридевять земель или будешь жить почти вместе со мною?

– О нет! – вскричала Ольга Дмитриевна, кинувшись на шею к своему дяде. – Я не хочу с вами расставаться:

– Милое племянницу, – дитя мое, – сказал Прокудин, обнимая ну как же мне не любить тебя как дочь родную! Знаешь ли что, мой друг? Коли ты выйдешь замуж за князя Шелешпанского, так мы по зимам не будем жить в деревне. Ты человек молодой, любишь Москву...

– Москву!.. Нет, дядюшка, мне там будет скучно

– Скучно? Да ведь ты о ней тосковала?..

– Да, дядюшка, сначала, а теперь я вовсе в Москву не хочу. Я хотела бы только повидаться с тетушкой..

– Вот кстати напомнила! Уж коли у нас дело идет на лад, так мы тетушку-то на свадьбу выпишем. Да нечего и мешкать: сегодня же пошлю к ней нарочного в Москву.

– Сегодня? – повторила встревоженным голосом Ольга Дмитриевна. – Так вы хотите?..

– Зачем откладывать, мой друг? Веселым пирком да за свадебку!

– Ах, дядюшка, – промолвила сквозь слезы Ольга Дмитриевна, – он только что посватался...

– Нет, мой друг... дело прошлое: ведь князь Шелешпанский сватался за тебя еще до великого поста. Уж если ты согласна выйти за него замуж, так что ж его, бедняжку, маить? За мною дело не станет: твое приданое готово... Вот мы этак в четверток на Фоминой неделе сделаем девичник, а в пятницу с божиим благословением...

Ольга Дмитриевна опустила голову на плечо к своему дяде и громко зарыдала.

– Что ты, что ты, мой друг! – вскричал Максим Петрович, – да успокойся, Бога ради!.. Коли хочешь, мы отложим свадьбу на месяц... на два... на три... как тебе угодно! Конечно, – продолжал он, – я желал бы... да и как мне, старику, не желать, чтоб это было поскорее? Ведь уж мне давно седьмой десяток пошел, станешь каждым денечком дорожить! Что будешь делать, вот и теперь: я здоров, слава Богу, а все мне кажется, что не доживу до этой радости, и как подумаю: ну, коли Господь Бог пошлет по душу, прежде чем я пристрою моего друга сердечного, так, поверишь ли, сердце у меня так и обольется кровью!

Ольга Дмитриевна подняла голову: в ее задумчивых голубых глазах выражалось какое-то грустное спокойствие; на длинных ресницах блестели еще слезы, но она уж не плакала. С полминуты продолжалось молчание... Вдруг бледные ее щеки вспыхнули, она взглянула с необычайным оживлением на своего дядю и сказала твердым голосом:

– Да, дядюшка, вы правду говорите: зачем откладывать.

– Так ты согласна, Ольга Дмитриевна?.. В будущий четверг...

– Как вам угодно, дядюшка!.. Теперь позвольте мне...

– Что, мой друг?

– Я пойду к себе... Да не бойтесь: я иду не плакать... нет, я хочу помолиться Богу, дядюшка.

– Ступай, мой ангел, ступай!.. Ну, – прошептал Максим Петрович, когда племянница его вышла вон из комнаты, – нечего сказать, хитер Лаврентий Никитич! Как он отгадал, что будет!.. Дай-то Господи, чтоб только в добрый час!.. Да что ж это сердце-то у меня... радуется, что ль, или тоскует?.. Кажись, как бы ему не радоваться, а все как будто бы щемит... Вот то-то и есть: идти-то

Максим Петрович остановился и посмотрел с удивлением ea свою племянницу. Да и было чему подивиться. "За тебя сватаются" – кажется, от этих слов у каждой девушки должно сердце замереть от радости или от ужаса, смотря по тому, кто сватается, а Ольга Дмитриевна преспокойно их выслушала, не обрадовалась, не испугалась, не переменилась в лице, ну точно как будто бы речь шла о какой-нибудь вовсе незнакомой ей девице.

– Да, мой друг, – повторил Максим Петрович, помолчав несколько времени, – князь Шелешпанский за тебя сватается.

– Слышу, дядюшка.

– Ну что ж прикажешь ему сказать?

– Что вам угодно.

– Так ты пойдешь за него замуж?

– Воля ваша.

– А коли моя, так послушай, мой друг: князь Андрей Юрьевич жених недюжинный; он роду знатного, человек молодой, одинокий, собою молодец; я слышу от всех, что он очень добр, а уж как богат...

– И, дядюшка! Мне все равно...

– Все равно? Даже и то, мой друг, если твой муж увезет тебя за тридевять земель или будешь жить почти вместе со мною?

– О нет! – вскричала Ольга Дмитриевна, кинувшись на шею к своему дяде. – Я не хочу с вами расставаться!

– Милое дитя мое, – сказал Прокудин, обнимая племянницу, – ну как же мне не любить тебя как дочь родную! Знаешь ли что, мой друг? Коли ты выйдешь замуж за князя Шелешпанского, так мы по зимам не будем жить в деревне. Ты человек молодой, любишь Москву...

– Москву!.. Нет, дядюшка, мне там будет скучно

– Скучно? Да ведь ты о ней тосковала?..

– Да, дядюшка, сначала, а теперь я вовсе в Москву не хочу. Я хотела бы только повидаться с тетушкой..

– Вот кстати напомнила! Уж коли у нас дело идет на лад, так мы тетушку-то на свадьбу выпишем. Да нечего и мешкать: сегодня же пошлю к ней нарочного в Москву.

– Сегодня? – повторила встревоженным голосом Ольга Дмитриевна. – Так вы хотите?..

– Зачем откладывать, мой друг? Веселым пирком да свадебку!

– Ах, дядюшка, – промолвила сквозь слезы Ольга Дмитриевна, – он только что посватался...

– Нет, мой друг... дело прошлое: ведь князь Шелеш-панский сватался за тебя еще до великого поста. Уж если ты согласна выйти за него замуж, так что ж его, бедняжку, маить? За мною дело не станет: твое приданое готово... Вот мы этак в четверток на Фоминой неделе сделаем девичник, а в пятницу с божиим благословением...

Ольга Дмитриевна опустила голову на плечо к своему дяде и громко зарыдала.

– Что ты, что ты, мой друг!^вскричал Максим Петрович, – да успокойся, Бога ради!.. Коли хочешь, мы отложим свадьбу на месяц... на два... на три... как тебе угодно! Конечно, – продолжал он, – я желал бы... да и как мне, старику, не желать, чтоб это было поскорее? Ведь уж мне давно седьмой десяток пошел, станешь каждым денечком дорожить! Что будешь делать, вот и теперь: я здоров, слава Богу, а все мне кажется, что не доживу до этой радости, и как подумаю: ну, коли Господь Бог пошлет по душу, прежде чем я пристрою моего друга сердечного, так, поверишь ли, сердце у меня так и обольется кровью!

Ольга Дмитриевна подняла голову: в ее задумчивых голубых глазах выражалось какое-то грустное спокойствие; на длинных ресницах блестели еще слезы, но она уж не плакала. С полминуты продолжалось молчание... Вдруг бледные ее щеки вспыхнули, она взглянула с необычайным оживлением на своего дядю и сказала твердым голосом:

– Да, дядюшка, вы правду говорите: зачем откладывать.

— Так ты согласна, Ольга Дмитриевна?.. В будущий четверг...

— Как вам угодно, дядюшка!.. Теперь позвольте мне...

— Что, мой друг?

— Я пойду к себе... Да не бойтесь: я иду не плакать... нет, я хочу помолиться Богу, дядюшка.

— Ступай, мой ангел, ступай!.. Ну, — прошептал Максим Петрович, когда племянница его вышла вон из комнаты, — нечего сказать, хитер Лаврентий Никитич! Как он отгадал, что будет!.. Дай-то Господи, чтоб только в добрый час!.. Да что ж это сердце-то у меня... радуется, что ль, или тоскует?.. Кажись, как бы ему не радоваться, а все как будто бы щемит... Вот то-то и есть: идти-то замуж она идет, да как идет!.. Бедняжка!.. То ли бы дело было... Эх, не бывать бы ей за князем Шелешпанским, если б этот пострел Симский не служил в Питере и не стоял, как за своих кровных, за этих окаянных, паскудных немцев!

III

В среду на Фоминой неделе, часу в пятом после обеда, народ гулял толпами по широкой улице села Вздвиженского. На барском дворе заметно было необычайное движение. Вся господская дворня занималась приготовлением к наступающему торжеству. Одни выкатывали из погребов бочки с пивом, другие ставили на дворе длинные столы для угощения меньших братьев христовых, то есть нищих, увечных и недужных, которые начинали уже понемногу собираться изо всех окрестных мест в село Вздвиженское на свадебный пир к боярину Максиму Петровичу Прокудину. Перед самым господским домом толпились в праздничных нарядах крестьянские старухи, молодые бабы и красные девицы; они смотрели в окна, как их барышня, государыня Ольга Дмитриевна, изволит справлять свой девичник.

— Смотри-ка, смотри! — молвила одна старуха, толкнув локтем свою внучку. — Вон видишь, за столом-то сидят?

— Вижу, бабушка.

— Это все боярские дочки.

— Да их что-то немного.

— Да, маленько!.. Вот две-то, что сидят подле нашей матушки Ольги Дмитриевны, с правой руки, дочки боярина Шетнева, а с левой... вон энта... белобрысая-то... это, кажись, внучка кадыковского барина, Карпа Саввича Пыжова... А уж других-то я не знаю.

— Чай, из Москвы понаехали. Да какие же они, бабушка, все пригожие!..

— Эх, дитятко! кому ж и быть-то пригожим? Боярские дочки сладко едят, живут в холе... что им делается!.. А все далеко им до нашего красного солнышка, нашей родной-то Ольги Дмитриевны, дай ей Господи много лет здравствовать!.. Эка пава, подумаешь!

— Бабушка, — прервала одна молодица, — да что ж это наша барышня-то... гляди-ка... кровинки нет в лице!.. И головку-то изволила понурить...

— Эх ты, глупая, глупая, — молвила старуха, покачивая головою, — да где видано, чтоб невеста ухмылялась? Чай, и ты на своем девичнике зубы-то не скалила?

— Кто? Она? — подхватила пожилая баба. — Да она на своем девичнике только что не плясала, словно не ее замуж выдавали.

— Ну, Авдотья, — сказала старуха, — так недаром же тебя муженек-то поколачивает! Коли ты такая озорница, что и в невестах не плакала...

— Эх, бабушка, да коли не плачется...

— Так ты бы хренку понюхала, дура этакая!.. Ведь старые люди говорят: коли девка в невестах не плачет, так наплачется вдоволь замужем.

— А что, Потапьевна, — спросила пожилая баба старуху, — что говорят о женихе?

— Да говорят, что он и собой молодец, и отчин много, и роду княженецкого...

— Ну, слава тебе Господи! А что, он завтра, что ль, приедет с поездом прямехонько в церковь Божию?

— Нет, Федосья, Прокофий Сидорыч говорил при мне батьке Филиппу, что жених приедет к нам сегодня и переночует здесь на селе со всем своим поездом. Для них... вон там за речкою, на верхнем порядке десять дворов отведено... Постойте-ка!..

— Что, бабушка?

— Никшни, Аксютка! Кажись, в дому-то собираются петь!.. Чу!

В комнате раздались звуки унылой песни, под которую подлинно трудно было невесте не заплакать. Сенные девушки запели:

> Ласточка, касаточка,
> Не вей гнезда во высоком терему:
> Уж не жить тебе здесь и не летывать!..

— Что ж это они? — шепнула старуха.

— Да это, кажись, песня-то не свадебная, а подблюдная.

— Знать, обмишулились, — сказала молодица.

— Эй вы, голубки, — закричал крестьянский парень, подбегая к бабам, — что вы здесь глаза-,то пялите?.. Ступайте за околицу.

— А что? – спросила старуха.

— Жених с поездом едет.

— Ой ли?

— Право так!

— То-то же! Ведь ты, Фомка, озорник, пожалуй, даром нас перебулгатишь!

— Вот те свят – едет! Весь народ и валит из села.

— Да что ж, он близко, что ль?

— Бают, уж выехал из господской засеки и подымается на горку.

В полминуты на барском дворе не осталось никого, и даже дворовые люди, покинув свою работу, пустились бегом за остальными мужиками, которые спешили все навстречу к жениху. У самой околицы приходский священник, отец Филипп, держа в руках крест, дожидался, со всем церковным причтом, суженого боярышни Ольги Дмитриевны. Позади него стоял, с хлебом и – солью, дворецкий, Прокофий Сидорыч Кулага. Народ толпился по обеим сторонам дороги. Разумеется, все стояли без шапок. Прокофий Сидорыч, как человек опытный и бывалый, посматривал заботливо на православных, стараясь заметить, нет ли в числе их какого-нибудь недоброго человека. Вот толпа заколыхалась, народ расступился: старая, безобразная баба, опираясь на клюку, вышла вперед и остановилась на самой дороге. Прокофий Сидорыч нахмурился.

— Послушай-ка, Антон, – шепнул он дворовому парню, который стоял подле него, – ведь эта старуха... вот что вышла вперед... кажись, кадыковская ворожея, Савельевна?

— Да, Прокофий Сидорыч, она.

— Зачем пожаловала, старая чертовка!.. Знаем мы их!.. Поди-ка, скажи ей, чтоб она убиралась подобру-поздорову... нам этаких гостей не надобно... Погоди, погоди!.. На вот тебе алтын... сунь ей в руку, а то еще, пожалуй, разгневается, ведьма проклятая, всю скотину перепортит, чего доброго!.. Эй, Антон, постой!.. Ну хоть вовсе-то не гони ее, – провались она ставши! – а только отведи к стороне подальше от дороги... знаешь, чтоб глаз-то у нее до жениха не хватил.

— Слушаю, Прокофий Сидорыч, уж я ее спроважу.

— Ну, то-то же, смотри!

— Едут, едут! – раздались голоса из толпы.

Шагах в двухстах показались из-за горки два передовые вершника с белыми ширинками через плечо; за ними потянулся длинный поезд щеголевато одетых холопов Лаврентия Никитича, – их было до сорока: все они сидели на красивых конях и ехали попарно; потом ехали, также верхом, двое жениховых дружек, сыновья Герасима Николаевича Шетнева, а немного позади – князь Андрей Юрьевич Шелешпанский и Лаврентий Никитич Рокотов. Под первым красовался отличный персидский аргамак, белый как снег, с заплетенною гривою и перевязанным хвостом; второй сидел на вороном черкасском жеребце. На женихе была шапка мурмолка с собольим околышем, красный объяринный кафтан и парчовая ферязь с золотыми петлицами. Надобно сказать правду: князь Шелешпанский сидел молодцом на своем борзом аргамаке, и когда этот полный огня и жизни красавец конь начинал под ним играть, он сдерживал его могучей рукой и, как будто бы шутя и без всякого усилия, заставлял идти ровным и тихим шагом. Поезд оканчивался длинным рядом всякого рода повозок, в числе которых отличалась особенно обитая алым сукном огромная колымага с позолоченными колесами. В ней сидели посаженая мать князя Шелешпанского – супруга Лаврентия Никитича Рокотова, Герасим Николаевич Шетнев и сваха из мелкопоместных дворянок, которая должна была принимать молодых в опочивальне и осыпать их хмелем. Все мужики, завидя господ, примолкли и низко поклонились; бабы также поклонились, но только принялись болтать пуще прежнего.

– Посмотри-ка, Акулина, – молвила одна молодая баба, – с правой-то стороны жених, что ль, едет?

– Вестимо жених. С левой едет боярин Рокотов.

– Так это жених-то?.. Ну, неча сказать: сокол ясный!..

– Батюшки светы! – закричала другая молодица. – Какой на нем зипун-то!.. А сбруя-то на лошади... матушки!.. Никак литого серебра!

– Какого серебра! Разве самоцветного золота, – вишь, как на солнышке-то горит!

– Смотри, кума, смотри, как лошадь-то под ним прядает!.. Ну, молодец!

– У, батюшки, какой рослый, дородный!..

– Да личмянной какой!.. Гляди-ка, тетка, гляди, лицо-то у него так и пышет!

– Ну, послал Господь женишка нашей боярышне!

– Подавай ей Господи!..

– Эй вы, бабье! – закричал Кулага, – тише вы!.. Что вы так горланите, чечетки этакие... Тише, говорят!.. Наболтаетесь дома!

Подъехав к околице, поезд приостановился; князь Андрей Юрьевич сошел с коня, приложился к кресту, принял от дворецкого каравай, на котором стояла серебряная солонка, потом сел опять на своего аргамака, и поезд двинулся снова вперед. За ним кинулся весь народ. Старики плелись позади, молодые ребята забегали вперед и, останавливаясь на каждом крестце, встречали жениха низкими поклонами. Когда поезд поравнялся с господским домом, за ворота высыпала целая толпа сенных девушек, а из домовых окон высунулись головки приезжих барышень. Все они казались очень пригожими, вероятно, потому же, почему и звезды кажутся ярче, когда нет на небе светлого месяца: Ольги Дмитриевны не было в числе этих любопытных.

Максим Петрович, приняв жениха и почетных гостей в просторной избе своего старосты, пригласил к себе в дом Рокотова с женою и Герасима Николаевича Шет-нева. Жених, сваха, дружки и все, составлявшие поезд, разместились по отведенным для них избам. Прокофий Сидорыч заправлял угощеньем. Различные наливки, вино, пиво и сладкие меды лились рекою. Сваха набила себе препорядочный мешок черносливом, винными ягодами, финиками и всякими другими иноземными сластями; жених выпил целую ендову имбирного меду и скушал фунтика три изюму; дружки также позабавились около сластей и посмаковали вдоволь Прокудинской вишневки, которая под этим названием славилась во всем околотке. Об остальном поезде и говорить нечего. Прокофий Сидорыч не успокоился до тех пор, пока не уложил в лоск всех холопов Лаврентия Никитича; ему не удалось только справиться с одним ражим детиною, который, по привычке или по какой-то особенной способности, пил вино как простой квас, а пиво – как воду; впрочем, и тот хотя стоял еще крепко на ногах, но не мог уж вымолвить ни слова.

Вот этак часу в седьмом князь Шелешпанский, которому стало душно в избе, снял с себя ферязь и вышел в одном кафтане за ворота. К нему явился Прокофий Сидорыч

– Что, батюшка князь, – сказал он, – не угодно ли тебе прогуляться?

– Нет, – отвечал Шелешпанский, – я сяду вот здесь, на скамеечке.

– Присядь, батюшка, присядь!.. Отсюда пригоже посмотреть на все стороны. Местечко дальновидное – на горке вышло: верст за десять кругом видно, и все село как на блюдечке.

– А что, старина, – сказал Шелешпанский, – ведь это село-то все ваше?

– Как же, сударь.

– Отчина или поместье?

– Отчина, батюшка. Жалована еще при дедушке Максима Петровича.

– Доброе село, доброе!. Чай, этак домов до полутораста будет?

– Без малого двести.

– Вот как!.. А что, вон энти поля за большой дорогою – ваши?

– Наши, сударь.

– А чернолесье, которым мы ехали?

– Это господская засека.

– А вон вдали-то бор?

– Наш, батюшка, наш.

– Знатное село, знатное!..

– Чай, у вас по речке-то луга заливные?

– Да, сударь, заливные. По той стороне верст на пять пойдет все

110

Пойма. Наша река невеличка, батюшка, а весной по ней хоть струга ходи. Вон ракитник-то на лугу – в полую воду одни вершинки видны.

– Знатное село!.. Кажись, и крестьяне у вас исправные.

– Да, сударь, благодаря, во-первых, Бога, а во-вторых, государя Максима Петровича, мужички у нас по миру не ходят. Много есть зажиточных, и разве редкий только по мясоедам-то пустые щи хлебает.

– Вот как!.. Ну, знатное село!.. А что это, направо-то, дорога куда пошла?

– В Москву, батюшка.

– Откудова ж мы приехали?

– От Серпухова.

– Так!.. Посмотри-ка, старина, кто это там по московской дороге едет?

– А кто их знает!.. Здесь езда не малая. Бывает, временем, как в Москву повезут хлебец, так по дороге и денно и нощно тянутся обозы Ведь Серпухов – город торговый, батюшка; пристань на Оке, а кремль-то никак почище был московского, весь из белого камня построен Теперь он поразвалился, а все еще местами как взглянешь на стену, так шапка с головы валится. Говорят, будто бы его строил царь Иван Васильевич, – не Грозный, сударь, а дедушка Грозного...

– Что это, брат, – прервал Шелешпанский, который, не слушая дворецкого, продолжал смотреть с приметным беспокойством на большую дорогу, – эти проезжие-то, видно, не мимо едут?

– А что, сударь?

– Вон, видишь, своротили с большой дороги... едут сюда!

– Сюда?.. Так, может статься, это сестрица Максима Петровича.

– Кто? Аграфена Петровна Ханыкова?

– Должно быть, она. К ней посылали нарочного в Москву.

– Зачем?

– Что ты, батюшка князь!.. Как зачем? Ведь она родная тетушка твоей нареченной, так как ж ее не позвать на свадьбу?

– Так она знает, что завтра свадьба? – вскричал с ужасом князь Андрей Юрьевич.

– Как не знать.

– Ну! плохо дело!

– А что, сударь?

– Беда, да и только!

– Беда! – повторил с удивлением Прокофий Си-дорыч.

– Да как же не беда! Ведь Аграфена-то Петровна скажет об этом Мамонтову.

– Какому Мамонтову?

– Ну вот этому – провал бы его взял!.. Ах, Господи... Смотри-ка, смотри!.. На четырех тройках!

111

— Да, сударь, это не Аграфена Петровна, а, кажись, люди служивые.

— Вот тебе раз! – вскричал Шелешпанский, вскочив со скамьи.

— Да, сударь. Вон остановились за околицей... говорят о мужичках... вон одна подвода поехала прямо к господскому дому... а с другой-то сошли служивые и стали возле околицы... А вон остальные-то две подводы, кажись, повернули сюда... Ну, так и есть!.. Видно, к старосте..

— А где живет староста?

— Здесь, батюшка. Это его изба. Князь Андрей Юрьевич помертвел.

— Да вот уж они и едут, – сказал дворецкий. – Эк дерут!.. Видно, животы-то не свои.

Князь Андрей Юрьевич кинулся на двор и начал метаться по сторонам как угорелый. На все вопросы Прокофия Сидорыча он не отвечал ни слова, а только повторял прерывающимся голосом:

— Где ворота, где ворота?

— Ворота? – спросил дворецкий, который, видя необычайный испуг жениха, и сам также немного испугался. – Какие ворота?

— На зады, на зады!

— Да вот, сударь, перед тобою.

Шелешпанский распахнул ворота, выскочил на огород и ударился бежать.

— Батюшка князь! – закричал Кулага, стараясь догнать жениха. – Да постой!.. Куда ты?..

Добежав до плетня, который отделял огород от поля, Шелешпанский остановился.

— Уф!.. Задохся!.. – промолвил Прокофий Сидорыч. – Да что это, сударь князь, куда ты изволишь бежать?

— И сам не знаю! Куда глаза глядят! Ну вот хоть в лес!

— В лес? Ах, Господи!.. Да от кого ж ты это изволишь прятаться?

— Как от кого? Ведь это приехал Мамонов!

— Так что ж?.. Да Бог с ним!.. Пускай он Мамонов... что тебе до этого?

— Да ведь он уж два месяца за мной гоняется.

— Гоняется?

— Ну да! Ведь у него указ есть схватить меня – да в солдаты.

— Как так?

— Да так! Слышь, велено всех новиков забирать на службу, и Аграфена-то Петровна с ними заодно... Ах, батюшки-сударики! Вот тебе и свадьба!

На заднем дворе избы раздался грубый голос:

— Эй, староста!.. Где староста? Подавайте его сюда. Князь Шелешпанский полез через плетень.

— Погоди, батюшка! – закричал Кулага. – Тут болото: увязнешь по уши... Постой, постой!

Но Шелепшанский перекинулся со всего размаху через плетень, грянулся оземь и, к счастию, попал не в трясину, а между двух кочек, в грязную лужу, в которой он увяз только по пояс. Прокофий Сидорыч перелез бережненько через плетень и, придерживаясь за него, помог жениху выбраться на сухое место.

— Вот я говорил тебе, батюшка! — сказал он. — Тише, тише!.. Изволь ступить сюда... на кочку... вот так!..

— Ух, батюшки! — промолвил Шелешпанский, отряхиваясь как медведь, который вылез из болота. — Грязи-то на мне, грязи!.. А кафтанчик новенький, с иголочки...

— И, батюшка, сошьешь другой!.. Чу! Никак уже служивые-то по огороду ходят.

В самом деле, на огороде послышались голоса.

— Голубчик ты мой... родной, — прошептал князь Андрей Юрьевич, дрожа всем телом, — спрячь меня куда-нибудь!

— Да куда ж я тебя спрячу, батюшка, — сказал Кулага, почесывая затылок, — лес далеко, и идти-то до него все чистым полем. Вот кабы летом, так дело иное: засел бы в коноплях, так тебя наискались бы досыта; а теперь время весеннее, и в лесу-то спрятаться негде.

— Ух, батюшки! — проговорил, заикаясь, Шелеш-панский. — Слышишь?.. Идут!

— Ну, делать нечего! — прошептал Кулага, — Ступай-ка, батюшка, вдоль плетня... вон там налево барское гумно... Все-таки лучше, чем здесь, на юру: там можно и в ригу, и меж одоньев завалиться — не вдруг найдут.

— Ступай же вперед, голубчик, ступай!

Пройдя шагов двести вдоль крестьянских огородов, они вошли калиткою на барское гумно.

— Ну вот, сударь, — сказал дворецкий, — хочешь где-нибудь за одоньем прилечь или в ригу?..

— Постой-ка, голубчик!.. Ведь это кладь соломы?..

— Да, сударь.

— Так я залезу в нее.

— Что ты, батюшка! ведь это хорошо минутки на две, а то задохнешься; да еще неравно с барского двора приедут за соломой, начнут валить ее на телегу да как хватят тебя вилами в бок... избави Господи! Вот разве, сударь, в овинную яму, так авось туда не заглянут.

— В самом деле!.. Ах ты, мой любезный!.. Голубчик мой!.. Пойдем скорее.

— Вот тебе раз! — вскричал Кулага, подойдя к овинной яме. — Лестницы-то нет!.. Да постой, батюшка, я спущу тебя на кушаке.

Прокофий Сидорыч снял с себя пояс, захлестнул один конец за туго подвязанный кушак Шелешпанского и начал его спускать потихоньку в яму.

– Ох, батюшка князь, – промолвил он, кряхтя, – грузен ты больно!.. Не сдержу... видит Бог, не сдержу!..

– Ничего! – сказал Шелешпанский, – пускай: внизу-то солома.

Кулага выпустил из рук кушак... князь Андрей Юрьевич повалился на солому, крякнул и встал на ноги.

– Ну, что, батюшка, не ушибся? – спросил дворецкий.

– Нет Ступай-ка теперь, голубчик, на барский двор, проведай, что там делается, да приди сказать мне.

– Ладно, сударь, я как раз сбегаю... Да послушай, батюшка, – промолвил Прокофий, воротясь, – смотри сиди смирно и, коли кто подойдет к овину, голосу не подавай... Как я приду, так первый тебя окличу.

IV

В то самое время, как князь Шелешпапский прятался от служивых в овинной яме, к дому Максима Петровича подъехал на тройке молодой гвардейский офицер. Он соскочил с телеги и, войдя в переднюю, приказал доложить, что приехал по царскому указу поручик Мамонов; потом, сбросив с себя забрызганный грязью плащ, вошел в столовую комнату. Через несколько минут его попросили в гостиную. В этой комнате встретил его Максим Петрович; тут же, развалясь на креслах, сидел Лаврентий Никитич Рокотов, подле него, на стуле, Герасим Николаевич Шетнев, а несколько поодаль стоял, прислонясь к печке, Карп Саввич Пыжов. Когда Мамонов вошел в гостиную, Карп Саввич низехонько поклонился, Шетнев привстал, а Лаврентий Никитич не тронулся с места. На побледневшем лице Карпа Саввича ясно изображались сильный испуг и самая рабская, безусловная покорность; хотя в глазах Шетнева заметно было также что-то похожее на страх, однако ж он не смутился и даже посмотрел довольно спесиво на приезжего. В надменном и неприязненном взгляде Лаврентия Никитича выражалось негодование, которое он вовсе не старался скрывать; он взглянул исподлобья на Мамонова, нахмурил брови и повернулся к нему спиной. Казалось, что этот нечаянный приезд не потревожил одного только хозяина.

– Милости просим, батюшка! – сказал он спокойным голосом. – Ты приказал доложить мне, что приехал сюда по царскому указу... вот я тебя слушаю: изволь мне сказывать царский указ.

– Во-первых, государь мой Максим Петрович, – отвечал Мамонов, вежливо кланяясь, – я осмеливаюсь презентовать вам мой всенижайший респект!..

– Благодарю, батюшка, хотя, признательно сказать, и не очень понимаю, что ты изволишь мне говорить.

– Всепокорнейше прошу вас экскузовать меня! – продолжал Мамонов, не обращая никакого внимания на замечание Максима Петровича. – Может быть, я вовсе не в пору потревожил вас моим приездом?

– И, что ты, батюшка: царский указ всегда в пору!

– Не извольте только гневаться на меня, Максим Петрович. Я человек служивый и должен поступать в силу данной мне от правительствующего Сената инструкции – сиречь наказа.

– От Сената!.. Так ты, батюшка, не по царскому указу изволил ко мне приехать?

– Все едино, Максим Петрович. Разве не изволите знать, что сенатским указам, якобы своеручно подписанным его царским величеством, должны повиноваться все под опасением строгого наказания?

– Знаю, батюшка, знаю. Ну, чего ж от меня этот господин Сенат изволит спрашивать?

– Дело идет вовсе не о вас, Максим Петрович. Его царскому величеству государю Петру Алексеевичу угодно было указать, чтобы, ради войны с турским султаном, всех неслужащих молодых дворян забирать на службу. В именном регистре, данном мне от Сената, значится также и неслужащий дворянин, князь Андрей Юрьев сын Шелешпапский...

– Князь Андрей Юрьевич?

– Да, Максим Петрович. Меня известили, что он здесь.

– Здесь, батюшка. Да ведь, кажется, он уж служил...

– Никак нет, Максим Петрович: он был только записан новиком в московском жилецком войске и на службу не являлся; а так как ему еще нет и сорока лет...

– Да ты знаешь ли, господин офицер, – прервал Шетнев, подойдя к Мамонову и толкнув потихоньку локтем Прокудина, – что князь Андрей Шелешпанский, хотя еще в поре, однако ж давно уже уволен па покой ради его хворости и всегдашних недугов?

– Знаем мы эти недуги! – возразил Мамонов. – Сенат уж извещен и о том, что он облыжно называет себя недужным. Люди хворые сидят на одном месте, а этот князь только и делает, что разъезжает крутом Москвы. Вот уж я два месяца за ним гоняюсь.

– Как так? – спросил с удивлением Прокудин.

– Да, Максим Петрович! у него около Москвы много деревень; вот мне дадут знать, в которой деревне он живет, я пошлю за ним, – не тут-то было: "Изволил уехать неизвестно куда". Я пошлю в другую: "Был, дескать, и здесь, да вчера выехал". Я в третью: "Сейчас только выехать изволил". Поверите ль: всю команду с ног сбил. Видно, у него есть приятели в Москве, которые весточку ему подают. Да уж теперь вы сами изволили мне сказать, что он здесь, так я его из рук не выпущу.

В комнату вошел слуга и доложил Прокудину, что из соседнего села пришел земский староста с понятыми.

– С понятыми?.. Это зачем? – спросил Прокудин.

– Не прогневайтесь, – сказал Мамонов, – я человек военный и приказного порядка не ведаю; но со мною есть подьячий, который говорит, что формальную выемку без понятых и свидетелей делать не следует.

– Выемку?.. Да почему ж ты думаешь, батюшка, что князь Андрей Юрьевич не поедет с тобой волею? Может статься, он вовсе и не знает, что ему должно к тебе явиться.

– Помилуйте, как не знать! Чай, ему давно уж об этом донесли. Во всех его отчинах наказывали об этом всем старостам и приказчикам... Да вот, кажется, вошел на крыльцо мой сержант. Я послал его с командою к старосте. Ваши крестьяне сказывали мне, что князь Шелешпанский остановился у него в избе. Позвольте, Максим Петрович, войти сюда сержанту.

– Изволь, батюшка.

Мамонов отворил дверь в столовую и закричал:

– Прохоров, ступай сюда!

В гостиную вошел пожилой служивый. Он перекрестился на икону, опустил руки по швам и вытянулся перед своим командиром.

– Ну что, Прохоров, – спросил Мамонов, – нашел ли ты князя Шелешпанского?

– Никак нет! – отвечал сержант.

– Как нет? Да ведь он стоял у старосты?

– Стоял, господин поручик, да вдруг изволил без вести пропасть.

– Куда же он девался?

– Не могу знать. Из избы он никуда не уходил, а в избе его нет. Мы все уголки обшарили: и под лавками смотрели, и в печи, и на полатях; на чердак лазили, все хлева обошли. Артемьев и Забулдыгин ходили смотреть на огород, не залег ли он где-нибудь между грядками, – нигде нет, словно сквозь землю провалился.

– Ну вот, изволите видеть, Максим Петрович, – сказал Мамонов. – Да это ему не поможет. Прохоров, возьми с собой понятых и обойдите все дворы!.. Ступай!

— Ты, батюшка, напрасно, это делаешь, — молвил Прокудин с приметным негодованием. — Коли князь Шелешпанский не по неведению, а знаючи отбывает от царской службы, так я и сам не стану его у себя держать: у меня притона для беглых нет.

— О, если так, Максим Петрович, так с меня довольно вашего слова. Да и то сказать: коли он смекнул, что за ним приехали, то, уж верно, у вас на селе не останется, чай, давно убежал туда, откуда приехал. Мне сказывали, что он недалеко от вас гостит у какого-то Рокотова...

— У какого-то Рокотова!.. — повторил Лаврентий Никитич. — Вишь, как изволит поговаривать!.. Этот Рокотов при царе Алексее Михайловиче заседал в боярской думе, и сам государь не называл его каким-то, а изволил чествовать Лаврентием Никитичем.

— Так это вы, государь мой, Лаврентий Никитич Рокотов? — сказал Мамонов.

— Я, батюшка... имя и отечества твоего не знаю, да, по правде сказать, и знать не хочу.

— Лаврентий Никитич! — молвил Прокудин.

— Я все молчал, Максим Петрович, — прервал Рокотов, — а теперь как дело дошло до меня, так не мешай мне говорить. Ты, голубчик, называешь себя Мамоновым и сказываешь, что приехал по царскому указу. Вот Максим Петрович и поверил тебе на слово, а коли ты ко мне пожалуешь, так я тебе вперед говорю, что у меня на одних-то речах не много выторгуешь.

— Что ж вы думаете, государь мой, что я самозванец какой-нибудь? — сказал вспыльчиво Мамонов.

— А кто тебя знает! Коли Гришку Отрепьева угораздило назвать себя царем русским, так не велика важность, если какой-нибудь пройдоха напялит на себя немецкий кафтанишко, назовется каким-то Мамоновым и приедет будто бы по царскому указу, а в самом-то деле, чтоб сорвать что-нибудь... Ведь голь хитра на выдумки!

Мамонов вспыхнул. Он вынул из кармана бумаги и, подавая их Прокудину, сказал:

— Я точно виноват: мне следовало бы начать с этого.

Вот сенатский указ на мое имя и регистр дворянам, которых требуют на службу.

Пока Максим Петрович рассматривал бумаги, Шет-нев подошел к Рокотову и шепнул ему:

— Эх, Лаврентий Никитич, рассердил ты его!

— Так что ж? Барин не большой, — отвечал Рокотов, — пусть себе сердится!

– Пусть сердится!.. Да разве от этого князю Андрею легче будет?. Нет, друг сердечный, за это не так надо было взяться. Да вот постой, я поговорю с ним с глаз на глаз, так авось дело-то как-нибудь поправлю.

– Так, батюшка, так! – молвил хозяин, отдавая бумаги Мамонову. – Ты делаешь, что тебе указано, – да я в этом и не сомневался.

– Позвольте мне, – сказал Мамонов, – оставить у вас в селе небольшую команду, – не ради какого-нибудь надзора – избави Господи! Я питаю к вам, Максим Петрович, столь великую эстиму, что для меня достаточно вашего слова, – это необходимо ради всякого случая: неравно князь Шелешпанский снова появится в вашем селе, так было бы кому задержать его и препроводить немедленно в Москву.

– Хорошо, батюшка, хорошо!

– А я, – продолжал Мамонов, – сей же час отправлюсь с понятыми к господину Рокотову.

– Милости просим! – промолвил Рокотов, нахмурив брови. – Нам не впервые принимать незваных гостей, и за проводами у нас дело не станет.

– Что ж это, – прервал Мамонов, – угрозы, что ль?.. Так прошу вас, государь мой, быть известным, что коли вы осмелитесь оказать какое-нибудь сопротивление, так вас самих потребуют к ответу!.. Счастливо оставаться, Максим Петрович!. Еще раз прошу вас всенижайше не поставить мне в вину...

– Ничего, батюшка, ничего! Ты человек служивый в делаешь то, что тебе приказано.

Шетнев вышел вслед за Мамоновым в столовую.

– Господин офицер! – сказал он самым ласковым и приветливым голосом.

– Что вам угодно? – спросил Мамонов, остановись.

– А вот что: я преусерднейше прошу тебя, батюшка, не изволь гневаться на Лаврентия Никитича Рокотова. Он крутенек немного, заносчив, а, право, старик добрый!

– Да, конечно, заносчив, и даже чересчур. Нынче не прежние времена, государь мой, – коли приказано, так слушайся.

– Да ведь он только так – язык чешет, а в самом-то деле сохрани Господи!.. А что, батюшка, господин Мамонов! ты, по всему видно, человек добрый... Нельзя ли как-нибудь это дельце уладить?

– Какое дельце?

– Да вот чтоб князя-то Андрея не тревожить. Он уж человек не молодой, ему давно под сорок, здоровье у него хилое, и хоть с виду еще молодцеват, а не стоит нашего брата старика: одышка, ногами плох, животом жалуется– вовсе не жилец! Малый такой рахманный... увалень!.. Ну из чего тебе за ним тянуться? Что, в самом деле, или без него у вас и войска не стало?

– Это, государь мой, до меня не лежит: про то знают старшие.

– И, батюшка, где им все знать, и коли бы ты захотел...

– Да что ж я могу сделать?

– Как что! Ты можешь донести своему начальству, что он хворает. Вовсе, дескать, для службы негоден – даром паек будет получать, и то и се... Да что тут говорить: ученого учить – лишь только портить! Ты, чай, лучше моего знаешь, как эти дела делаются.

– Нет, не знаю.

– И, полно, батюшка!.. Шелепшанский человек богатый, а вы, господа служивые... не прогневайся, – чай, иногда как рыба об лед бьетесь. Вот если б ты, молодец, нам помирволил, так князь Андрей ударил бы тебе челом... знаешь этак – посильное место... сотенку, другую рубликов...

– Что, – проговорил Мамонов, – вы сулите мне двести рублей?.. Да в своем ли вы уме?

– А что?.. Маленько?.. Ну, так три сотни... Э, да что тут толковать!.. Шелепшанский не постоит и за четыре...

– Что ж это, государь мои, вы шутите или нет.

Этот вопрос был сделан таким голосом, что Шетнев отступил шага два назад.

– Да за что ж ты изволишь гневаться, – сказал он, смотря с удивлением на Мамонова, – ведь это дело полюбовное, и коли тебе четырехсот рублей кажется мало, так мы, пожалуй, и еще накинем.

– Я таких срамных холопских речей и слушать не хочу! – прервал Мамонов. Он повернулся к Шетневу спиною и вышел вон.

– Не берет, пострел этакий, ничего не берет! – сказал Шетнев, входя в гостиную. – Л вес ты, Лаврентий Никитич! Кабы ты его не рассердил, так мы бы верно с ним поладили.

– Мальчишка этакий, молокосос, – прошептал Рокотов, – вишь какой, стращать вздумал!.. Потребуют, дескать, к ответу... Так что ж?.. Коли пошло на то – милости просим: примем гостя?.. Уж коли отвечать, так было бы за что!

– Что ты, Лаврентий Никитич, – прервал Прокудин, – ведь государь Петр Алексеевич шутить не любит. Что, тебе голова, что ль, надоела или захотелось в Березов?

– В Березов?.. И, полно, любезный! страшен сон, да милостив Бог!.. Березов то далеко, и царь теперь не близко... Э, да что ж мы зеваем!.. Надо послать кого-нибудь ко мне в село; и коли князь Андрей в самом деле туда перебрался... Да вот кстати Кулага!..

В гостиную вошел Прокофий Сидорыч.

– Ну что, Прокофий, – сказал Максим Петрович.

– Все слава Богу! – отвечал дворецкий, – приезжий офицер оставил у нас двух служивых, а сам забрал с собою понятых и отправился...

– Ко мне? – спросил Рокотов.

– Да, батюшка Лаврентий Никитич.

– Так ступай, братец, прикажи кому-нибудь из моих молодцов сесть на коня да живо проселком в Знаменское, и коли князь Шелепшанский там...

– Никак, нет, сударь, – проговорил вполголоса Кулага. – Князь Андрей Юрьевич здесь.

– Здесь?.. Где ж он?

Прокофий посмотрел вокруг себя и сказал шепотом:

– На барском гумне, сударь, в овинной яме.

– Ах он сердечный! – вскричал Шетнев. – Больно перепугался?

– У, батюшки!!! дрожкой дрожит.

– Слышишь, Максим Петрович, – сказал Рокотов, – ведь князь-то Андрей здесь!

– А ты, Лаврентий Никитич, – молвил Прокудин, – слышал ли, что я говорил этому Мамонову?

– А что?

– Я сказал ему, что у меня притона для беглых нет; и коли князь Шелепшанский знаючи отбывает от царской службы, так я и сам не стану его у себя держать.

– Что ты, что ты, Максим Петрович, перекрестись!

– Да, Лаврентий Никитич, ты себе думай как хочешь, но, по мне, и простому мужичку зазорно быть в бегах, а уж коли наш брат, дворянин, учнет прятаться по овинам, чтоб отвилять как-нибудь от царской службы...

– Служба службе рознь, любезный! Вот и мы с тобой служили, кажись, верой и правдою, да только кому?.. Православным царям Алексею Михайловичу, Федору Алексеевичу...

– А он пусть послужит царю Петру Алексеевичу.

– Что, небось язык-то у тебя не повернулся сказать: православному?..

– А какому же? Разве наш батюшка Петр Алексеевич в церковь Божию не ходит?.. Эх, Лаврентий Никитич, нехорошо, видит Бог – нехорошо!.. Царей-то не мы выбираем, а Господь нам дает, так если б что и не по-нашему было...

– Толкуй себе, толкуй!.. Ну вот, Герасим Николаевич, ты со мною спорил, ан и выходит моя правда, что друг-то наш сердечный, Максим Петрович, в сенаторы захотел... Слышишь, как поговаривает?

– В сенаторы!.. – повторил Прокудин. – А ты во что, Лаврентий Никитич?.. Сказал бы я тебе, да только обидеть не хочу.

– Говори, небойсь, я не обижусь.

– Да не об этом речь! – прервал Шетнев, стараясь замять разговор, который, по его мнению, вовсе не следовало заводить при каком-нибудь

Пыжове, а и того менее при дворецком Максима Петровича. – Скажите-ка лучше, что ж свадьба-то у нас?

– Делать нечего, – молвил Рокотов, – придется на время отложить.

– Знаете ли что? – продолжал Шетнев.^ Ведь повенчать-то можно у меня на селе, ко мне Мамонов не пожалует.

– Повенчать! – сказал Прокудин. – Нет, уж об этом что и говорить. Чай, теперь жениху-то не до венца: ему служить надобно.

– Служить! – подхватил Рокотов. – Зачем?.. Авось дело и так обойдется. Я найду ему укромное местечко: у меня верстах в тридцати отсюда есть хуторок в лесу...

– Да что ж, ему там целый век, что ль, жить?

– А кто знает, Максим Петрович? Мало ли что может быть: государь-то Петр Алексеевич не на свадебный пир поехал: еще Бог весть, вернется ли из-под турка или нет.

– И, Лаврентий Никитич, охота тебе говорить!..

– Ну вот еще! И поговорить нельзя. Ведь от слова ничего не сделается. Под Полтавою ему, нашему батюшке, шляпу-то продырили; ну, а как теперь в туретчине, этак, грехом зацепит немного пониже... Ведь пуля дура, не разбирает!

– Избави Господи!

– Да что ж, Максим Петрович, мы все люди смертные... А случись что-нибудь такое, так дела-то пойдут иным чередом... Конечно, нашей матушки Софьи Алексеевны не стало, да зато, говорят, сынок-то его – дай Бог ему много лет здравствовать!..

– Эх, Лаврентий Никитич! – прервал с приметной досадою Прокудин, – не тебе бы говорить, не мне бы слушать. Что ж мы, в самом деле крамольники, что ль, какие, стрельцы?..

– Стрельцы! – повторил Рокотов. – Стрельцы-то были удальцы!.. Ну кто говорит: теперь они крамольники... Вестимо дело: чья взяла, тот и прав.

– Послушай, Лаврентий Никитич, – сказал с негодованием Прокудин, – коли ты хочешь оставаться со мной приятелем, так не изволь мне таких непригожих речей говорить!

– Вишь как!.. А сам-то ты?

– Грешный человек – и я иногда поропщу, но все-таки люблю нашего батюшку Петра Алексеевича и молюсь о его здравии; а тот, кто называет Софью Алексеевну своей матушкой и подхваливает мятежных стрельцов, тот сам коли не делом, так словом такой же точно крамольник, как они... не прогневайся!..

– Вот как!

– Да, Лаврентий Никитич, кто ненавидит законного своего государя и любит врагов его, тот, по-моему, не русский, не православный и даже не христианин... не прогневайся!

— Так ты эдак-то?1—молвил Рокотов, вставая. — Ну, Господь с тобою! Поедем, Герасим Николаевич: нам здесь делать нечего.

— Что ты, что ты! — вскричал Шетнев.

— Что я?.. Да разве не слышал? Я не русский, не православный и даже не христианин. Прощай, Максим Петрович! Спасибо за угощенье!

— Лаврентий Никитич, — сказал Прокудин, — я, может статься, погорячился и если сказал лишнее слово, так прости меня... да только, воля твоя, и тебе непригоже такие речи говорить. Ведь, кажись, и ты так же, как я, целовал крест государю Петру Алексеевичу. Послушай, любезный: мне, право, жаль, что я тебя обидел...

— Добро, добро, чего жалеть: снявши голову, о волосах не плачут. Прощай!

— Да погоди, Лаврентий Никитич, — сказал Шетнев, идя вслед за Рокотовым, — воротись!

— Ни за что на свете!.. Поди-ка лучше да похлопочи, чтоб князя Андрея свезли па мой красноярский хутор, а я прикажу седлать коней.

— Да неужели ты не помиришься с Прокудиным?

— Зачем? Чтоб опять поссориться? Ведь это уж не впервые. Да и Бог с ним совсем! Кто говорит: "Помоги Господи и нашим и вашим", с тем каши не сваришь!

Через полчаса в селе Вздвиженском из всех гостей остались только Карп Саввич Пыжов и двое служивых, приехавших с Мамоновым, из которых, благодаря гостеприимству Прокофия Сидорыча, один сидел, покачиваясь, на лавке и пел во все горло: "Как во стольном граде во Киеве", а другой давно уже лежал под лавкою и спал богатырским сном.

V

Премудрый век, в котором мы живем, может по всей справедливости назваться веком изобретений, открытий и всяких улучшений. Начиная от серных фосфорных спичек до железной атмосферической дороги, — чего ни сделано, ни придумано, ни открыто, ни доведено до совершенства в течение нашего девятнадцатого столетия, а несмотря на это мы все еще не выдумали коврика-самолета, известного нам по древним преданиям, которые мы, Бог знает почему, называем сказками. Теперь, по милости железных дорог, мы переносимся из одного места в другое довольно скоро, однако ж все-таки не скорее птиц. Ну есть ли тут чем хвастаться? Так ли в старину летали досужие люди на коврике-самолете, с быстротою которого может сравниться только один электрический телеграф, также придуманный в наше время. Вам стоило тогда присесть на этот ковер и сказать: "Коврик, коврик-самолет! перенеси меня из села Вздвиженского в Бессарабию, на берега Днестра", и прежде, чем звук этих слов исчез бы в воздухе, вы очутились бы там, куда я хочу теперь, за неимением этого воздушного экипажа, перенести вас если не делом, так по крайней мере мыслью.

Верстах в пятидесяти от Могилева, уездного города нынешней Подольской губернии, на бессарабской стороне Днестра, есть небольшой городок, который прежде все звали Сорокою, а теперь зовут иногда и Соколом. Не знаю, по какой причине дали ему это птичье название; но во всяком случае если в старину, когда этот город был укрепленным и довольно значительным городом, он назывался Сорокою, так теперь и подавно не за что его величать Соколом. Представьте себе огромный луг, или, вернее сказать, цветущую, роскошную долину, а посреди ее сотни полторы выбеленных известью домиков, которые, вместе со своими обширными плодовитыми садами, составляют почти равносторонний четырехугольник. В близком расстоянии от реки, из-за низких кровель домов, подымаются стены небольшого замка или крепости, вероятно построенной генуэзцами. Излучистый Днестр, выгибаясь дутою, обхватывает эту долину с трех сторон, а с четвертой заслоняют ее утесистые холмы нагорной стороны Днестра, то есть бессарабского берега этой необычайно красивой и живописной реки.

В тысяча семьсот одиннадцатом году на одном из этих холмов стоял хорошенький домик, напоминающий своей восточной архитектурой затейливые турецкие киоски, которыми обставлены все берега Босфора. Сзади примыкала к этому домику частая буковая роща, а с лицевой стороны, обращенной к огороду, окружали его обширные виноградные сады; опускаясь широкими уступами, они тянулись по скату горы вплоть до самого Днестра, который в этом месте, обогнув всю долину, приближался снова к своему гористому бессарабскому берегу. Этот дом принадлежал молодой вдове, богатой молдаванской куконе Смарагде Хереско. В нем стоял временным постоем больной русский офицер. Я думаю, вы отгадали уже, любезные читатели, что дело идет о вашем старом знакомце, Василии Михайловиче Симском. Он догнал свой полк близ Львова, почувствовал себя нездоровым, перемогался, и когда государь Петр Алексеевич прибыл 12-го числа июня с преображенцами и семеновцами в город Сороку, Симский сделался до того болен, что должен был снова расстаться со своим полком, генерал Вейде, дивизия которого была расположена на бессарабском берегу Днестра, знал

Симского лично и, по совету доктора, перевел его из городского лазарета на мызу молдаванской помещицы Смарагды Хереско. 17 июня государь Петр Алексеевич выступил в поход к Пруту с полками Преображенским и Семеновским. Хотя эти полки были так же, как и теперь, пехотными, однако ж в походе садились всегда на коня и шли с литаврами, штандартами и трубами, когда же приходили на место, им возвращали барабаны, и эти временные конные полки становились снова пехотными. Вслед за государем выступила вся артиллерия под начальством генерала Брюса, пехотная дивизия генерала Вейде, конница под командою бригадира Моро де Бразе, и в городе Сороке осталась одна только дивизия князя Репнина, которому препоручено было окончить все начатые крепостные работы.

Несколько дней, проведенных спокойным и даже весьма приятным образом, помогли Симскому лучше всех лекарств: в нем осталась одна слабость; но она была еще так велика, что он никак не мог сесть на коня или отправиться в каруце, то есть огромной тряской телеге, догонять свой Преображенский полк. Я сказал, что Симскому было не только спокойно, но даже приятно жить на даче куконы Хереско. Эта молодая и прекрасная вдова могла свободно объясняться со своим постояльцем: она научилась говорить по-нашему, гостя очень часто у своей родной сестры, жены одного русского барина, который жил безвыездно в Киеве. Когда Симского поместили к ней в дом, она, как добрая и гостеприимная хозяйка, приняла его ласково и с самым радушным участием позаботилась о его покое. Казалось, это участие было совершенно искренним, потому что оно не только не уменьшалось, но бес-престанцр увеличивалось, и самым заметным образом. В первый день она зашла на минуту к своему больному постояльцу, на второй провела с ним целый вечер, а на третий почти безвыходно просидела в его комнате. Когда Симскому стало полегче и он хотя с трудом, однако ж мог переступать и выйти на открытый воздух, Смарагда водила его по своим виноградным садам, отдыхала вместе с ним под тенью буковой рощи, поила из своих рук серальским шербетом; кормила дульчецом, то есть сахарным вареньем, ухаживала за ним, смотрела ему в глаза – одним словом, не оставляла его ни на минуту и нянчилась с ним, как самая нежная мать со своим больным ребенком.

Однажды поутру, в тот самый день, когда государь Петр Алексеевич выступил с гвардейскими полками из Сороки, Симский, опираясь на руку своей хозяйки, вышел из дома и присел на одну из ступенек крыльца, над которым подымалось великолепное ореховое дерево, посаженное у самых дверей дома. Смарагда Хереско села подле него. Трудно было б решить, кто из них был прекраснее, разумеется, каждый в своем роде. На молдаванке сверх утреннего платья из полосатой шелковой аладжи накинута была бархатная, опушенная горностаем фермеле, то есть кофточка, похожая на нынешние женские кацавейки. Черная, блестящая, как воронье крыло, коса ее, обвиваясь дважды вокруг головы, служила околышем для пунцовой албанской фески, или круглой шапочки, с которой опускалась на одну сторону густая кисть из синего шелка. Бледное и даже несколько смуглое, но роскошно прелестное лицо ее соединяло в себе все то, что составляет идеал восточной красоты: черные влажные глаза, которые то выражали какую-то усталость, исполненную сладострастия и неги, то горели страстию и жгли своим огненным взглядом, длинные ресницы, тонкие брови дутою, коралловые уста и два ряда зубов, "как два жемчужных ожерелья".

Представьте себе все это, и вы будете тогда иметь понятие о прекрасной куконе Смарагде Хереско.

Симский, рослый, статный юноша, с лицом, похудевшим от болезни, но все еще румяным, с задумчивым взором своих светло-голубых глаз и русыми волнистыми кудрями, которые опускались небрежно на его белую шею и широкие плечи, мог также назваться образцом этой славяно-русской самобытной красоты, пленяющей нас не страстным выражением лица, не пламенем очей, но каким-то величавым спокойствием, тихой, приветливой улыбкою и этим мощным, светлым взглядом, который обещает не минутную безумную страсть, но верную постоянную любовь до гроба, не бешеную, мимолетную храбрость, но твердое, ничем не неколебимое мужество. Молдаванка сидела молча подле своего больного и не спускала с него глаз; казалось, Симский не замечал этого и смотрел все на город, из которого выходило русское войско. Вдруг задумчивый взор его оживился, и он, обратясь к своей хозяйке, сказал:

Смарагда! видишь ли ты это войско, вон что подымается в гору?.. Это Преображенский полк, в котором я служу.

– Если ты в нем служишь, – промолвила кукона, глядя с нежностию на Симского, – то, уж верно, этот полк лучше всех полков.

– Да! Государь его жалует.

– Куда же он идет?

– В поход.

– За Дунай?

– А Бог весть! Говорят, визирь переправился через Дунай и хочет нас встретить под Прутом.

– Под Прутом? Да это недалеко. У меня поместье есть в Орхеевском цынуте, на самом берегу Прута.

– Может быть, – продолжал Симский грустным голосом, – дней через пять храбрый Преображенский полк померится с врагом, отличится перед другими полками, а я буду сидеть здесь сложа руки...

– Так что ж, – прервала с живостию молдаванка, – тем лучше! Дай Бог, чтоб ты долго, долго не выздоровел!

– Спасибо, Смарагда!

– Ах, Василий Михайлович, ты не знаешь этих турок: они такие злые!.. Они тотчас отрежут тебе голову.

– Авось не отрежут! Ведь наши русские багенеты стоят их турецких ятаганов.

Молдаванка покачала печально головою.

– Небойсь, добрая Смарагда, – сказал Симский, – мы за себя постоим.

– Дай-то Бог, – прошептала кукона, – только и в Яссах и в Бухаресте – везде я слышала, что сильнее турок нет народа на свете.

Симский улыбнулся. Вероятно, ему пришло в голову то, что в наше время высказал Крылов, у которого мыши убеждены, что сильнее кошки на свете зверя нет.

– Чему ж ты смеешься? – сказала почти с упреком Смарагда. – Да если русские и одолеют турок, так разве тебя не могут убить?

– Так что ж? Дай Бог нашему великому царю остаться в живых и победить супостата, а я умру с радостью. Смерть за царя и за родину честна пред Господом.

– О нет, – вскричала молдаванка, – пусть пропадет все русское войско, пусть гибнет ваш царь, лишь только бы ты остался жив!

– Я?.. И, кукона! охота тебе говорить такие речи!.. Ну что такое я один в сравнении с царем и всем православным русским войском? Да разве всякий из нас не должен умереть с радостию за свое отечество?

– Отечество! – повторила с презреньем молдаванин– И у меня есть отечество: я родилась в Молдавии. Да что мне до нее? Пусть ею владеют турки, немцы, русские – по мне, все равно!.. Ах нет! Теперь я хотела бы, чтоб мы были вашими, тогда и я была бы русская!

"Бедняжка! – подумал Симский, глядя с сожалением на свою хозяйку. – Нет, ты не знаешь, что такое свой царь и свое отечество!.. Ты молдаванка, веруешь в Христа– и все-таки раба неверного турка!.. О, конечно, у таких рабов нет ни царя, ни отечества!"

– Вот дело другое, – продолжала кукона, – умереть за одного... О, это я понимаю!.. Умереть за того, кого любишь!.. Да тут и спрашивать нечего: эта смерть милее жизни!

– А я так думаю, – сказал Симский, – что лучше умереть за всех, чем за одного.

– За всех, за всех! – прервала с досадою Смарагда. – Ты, я вижу, всех любишь!

– Так что ж, кукона? Нам и Бог велел всех любить.

– Скажи мне, Василий Михайлович, – прошептала молдаванка, помолчав несколько времени, – только скажи правду: любишь ли ты меня?

– Тебя?.. Да как же мне тебя не любить? Ты приняла меня как своего кровного, заботилась обо мне как о родном брате... У меня сестры не было, Смарагда, но мне кажется, что я стал бы ее любить точно так же, как люблю тебя.

– Сестры!.. А любил ли ты кого-нибудь больше родной сестры, больше самого себя... больше всего на свете?

– Да, Смарагда, любил и теперь еще люблю. Молдаванка вздрогнула, ее смуглые щеки покрылись бледностию, и уста посинели, и она промолвила прерывающимся голосом:

– Что ж, та, которую ты любишь, русская?

– Русская.

– И, верно... твоя невеста?

– О нет! Я хотел на ней жениться, но ее родные этого не захотели. Теперь, я думаю, она давно уж замужем.

– Замужем? – повторила Смарагда, и потухший взор ее снова оживился. – Так ты любишь замужнюю женщину?.. Ах, Василий Михайлович, это нехорошо!

– И рад бы не любить, кукона, да, видно, любовь-то дело невольное.

– А знала ли она, что ты ее любишь?

– Как не знать, ведь я за нее сватался.

– Так, видно, эта русская тебя не любила?

– Любила или нет, про то знает она. Ведь у нас девицы очень скромны, Смарагда... Однако ж по всему было заметно, что я пришелся ей по сердцу

– И она, любя тебя, вышла замуж за другого?

– Поневоле пойдешь, когда прикажут.

– Когда прикажут! И вы называете это любовью? – прервала с жаром молдаванка. – Да кто может' приказать мне?..

– Вестимо кто: отец, мать, родные...

– Родные! Да какое же им дело до моей любви?.. Разве они могут сказать мне: отдай себя немилому человеку и забудь о том, кого ты любишь, сноси с покорностью ненавистные ласки твоего мужа, ласкай его сама и не люби того, кому ты отдала все помышления, всю душу свою!.. Не люби! Да разве это не все то же, если б мне сказали: живи себе на здоровье, да только не дыши воздухом, без которого ты не можешь жить!.. Нет, Василий Михайлович, эта русская не стоит твоей любви! Если б я была на ее месте, ты увидел бы тогда, как любят молдаванки!.. Быть твоей женой, твоей любовницей... рабою... О! За один день этого блаженства я отдала бы всю жизнь мою, ушла бы за тобой на край света! Пусть бы отец проклял меня, мать покинула, родные бросили, – что мне до этого: я уж не их, когда люблю!

Страстная кукона была в эту минуту неизъяснимо прекрасна; дикий пламень ее черных очей был так очарователен, что всякий просвещенный юноша тотчас бы упал перед нею на колени; но Василий Михайлович был в этом отношении совершенный варвар. Понятия, которые он имел о женской скромности, разумеется понятия невежественные, отсталые, но закоренелые, как всякий старый предрассудок, сгубили одну из самых поэтических минут в его жизни. Вместо того, чтоб восхищаться И падать на колени, он молча и с приметным ужасом глядел на свою хозяйку. Эта безумная страсть, эти почти богохульные слова в устах женщины казались ему до того преступными, что он готов был перекреститься и сотворить молитву. Впрочем, это неприятное впечатление продолжалось недолго; несмотря на его неопытность – общий недостаток молодых людей тогдашнего времени, – ему нельзя было не отгадать, что Смарагда его любит; и надобно отдать справедливость Симскому: он, не обрадовался этому; напротив, ему стало жаль бедной куконы. Он чувствовал, что может быть только ее другом, и любить как родную сестру. Не знаю, что делал бы Симский, если б сердце его было свободно, но, вероятно, и тогда бы он не захотел на ней жениться, не потому, чтоб она ему не нравилась... О нет, кукона Хереско была истинно прекрасная женщина; но в любви ее было что-то страшное для Симского, и эта буйная, неистовая страсть казалась ему чувством не только не женским, но даже вовсе неестественным.

– Ну, что ж ты на меня так смотришь, – продолжила Смарагда, – иль ты не веришь, русский, что мы, молдаванки, можем так любить?

– Да, кукона, – отвечал Симский, – мне что-то не верится. Вменять ни во что отцовское проклятие, отказаться от родной матери – да это, чай, не водится и у турок, а ведь вы христиане.

Молдаванка посмотрела с удивлением на Симского.

– Так ты этого не понимаешь? – сказала она.

– Нет, Смарагда, не понимаю.

– Да как же ты любил свою русскую?

– Я любил ее как будущую мою подругу, как счастье и радость всех дней моих, но вовсе не хотел, чтоб она была моей рабою, и сам бы не пошел к ней в рабы.

– Так ты еще никогда не любил, Василий Михайлович, да вряд ли и будешь когда-нибудь любить!.. Правду говорят, что ваша Русь земля холодная...

– Бывает и у нас тепло, Смарагда, – сказал с улыбкою Симский.

– Да, видно, так редко, – прервала кукона, – что вам и оттаять некогда... Да что об этом!.. Ты мне сказал, что любишь меня как сестру родную...

– О, конечно, моя добрая Смарагда!..

– Так я могу называть тебя милым другом... ласкать как родного брата... не правда ли, Василий?.. – промолвила молдаванка, опустив свою прелестную головку на плечо Симского.

В эту самую минуту сквозь густые виноградные лозы сверкнул как молния огненный взгляд, потом послышались шаги, и на тропинку, которая подымалась в гору, вышли двое мужчин: один одетый довольно просто, другой – залитый в золото и укутанный в турецкие шали. Этот последний, несмотря на свою богатую одежду, шел позади и нес в руках пунцовый, шитый золотом мешок и турецкую трубку с длинным черешневым чубуком.

– Кто это? – спросил Симский.

– Кажется... – сказала Смарагда. – Ну, так и есть: это бояр Алеско Палади со своим арнаутом.

– Что, он твой родственник?

– Нет, чужой... и чего он от меня хочет?.. Кажется, в последний раз я обошлась с ним не очень ласково... Да вот я его так угощу, что он долго ко мне не пожалует!

Высокий и статный молдаванин подошел к крыльцу и, не удостоив Симского взглядом, поклонился Смарагде. Этот бояр Алеско Палади был еще довольно молод и мог бы назваться прекрасным мужчиной, если б его орлиный нос был несколько поменьше, а черные густые брови не придавали его взгляду такой угрюмый, неприязненный вид.

– Здравствуй, кукона! – сказал он по-молдавански. Смарагда кивнула молча головой. Молдаванин сел подле нее на ступеньку крыльца и закричал арнауту:

– Хе!.. Янке, ада чубуче!

Арнаут высек огня, закурил трубку и подал ее своему господину.

– Смарагда, – сказал Симский, вставая, – я пойду к себе в комнату и прилягу на минутку.

– В самом деле, Василий Михайлович, отдохни. Мы с тобой сегодня много ходили... А вот постой, – я тебя провожу, – промолвила Смарагда, вставая.

– Зачем?.. Я и сам дойду.

– Да ты еще так слаб...

– О нет! Сегодня я чувствую себя гораздо лучше. Останься со своим гостем.

– Хорошо, я с ним останусь, да только будет ли ему со мною весело.

Симский вошел в дом, а кукона села опять на прежнее свое место.

VI

– Кукона! – сказал вполголоса бояр Палади, указывая чубуком на уходящего Симского, – что это за человек?

– Мой постоялец, – отвечала Смарагда, – русский офицер.

– К тебе поставили больного офицера, а этот, кажется, здоров.

– Здоров! Да разве ты не видишь, что он насилу ходит?

– Скажи мне, кукона, – промолвил Алеско Палади, помолчав несколько времени, – что с тобой сделалось?

– Со мною? Ничего...

__ Как ничего? Я не узнаю тебя. Ты почти не говоришь со мной, не хочешь меня видеть. Третьего дня меня уверили, что ты уехала в город, а в городе тебя не было; вчера вышла ко мне твоя цыганка и сказала, что ты нездорова... Ну, вот теперь я застал тебя на крыльце, и по лицу твоему нельзя заметить, чтоб ты была больна... Что ж это значит?.. Если я в чем провинился перед тобою, так скажи.

Смарагда молчала.

– Что ж ты не отвечаешь, кукона, – продолжал бояр Палади. – Я хочу непременно знать, отчего ты так ко мне переменилась?

– Да с чего ты взял, что я переменилась? – сказала Смарагда, взглянув равнодушно на своего гостя.

Этот вопрос, конечно очень неуместный, но довольно обыкновенный в подобных случаях, заставил вспыхнуть молдаванина.

– И ты можешь меня об этом спрашивать! – вскричал он.

– Ах, не кричи, бояр, – прервала Смарагда, – я этого терпеть не могу!.. Ну, да! С чего ты взял, что я переменилась? Разве я не все та же знакомая твоя кукона Хереско, которая принимала тебя как хорошего приятеля и которой – не прогневайся, бояр! – начинает ужасно надоедать своей любовью.

– Надоедать? – повторил молдаванин, и глаза его засверкали. Он хотел что-то сказать, но остановился и, помолчав несколько времени, промолвил тихим голосом – Ну, кукона, видно, память-то у тебя очень коротка! Давно ли, вот здесь, под этим самым ореховым деревом, ты говорила мне: "Погоди, милый Алеско, дай мне подумать!"

– Ты лжешь, – прервала с живостью Смарагда, – я не называла тебя милым, а хотела подумать – это правда. Ну, вот я подумала и говорю тебе решительно: бояр Алеско Палади! я не хочу выходить замуж.

– Ни за кого.

– Нет, этого я не говорю. Захочу, так выйду.

– Смарагда! – проговорил, задыхаясь от бешенства, молдаванин.

– Да, бояр, – продолжала твердым голосом куко-на, – я могу отдать себя тому, кто придется мне по сердцу, могу сделаться его женою или невольницей – все равно! была бы на это моя воля; но ни ты, ни наш господарь, ни сам падишах не возьмут меня насильно. Ступай в Стамбул, бояр Паллади, покупай там на базаре невольниц, а Смарагда Хереско не раба: ее нельзя ни купить, ни продать.

– Да разве я этого не знаю? – сказал молдаванин, стараясь удерживать свой гнев. – Ты, конечно, вольна отдать себя кому захочешь, но где ты найдешь человека, который любил бы тебя так страстно, как я? Давно ли ты сама – не гневайся, кукона, я говорю правду, – давно ли ты сама была со мной так ласкова, встречала меня всегда с такою радостной улыбкой, и вдруг я сделался тебе противен, ты стала избегать меня, отворачиваться от меня с презрением, ну, вот как теперь... не слушать речей моих...

– Так зачем же ты говоришь со мной? – промолвила Смарагда, которая, отворотясь от своего гостя, смотрела рассеянно в ту сторону, где проходило густыми рядами русское войско.

– Зачем! – повторил молдаванин. – Неблагодарная! Да знаешь ли, как я люблю тебя?.. В Бухаресте господарь предлагал мне руку своей племянницы, я отказался от этой чести, и он сделался навсегда врагом моим; мой родственник, любимый драгоман великого падишаха, звал меня в Стамбул, обещал и богатство и почести, – я не поехал, для того чтоб не расстаться с тобою. Для кого отказался я от звания великого спатаря, которое предлагал мне князь Кантемир? Для кого покинул я мою родину, уехал из Ясс, расстался с родными?..

– Уж верно не для меня, – прервала Смарагда, продолжая смотреть в поле. – Я тебя об этом никогда не просила.

Бояр Паллади побледнел.

– Смарагда! – сказал он, – ты не женщина, а дикий зверь!

Влюбленный молдаванин ошибся. Нет, вам скорей удастся разжалобить дикого зверя, чем женщину, страстно влюбленную, но только не в вас. Если вы перестали ей нравиться и она любит другого, то все, что бы вы ни делали, будет напрасно. Чем более вы имеете прав на любовь ее, тем вы будете казаться ей несноснее. Если вы не хотите этого, так скрывайте ваши страдания, терпите, глотайте молча слезы... Конечно, и это вам не поможет: она не сжалится над вами, но по крайней мере пожалеет о вас. Перестаньте любить ее, постарайтесь забыть, что и она также вас любила... О! Тогда, быть может, вы сделаетесь ее другом. Но Боже вас сохрани упрекать, жаловаться и пуще всего вспоминать о прошедшем – это увеличит только ее ненависть, и она не захочет вас знать даже и тогда, когда пройдет этот душевный недуг, этот безумный бред, который не покидал ее ни днем ни ночью и от которого да избавит вас Господь Бог, любезные читательницы!

Несколько минут продолжалось молчание. Смарагда встала.

– Извини меня, бояр, – сказала она. – Я не могу долее с тобой беседовать: у меня на руках больной.

– Больной! – повторил с горькой усмешкою Палади. – Да, он очень походит на больного!.. Постой, кукона, еще одно слово!.. Когда я подходил к твоему дому, ты сидела, кажется, очень близко подле этого больного?

– Так что ж?

– Мне показалось даже, что ты лежала на его плече?

– Может быть.

– И ты в этом признаешься?..

– А для чего я буду запираться перед тобою? Что ты, муж мой, брат или жених?

– Ты любишь этого русского?

– Да, люблю.

Молдаванин вскочил; глаза его налились кровью, а правая рука судорожно ухватилась за рукоятку кинжала.

– Бояр Палади, – сказала кукона, глядя смело в глаза своему гостю, – этот русский не виноват, что я его люблю, он даже и не знает об этом: так если тебе вздумается убить кого-нибудь из нас – убей меня! Я смерти не боюсь! – промолвила грустным голосом Смарагда.

Эти слова, казалось, немного успокоили молдаванина.

– Ты его любишь! – сказал он. – Недаром же я ненавижу этих русских!.. Да вот увидим, как-то они вернутся из-под Прута!.. Через несколько дней и твой постоялец отправится туда же и, может быть, его угостят там не по-твоему, кукона!.. Визирь уж близко, а где он пешком, Василий Михайлович? Ведь это не близко. Вели заложить мою кочу.

– Нет, я хочу пройтись пешком. Прощай, моя добрая Смарагда!

– Прощай, мой милый брат!

Окончив в городе все свои дела, Симский отправился в обратный путь. День был жаркий, полуденное солнце горело на темно-синих безоблачных небесах. Изредка только затихающий ветерок шелестел между деревьями и играл в струях Днестра, по берегу которого шел Симский. Хоть он вовсе не спешил и шел очень тихо, однако ж почувствовал наконец большую усталость и, чтобы отдохнуть где-нибудь под тенью, свернул с дороги в большой, поросший лесом овраг, который шел покатистой лощиной между двух высоких холмов, покрытых также частым дубовым лесом. Дойдя до первого ветвистого дерева, Симский присел под тень его и когда посмотрел вокруг себя, то увидел, что не он один приютился от жары в этом прохладном и тенистом овраге: в двадцати шагах от него, подле широго ручья, который вливался в Днестр, расположились табором вольные цыгане. Пары четыре усталых волов лежали между деревьями, три спутанные лошади и два жеребенка бродили по берегу ручья и щипали траву. В середине полукруга, составленного из нескольких огромных ка-руц, висел над огоньком чугунный котел. Вокруг него валялись запачканные ребятишки, из которых многие не были даже покрыты и лохмотьями. По-видимому, эта роскошь была предоставлена одним взрослым, и в особенности женщинам, но и те не слишком были обременены одеждою, то есть всякого рода тряпьем и ветошками, которые кажутся нам так красивы и живописны на картине и которые так отвратительны на самом деле. Один молодой цыган гудел на скрипке, перед ним две босые девчонки кувыркались и прыгали как полоумные, припевая молдаванскую песню: "Мититика винам коче"; подле них два безобразных цыганенка дрались и грызли друг друга, как цепные собаки, а третий, не обращая на них никакого внимания, боролся с ручным медвежонком. Все взрослые цыгане, собравшись в кружок, рассуждали о чем-то с большим жаром. Симскому не трудно было отгадать, что предметом совещания была какая-то тощая лошадь. Этот лошадиный остов, который цыгане ощупывали и осматривали со всех сторон, стоял повесив голову и, вероятно, вовсе не подозревал, что досужие люди собираются подкрасить ему зубы, понахлестать хорошенько, выхолить и превратить из старой клячи в молодого и борзого коня. Ближе всех к Симскому сидела на пеньке высокого роста женщина лет под сорок. Она вся была обвешана старыми тряпками и всякой цветной ветошью, которые, впрочем, так искусно были на нее набросаны, что издали она казалась почти одетой. Резкие черты ее смугловато-желтого лица были довольно правильны, но дикий, почти безумный взгляд и нечесаные, раскинутые по плечам черные как смоль волосы придавали ей вид настоящей ведьмы, которые, как известно, собираются по ночам на Лысой горе, близ Киева. Она сидела, покачиваясь из стороны в сторону, и пела вполголоса:

Арды ма, фриджи ма, Пи карбуне пуне ма, Дай мне пуне пи карбуне – Амурезо ну ти спупе!– то есть:

Жги меня, жарь меня, На огне пали меня И на углях на каленых – Имя друта не скажу!

Вдруг ее быстрый взгляд повстречался со взглядом Симского, она встала, подошла к нему и сказала довольно чисто по-русски:

– Здравствуй, бояр!

– Здравствуй, голубушка! – отвечал Симский. – Где ты научилась говорить по-нашему?

– Я жила долго в Могилеве и в Чернигове, а матуся моя была родом из Москвы... Ну что, мое красное солнышко, хочешь, я тебе поворожу?..

– О чем?

– Вестимо о чем: о твоей московской зазнобушке.

– У меня нет никакой зазнобушки.

– Лжешь, бояр!.. Вишь, ты какой молодец!., ^ж коли у тебя нет коханочки, так, видно, у вас в Москве и красным девушкам не вод. Ну что, хочешь ли, я поворожу тебе о суженой?

Нет, не хочу.

– Так о том, мол'одец, уцелеет ли твоя головушка на плечах.

– Моя голова?

– Ну да! Ведь вы пришли сюда с турком-то не бражничать. Небойсь! Я тебе всю правду скажу.

– Нет, голубушка, я этого вперед знать не хочу.

– Экий ты какой!.. Да дай же мне, золотой, свою ручку!.. Ты мне на ладонку положи серебро, а я тебе скажу добро.

Симский, чтоб отвязаться от цыганки, отдал ей серебряный пятикопеечник.

– Спасибо, добрый молодец! – молвила цыганка. – Дай же я тебе поворожу.

– Ну, поворожи, да только скорей, – сказал Симский, протягивая руку.

– Аи, аи, аи, – прошептала цыганка, – да ты никак заколдован, молодец!.. Смотри-ка, смотри!., сабли турецкие тебя не берут, ядра и пули мимо летят!.. А есть у тебя злодей... Ух, как черная немочь его коробит!.. Вот так бы и съел тебя!.. Да не потешится он над твоей головушкой!.. Не таков его талан: самому глаза в чистом поле галки выклюют, а тебя Господь помилует... Да, да!.. Смотри: вон он, под кустом лежит, а ты, молодец... у! далеко отсюда... видишь, там... вон, где золотые-то маковки на солнышке горят...

– Уж не в Москве ли? – прервал Симский. – Нет, любезная, не отгадала: я в Москву ни за что не поеду.

– Эх, мой ясный сокол! – сказала цыганка, – ну вот и помешал: теперь ничего не вижу. Положи-ка еще на ладонку!

– Хорошо, голубушка, будет с меня и этого. Ступай с Богом!

Цыганка не успела отойти нескольких шагов, как вдруг из-за деревьев раздался выстрел, и пробитая насквозь шляпа слетела с головы Симского. В то же время поднялся ужасный крик во всем таборе: пуля, назначенная, по-видимому, для Симского, не сделав ему никакого вреда, попала в старую клячу, около которой хлопотали цыгане, и убила ее наповал.

– Ну вот, мое красное солнышко! – молвила цыганка, оборотясь к Василию Михайловичу, – правду ли я сказала, что тебя пули не берут и что у тебя есть злодеи: смотри же, молодец, и вперед цыганкам верь! – промолвила она, садясь по-прежнему на пенек и запевая снова:

Арды ма, фриджи ма,
Пи карбупе пуне ма!

– Нет, – подумал Симский, рассматривая свою шляпу, – это не дробь!.. А ведь охотники по дичине пулями не стреляют... Неужели в самом деле у меня есть злодей?.. Да кто ж он такой? Я здесь, кроме Смарагды, никого не знаю. Что ж это такое?..

Рассуждая с самим собою и теряясь в догадках, Симский дошел потихоньку до мызы куконы Хереско. Там все было в движении: дворовые цыганки бегали из комнаты в комнату, кучера суетились вокруг дорожных каруц, арнауты и слуги укладывались и сама кукона была в больших хлопотах. Когда Симский стал ей рассказывать о своем приключении, она сначала испугалась, побледнела, потом вдруг глаза ее засверкали гневом.

– Это ты, злодей! – проговорила она вполголоса. – Да погоди, разбойник, если ты осмелишься показаться подле Кут-Маре, так я велю застрелить тебя, как бешеную собаку!

– О ком ты это говоришь? – спросил с удивлением Симский.

– Ты видел у меня бояра Палади? Это он хотел убить тебя.

– Меня? За что?

Смарагда приметным образом смутилась.

– Я его совсем не знаю, – продолжал Симский.

– Да он тебя знает, – прошептала кукона. – О, как я рада, что ты поедешь в поход вместе с войском! Отсюда до самого Прута все степи, и если злой человек захочет кого-нибудь убить...

– Да что ж я сделал этому Палади?..

– Что сделал! Ты русский, а он ненавидит русских...

– И хочет один всех нас перебить поодиночке? – прервал с улыбкой Симский. – Ну, молодец!.. Я вижу, ты собираешься в дорогу, Смарагда?

– Да, я завтра поеду в Кут-Маре.

– Воля твоя, а, право, лучше б, если ты осталась.

– Уж я тебе сказала, мой друг: ни за что на свете!

– Ну, делать нечего, укладывайся. У меня сборы невелики, однако ж пойду и я кое-что уложить.

На другой день рано поутру дивизия князя Репнипа отправилась в поход. Обоз этого войска тянулся еще по горам бессарабского берега Днестра, когда из мызы куконы Хереско выехала дорожная венская карета на пасах; с каждой стороны этого тяжелого рыдвана ехало по одному вооруженному с ног до головы арнауту; на козлах, подле кучера, сидела Мариорица, любимая цыганка куконы, а позади тащились на волах огромные каруцы с поклажей и многочисленной дворней первой, по своему богатству, сорокинской барыни Смарагды Хереско.

135

VII

Русское войско, под личным начальством государя Петра Алексеевича, пройдя в пять дней Буджакские степи, остановилось в прекрасной, орошаемой Прутом долине. Река Прут гораздо уже Днестра, но несравненно его быстрее. В своем излучистом течении она очень часто отрывает от берега огромные глыбы и сильным напором воды производит береговые осыпи и провалы, весьма опасные для запоздалых путешественников.

27 июня, то есть в день Полтавского сражения, рано поутру, шли по берегу этой реки, разговаривая меж собою, двое молдаван. Один из них был среднего роста, но весьма стройный и прекрасный мужчина Другого описывать мне нечего: вы уж его знаете. Первый был господарь молдавский, князь Кантемир, второй – бояр Алеско Палади. Они шли к небольшой рощице, на опушке которой стоял арнаут, держа в поводу двух красивых турецких коней.

– Да точно ли ты уверен, бояр, – говорил князь Кантемир, – что только небольшая часть турецкой армии переправилась через Дунай и что сам визирь не прежде будущей недели тронется со всем войском?

– Я это наверно знаю, – отвечал Палади.

– Полно, так ли, бояр? Для чего, кажется, визирю мешкать за Дунаем, когда войско русского царя стоит на Пруте?

– Для чего!. Да разве ты, домне господарь, не знаешь турок? Они всегда так: где надо поспешить, они тут примутся рассуждать, да и теперешний-то визирь, Ахмет-паша, говорят, очень трусоват. Чай, он сидит в своей палатке, пьет шербет да думает про себя: "Что, дескать, мне идти навстречу к русским? Может, они постоят месяц-другой на Пруте, а там и сами уйдут домой!"

– Нет, бояр, на это полагаться нечего. Ахмет-паша человек не глупый и, верно, не станет думать, что русские пришли сюда для того только, чтобы вернуться ни с чем домой. Ну, если, Боже сохрани, он переправится втихомолку где-нибудь через Прут и отрежет нас от дивизии генерала Рене, так дело-то будет худо.

– Да как же это можно, светлейший домне? Ведь стотысячная армия не один человек. Как бы она ни шла осторожно, а вы, уж верно, об этом узнаете.

– В том-то и дело, бояр, что есть слухи, будто бы визирь не только переправился через Дунай, но уж несколько дней идет безостановочно к Пруту.

– Не верь этому, домне господарь! это сказки. Я ездил до самой

Журжи, а теперь прямехонько из Бухареста. Ну, может быть, где-нибудь в Валахии передовые татары сожгли деревню или ограбили проезжих, так и пошли все говорить, что визирь идет. Да вот я сейчас еду опять в Бухарест и если узнаю, что визирь тронулся с места, так или сам к тебе приеду, или пришлю к тебе гонца.

– Так, по-твоему, бояр, нам нечего опасаться нечаянного нападения?

– Да, светлейший домне! Что будет вперед – не знаю, а теперь вы можете здесь спать и веселиться так же спокойно, как у себя дома.

– Смотри же, бояр, послужи мне и русскому царю. Будь уверен, Палади, ты в этом раскаиваться не станешь.

– Конечно не стану, – прервал бояр, – да только не так, как ты думаешь: я не наемник и не прошу никаких наград. Ты знаешь, светлейший домне, как я тебе предан, но ты еще не знаешь, как я люблю русских. Чтоб доказать им это на самом деле, я готов на все решиться. Не пожалею головы своей, лишь бы только послужить им так, как душе моей угодно.

Если б господарь хотя несколько сомневался в преданности Палади, то, вероятно, обратил бы внимание на странную противоположность этих слов с угрюмым и злобным взором молдаванина; но князю Кантемиру нельзя было и думать, чтоб человек, осыпанный его милостями, решился на какую-нибудь измену или предательство. В продолжение этого разговора они подошли к роще. Палади махнул арнауту, и когда тот подвел к нему оседланную лошадь, он простился с господарем, вскочил (на коня и пустился рысью по дороге, ведущей в селение Рушешти. Князь Кантемир возвратился в лагерь.

Желая как можно скорее уведомить государя о полученном известии, он пошел к его ставке. Перед нею, на обширном лугу, Преображенские солдаты, под надзором нескольких офицеров, ставили длинный стол, за которым могло свободно поместиться человек двести. У дверей палатки стоял царский денщик: он пригласил Кантемира войти, сказав ему, что государь Петр Алексеевич принимает поздравления от всех начальных людей и будет сегодня праздновать вместе с ними вторую годовщину знаменитой Полтавской виктории. Чрез полчаса его величество в сопровождении первых чинов отправился к обедне в походную артиллерийскую церковь, подле которой выстроены были в боев ем порядке все пехотные полки. Они составляли три стороны огромного каре, которого четвертую сторону занимала артиллерия. По окончании литургии известный проповедник тогдашнего времени Феофан Прокопович произнес длинное поучительное слово, потом стали служить благодарственный молебен, и когда запели "Тебе Бога хвалим", началась беспрерывная стрельба: беглый ружейный огонь и пальба из всех орудий не умолкали несколько минут сряду. Из церкви все отправились за государем к обеденному столу. Его величество поместился в самой середине стола, по правую его руку сидел молдавский господарь князь Кантемир, по левую – граф Головкин, барон Ша-рифов и Савва Рагузинский. Все генералы, бригадиры, полковники и прочие начальные люди разместились сообразно их званию и табели о рангах. Преображенские и семеновские капитаны разносили вино; каждый из них прислуживал шести особам, имея в своем распоряжении трех служителей для перемены стаканов и бутылок. Пированье было на славу, и лучшее венгерское вино лилось рекою. Это царское угощение продолжалось целый день и кончилось не прежде одиннадцати часов ночи.

На другой день после обеда в палатку старшего немецкого генерала Януса сошлись покурить трубки и побеседовать также все немцы: генерал-лейтенанты барон Аларт, Брюс, Денсберг, Остен, Берхгольц, Адам Вейде, генерал-майор Буш и бригадир француз Моро де Бразе. Все они сидели за большим круглым столом, на котором стояли серебряная чаша с пуншем, несколько стаканов, тарелка с лимонами и два картуза гамбургского табаку, – один с вакштафом, другой – с кнастером. Благодаря неутомимой болтовне француза Моро де Бразе, это общество вовсе не походило на тихую беседу важных немцев, которые, как известно, курят беспрестанно табак, мало говорят, много думают и по большей части сходятся вместе для того только, чтоб кои о чем помолчать. Разговор шел о вчерашнем угощении.

– Надобно отдать справедливость поварам его царского величества, – говорил Моро де Бразе, – стол был отлично скверен; эти русские супы, та жареная и вареная баранина, эти пироги, одним словом, все было так дурно, что если б не подали под конец стола голландского сыра, так я умер бы с голоду.

– Да, – пробормотал толстый генерал-майор Буш, – то ли дело наша немецкая кухня!

Француз поморщился. Вероятно, он подумал: "Хороша и ваша!"

– А как вам показалось вино? – спросил генерал Брюс.

– О, что касается до вина, – воскликнул Моро де Бразе с восторгом истинного знатока, – так я вам скажу!.. Нам подавали такое вино, какого я в жизнь мою не пивал!

– Да, вино доброе! – промолвил генерал Янус, выпустив носом две густые струи табачного дыму. – Оно мало чем уступит нашему хорошему рейнвейну.

Француз опять поморщился.

– Конечно, – сказал он, – ваши немецкие вина хороши, господин генерал, но они немного кисловаты, а это старое токайское, которое нам подавали, настоящий нектар!.. И нечего сказать, его величество не поскупился!.. Вот уж истинно, как говорится, пили так пили! Не знаю, как вы, господин генерал, а вы, господин барон, кажется, по-моему, не отказывались.

– Да, господин бригадир, – отвечал барон Аларт, вытряхивая свою трубку, – я пил довольно.

– Хорошо б очень, – сказал барон Остен, – если б его величество так же был нескуп и во всем... Вы понимаете, что я хочу сказать, господин генерал?

– Понимаю, господин генерал-лейтенант, – отвечал Янус, – и я давно об этом думаю. Теперь не время, но когда кончится кампания, я буду непременно просить о значительной прибавке жалованья.

– Просить-то можно, – заметил Брюс, – да вряд ли вы что-нибудь выпросите.

– А не выпрошу, так пусть дадут мне абшид.

– И я последую вашему примеру, – сказал Остен. И я! – промолвили в один голос генералы Берхгольц, Аларт, Денсберг и Буш.

– Эх, господа, – прервал Брюс, – нам грешно на это жаловаться: посмотрите, что получают русские генералы.

– Русские! – повторил француз. – Русские обязаны и даром служить своему царю. Да если правду сказать, так стоят ли они и того, что им дают?

– Стоят или нет, – сказал Берхгольц, – а очень изволят обижаться, что мы больше них получаем жалованья, и даже так дерзки, что говорят, будто бы они служат из чести, а мы, немцы, – из одних только денег.

– Ах они варвары! – вскричал Моро де Бразе. – Желал бы я, чтоб кто-нибудь из них сказал это при мне.

– Что ж бы вы сделали? – спросил Брюс.

– Я отвечал бы этому русскому, что он, точно, прав: что мы, иностранцы, действительно служим за деньги, а русские – из чести: да это потому, что каждый старается добыть то, чего у него нет.

Глубокомысленные немцы взглянули друг на друга и призадумались. Они подозревали, что в словах француза скрывается какая-нибудь обидная насмешка, однако ж не вдруг поняли смысл этой эпиграммы.

– То, чего у него нет, – повторил наконец Янус. – А, понимаю, господин бригадир, понимаю!.. Ну, это зло, очень зло!..

– И совершенно справедливо, – промолвил Берхгольц.

– Фу, как остроумны эти французы! – шепнул Буш, толкнув локтем Остена.

– Конечно, конечно! – сказал Остен. – Это очень остро, да только не совсем справедливо. Ну, можно ли говорить, что мы служим из-за денег? Вот хоть я, например: третий год служу все на одном трактаменте ', да еще на каком?.. Стыдно сказать: триста рублей в месяц!

– То есть, – прервал Моро де Бразе, – на наши французские деньги восемнадцать тысяч ливров в год. Конечно, это мало, по все еще сносно. А я, представьте себе, получаю всего-навсего двенадцать тысяч ливров жалованья.

– А где бы вам дали больше этого, господин бригадир, – спросил Брюс, выпив одним духом полстакана пуншу, – уж не во Франции ли?

– Да, господин генерал-лейтенант, – возразил Моро де Бразе, – да, во Франции! Деньгами я получил бы гораздо менее, но взамен их дали бы то, чего никакой русский царь дать не может, то есть: прекрасный климат, просвещенное общество, любезных женщин, хорошее вино и превосходный театр, о котором, не прогневайтесь, и вы, господа немцы, не имеете никакого понятия. Вы думаете, господин Брюс, что если я отказался от этих высоких наслаждений просвещенного человека, если я закопал себя живого в эту снежную могилу, которую мы называем Московским царством, так я уж вознагражден с избытком за это необъятное пожертвование тем, что получаю в год каких-нибудь ничтожных двенадцать тысяч ливров жалованья?

– Да разве вам обещали больше этого или заставили насильно служить русскому царю?

– Конечно, не насильно, но вы знаете, господин Брюс, что в жизни встречаются разные обстоятельства: я был молод, любил пожить и, натурально, прожил все мое состояние. Мой дядя, старик лет семидесяти пяти, после которого доставалось мне большое именье, женился на молодой девушке; у его жены родился сын... одним словом, я был в таком положении, что мне должно было выбрать одно из двух: или всадить себе пулю в лоб, или идти в русскую службу. К несчастию, я выбрал последнее...

– Ну, это еще не большое несчастие, – сказал Брюс, – конечно, Россия не Франция, но, не прогневайтесь, в ней жить можно, и вы, господин бригадир, напрасно называете русскую землю могилою. Вот я уж давно живу в этой могиле, а, кажется, на мертвеца вовсе не похож, – промолвил Брюс, допив свой стакан пуншу.

– Я это сделал, – возразил француз, – относительно ее умственного состояния и совершенного отсутствия всякой человеческой жизни. Разумеется, в этом смысле в ней все мертво, как в могиле. Сошлюсь на всех: скажите, господа, есть ли где-нибудь, не говорю в Европе, но в целом мире, земля скучнее этой Московии и народ невежественнее этих грубых, необразованных московитов?

Да, да! – пробормотали в один голос все немецкие генералы, исключая Брюса и Бейде.

– Вы, вероятно, читали, – продолжал француз, – в книге знаменитого путешественника Адама Олеариуса, что он пишет о русских? Помните ли то место, где он приводит мнения некоторых шведских и ливонских ученых, которые доказывают, что русские вовсе не христи-ане да и людьми-то могут назваться только потому, что имеют дар слова?

– То ли еще вы найдете в этой книге! – прервал Брюс. – Помните ли, как этот Олеариус, описывая русскую свадьбу, говорит, что во время венчания и молодые, и все приглашенные на свадьбу пляшут в церкви, под пение псалмов, какой-то особенного рода танец, похожий на французский бранл. Ну, скажите, господа: можно ли иметь какую-нибудь доверенность к путешественнику, который рассказывает такие нелепости?

– Вы, господин Брюс, – сказал хозяин, – всегда заступаетесь за русских.

– Не за русских, господин генерал, а за правду. Если б вы говорили, что русский народ еще необразованный, что они начинают только просвещаться, так я не стал бы с вами спорить, но вы их даже и за людей почитать не хотите.

– Извините, господин Брюс, – прервал Моро де Бразе, – я первый этого не думаю: русские говорят и пьют иногда хорошее вино, следовательно, они люди.

– Ваши шуточки, – возразил Брюс, – доказывают только, что вы француз, господин бригадир, и любите пошутить, так уж посмейтесь и надо мною. Я думаю вот что о русских: они еще дети, но дайте им возмужать, так у вас пройдет охота смеяться над ними. Что русские народ самобытный, этого, я думаю, и вы оспаривать не станете. Их не могли стереть с лица земли ни татары, ни поляки; напротив, после каждого народного бедствия Россия становилась все сильнее и сильнее. До татарского ига она была вся раздроблена на мелкие княжества; татары исчезли – и все эти отдельные части слились в одно огромное, мощное тело. После междуцарствия к хотя минутного, однако ж тяжкого владычества поляков Россия, без всякой посторонней помощи стряхнув с себя постыдные оковы, двинулась вперед и стала наряду всех европейских государств. Вы, я думаю, слыхали, что здоровые и сильные дети почти всегда хворают к росту? Вот точно так же Россия: она часто бывала больна, и, казалось, больна смертельно, а в самом-то деле это была только болезнь роста. Да вот хоть в наше время, что можно было ожидать после нарвского сражения? Уж так по крайней мере совершенного унижения России, а вышло напротив: Россия точно так же, как прежде, прихворнула, да вдруг и выросла на целую Лифляндию. И об этом-то исполненном жизненной силы і самобытном народе вы говорите с таким презрением? Нет, господа, не знаю, будет ли когда Россия предписывать законы другим народам, но я убежден в душе моей, что лет через пятьдесят она займет одно из первых мест в числе всех просвещенных государств Европы.

– Срок-то очень длинен, – сказал Моро де Бразе, – а то бы я побился с вами об заклад, что ваши русские и через пятьдесят лет будут точно такими же варварами, какие они теперь.

– То есть мы, иностранцы, станем называть их варварами? Да, это может быть и через полтораста лет. Известное дело: мы всегда не жалуем и позорим тех, которых боимся.

– Охота вам об том спорить!.. – прервал Янус. – Поговоримте-ка лучше о турках. Что бы это значило, господа: мы заняли всю Молдавию, перешли Прут, а визирь, как слышно, все еще стоит за Дунаем? Чего не он дожидается?

– Чтоб мы подошли к нему поближе, – отвечал Остен.

– А может быть, и раздумье берет, – сказал Брюс. – Ведь с русскими ладить нелегко.

– И, полноте, – вскричал Моро де Бразе. – Турки народ храбрый, станут они трусить ваших русских! А вот разве что: не узнал ли визирь, что при русской армии находится много иностранпых генералов, – это всего вернее. Поневоле призадумаешься, когда надобно иметь дело с знаменитым генералом Янусом!..

Янус улыбнулся и кивнул головою.

– С таким необычайным стратегом, как вы, господин Аларт.

Аларт поклонился.

– С такими испытанными тактиками, – продолжал француз, – каковы генералы Денсберг, Остен, Брюс, Вейде.

– Позвольте мне прибавить, – сказал Остен, – и с таким храбрым начальником кавалерии, как вы, господин Моро де Бразе.

– Да уж если вам, господа, не угодно сказать ни слова о фельдмаршале Шереметеве, – прервал Брюс, – так не забудьте хоть самого государя Петра Алексеевича. "То разбил наголову первого полководца нашего времени, Карла Двенадцатого, с тем шутить нельзя.

Разбил! – повторил француз. – Да, конечно, раз-оил, по милости фельдмаршала Гольда и других иностранных генералов.

Мы все только исполняли приказания русского Царя, господин Моро де Бразе, – продолжал Брюс, – а всем распоряжался и был душою всего сам государь Петр Алексеевич. Вы не были под Полтавой, так можете говорить все, что вам угодно; но мне грешно бы было не отдать справедливости не только самому царю, по также и князю Меншикову и многим другим из русских генералов

– А позвольте спросить, господин Брюс, – сказал Янус, – кто ж, по-вашему, эти русские генералы?. Вот, например, хоть оба фельдмаршала, которыми так хвастаются русские: Шереметев и князь Меншиков, – неужели вы назовете их хорошими генералами? Меншиков, конечно, человек способный; но имеет ли он сведения, необходимые для искусного полководца? А вы сами знаете, что одной практики для этого

142

недостаточно. Я отдаю также полную справедливость необычайной храбрости Шереметева, по он вовсе не тактик и, вероятно, не понимает даже, что значит слово: стратегия.

– А почти всегда бил шведов! – прервал Брюс.

– Случай, господин генерал-лейтенант, счастье – и больше ничего.

– А надобно сказать правду, – подхватил Моро де Бразе, – старик Шереметев в деле молодец! Чтобы спасти простого солдата, он готов сам кинуться с саблею на неприятеля.

– Это, господин бригадир, храбрость, приличная обер-офицеру, а Шереметев фельдмаршал

– Так, господин генерал, так! Только вы уж слишком строго судите и князя Меншикова и Шереметева. Не забудьте, что они русские, так чего же вы от них хотите?

– Чего! – повторил Брюс. – Да я уверен, что Шереметев, князь Меншиков и князь Репнин, несмотря на то, что они русские, были бы везде отличными генералами.

– В самом деле? – прервал француз. – Так зачем же русский царь окружает себя иностранцами? Нет, господин Брюс: хотя и он также русский человек, но у него много природного ума. Он очень понимает, что без нас ему нельзя шагу сделать и что только при помощи иностранцев он может – не просветить свой народ, это, я думаю, дело невозможное! – но придать ему, по крайней мере, хотя наружность и физиогномию просвещенного народа. Одним словом, я убежден, что русский царь, как человек в некотором смысле гениальный, не может уважать своих русских и охотно бы променял их на иностранцев, которые одни могут понимать его.

– Полно, так ли? – прошептал генерал-лейтенант Адам Вейде, который во все время слушал других, а сам молчал и курил трубку. – Я думаю, что царь Петр Алексеевич ни на кого не променяет своих русских, потому что он, кажется, их очень любит.

– А нас, господин генерал-лейтенант? – спросил Моро де Бразе, бросив на пол лимон, который лежал подле него на столе.

Адам Вейде затянулся, выпустил в один прием целое облако табачного дыму и не отвечал ни слова.

– Что ж вы не отвечаете на мой вопрос? – продолжал француз, прихлсбывая пуш из своего огромного стакана.

– Вы, кажется, всегда любили свежие лимоны, господин бригадир? – промолвил наконец Вейде, приостановясь курить.

– Да, господин барон, я их люблю.

– Так что ж вы бросили ваш лимон на пол?

– А на что он мне? Я выжал из него весь сок... Да дело не об этом, вы отвечайте на мой вопрос: если, по-вашему, царь Петр Алексеевич, несмотря на свою страсть к просвещению, очень любит этих русских варваров, так как же он любит нас, образованных иностранцев?

— Да я думаю, точно так же, как вы любите свежие лимоны, господин бригадир! — сказал Вейде, принимаясь снова курить свою трубку.

В палатку вошел адъютант и доложил Янусу, что царь требует к себе его и генералов Брюса и Аларта.

— Извините, господа, — сказал Янус, — я пригласил вас к себе, полагая, что нас сегодня не потревожат, а, кажется, без нашего совета и сегодня дело не обойдется. Что, господин барон, — промолвил он, взглянув с насмешливою улыбкою на Вейде, — видно, в лимонах-то соку еще довольно?

Все гости откланялись хозяину, и он, накинув плащ, отправился вместе с Брюсом и Алартом в ставку государя Петра Алексеевича.

VIII

Вероятно, многие из наших читателей не знают всех подробностей турецкой войны 1711 года; следовательно, вовсе будет не излишним, если я скажу несколько слов о положении, в котором находилась русская армия в течение первых чисел июля месяца Обманутый ложными известиями, государь Петр Алексеевич узнал весьма поздно о приближении всей турецкой армии. Генерал Янус, посланный с сильным отрядом для того, чтоб помешать неприятелю переправиться через Прут и зайти в тыл русской армии, не исполнил как следует своей обязанности: столкнувшись нечаянно с турецким авангардом, который только что начал переправляться через реку, генерал Янус не только не задержал его, но отступил немедленно со своим отрядом и донес государю, что визирь со всеми войсками перешел через Прут. Вследствие этого неверного донесения ему приказано было идти назад и присоединиться к армии. Визирь воспользовался этой ошибкой: не встречая никакого сопротивления, он перевел большую часть своего войска па бессарабский берег Прута, занял вес высоты и совершенно отрезал этим движением русскую армию от войск, находящихся под начальством генерала Рене. Дивизии генералов Вейде и князя Репнина находились также не ж близкой расстоянии от главной армии. Ночью, на девятое число июля, она выступила из лагеря и к рассвету, соединясь с этими дивизиями, продолжала идти вдоль Прута, избирая удобное место, на котором могла бы, несмотря на неравенство сил, вступить в бой с неприятелем. Поутру, когда армия была в походе, турки напали на наш арьергард, состоящий из одного Преображенского полка; этот храбрый полк не только не допустил себя отрезать от войска, которое продолжало идти вперед, но после пяти часов беспрерывного вражения, откинув назад неприятеля, примкнул к обозу главной армии. В тот же день визирь, полагая, что ему вовсе не трудно с двумястами тысяч войска уничтожить сорок тысяч русских, напал со всеми своими силами на нашу армию, но" после упорного сражения был отбит с большим уроном, и русские, дойдя до урочища, известного под названием Рябая Могила, остановились на берегу Прута. Наше войско выстроилось в каре в середине которого был весь обоз и несколько палаток Пока одна часть солдат укрепляла по возможности этот со всех сторон открытый лагерь, другая перестреливалась с отдельными турецкими партиями, которые продолжали тревожить русских до самой глубокой ночи. Меж тем визирь расположился на противоположном гористом берегу Прута; он развернул свое бесчисленное ополчение огромным полукругом, которого концы, упираясь в Прут, обхватывали с трех сторон русский лагерь, а с четвертой, то есть с тылу, все высоты были заняты буджакскими и крымскими татарами. В этом затруднительном положении государь Петр Алексеевич не щадил, как и всегда, своей собственной жизни. Вот что рассказывает очевидец, человек не русский и вовсе не преданный русскому царю: "Могу засвидетельствовать, – говорит он, – что царь не более себя берег, как и храбрейший из его воинов. Он переносился повсюду и под неприятельским огнем говорил с генералами, офицерами и рядовыми ласково и по-дружески, расспрашивая о том, что происходило на их постах".

Надобно прибавить, что русским угрожало еще новое бедствие, несравненно ужаснее всего остального: им предстояла голодная смерть. Валашский господарь Бранкован, который вызвался продовольствовать наше войско, изменил своему слову. В русском лагере, окруженном со всех сторон неприятелем, едва ли оставалось на несколько дней провианта, и, несмотря на то, что вода была под руками, многие умирали от жажды, потому что днем турецкие стрелки не давали никому подойти к реке и даже ночью осыпали пулями весь берег, вдоль которого тянулись наши лагерные укрепления, составленные из деревянных рогаток, засыпанных землею. Одним словом, гибель русского царя, а с ним всего войска казалась неизбежной. 10 числа июля турки, не возобновляя своего нападения на русский лагерь, открыли по нему сильный огонь из всех своих орудий. Весь день прошел в этой беспрерывной и, к счастию, почти безвредной для нас стрельбе. Вечером государь Петр Алексеевич, собрав военный совет, объявил фельдмаршалу Шереметеву и всем тенералам, что, по совершенному недостатку продовольствия, нельзя было оставаться долее в оборонительном положении, что всей армии предстояло одно из двух: или сдаться военнопленными, или пробиться сквозь неприятеля и, соединясь с дивизией генерала Рене, отступить к своим границам; что это последнее средство одно могло спасти если не армию, то по крайней мере славу нашего оружия и что он, русский царь, желает лучше идти на верную смерть, чем сдаться безусловно на волю неприятеля. Фельдмаршал, вместо ответа, подал государю бумагу, подписанную им и всеми генералами еще за несколько часов; содержание этой бумаги было совершенно согласно с настоящей волей русского царя. Государь Петр Алексеевич, приказав, чтоб рано поутру все полки были готовы к бою, распустил совет и заперся один в своей палатке, строго наказав не пускать к себе никого.

Эта решительная мера, конечно, не спасла бы русских. У визиря было с лишком двести тысяч свежего, неизнуренного войска, а у нас, за исключением бесконных казаков и плохо вооруженной молдаванской сволочи, всего двадцать две тысячи, почти без конницы и с артиллерией, которая, в сравнении с турецкою, могла назваться ничтожною Если б русская армия, ударив дружно, и прорвалась сквозь турецкие полчища, то могла ли она уцелеть и дойти до границы, неся на плечах своих в десять раз сильнейшего неприятеля? Туркам очень легко было заслонить от нас Яссы и заставить идти назад тем же самым путем, которым мы пришли к Пруту, а тогда что могло спасти русских? Несколько дней усиленного похода по безводным степям буджакским, вероятно, довершили бы совершенное истребление армии; турки не стали бы и драться с нами: им пришлось бы только забирать в плен отсталых и прирезать умирающих от усталости, жажды и голода. Супруга русского царя Екатерина Алексеевна, узнав об этом отчаянном намерении, собрала все свои драгоценные вещи, поручила Шереметеву доставить их к визирю, а сама, несмотря на запрещение, решилась войти в палатку государя и просить его, чтоб он дозволил фельдмаршалу вступить в мирные переговоры с неприятелем. Шереметев получил это позволение не прежде ночи и тот же час отправил с трубачом в турецкий лагерь гвардейского унтер-офицера Шепелева.

Теперь, любезные читатели, познакомив вас с ходом дела и положением нашей армии, я отказываюсь от важной обязанности историка, которая мне вовсе не по плечу, и превращаюсь снова в смиренного рассказчика, от которого вы вправе требовать только того, чтоб он не вовсе надоедал вам своей болтовнёю

В небольшой походной палатке, разделенной надвое парусиновым занавесом да простым деревянным столом, на котором догорали две свечи, сидел, погруженный в глубокую думу, государь Петр Алексеевич Перед ним лежал лист исписанной бумаги Облокотяся па стол, он поддерживал руками свою поникшую голову Как пасмурные осенние небеса, туманно и мрачно было высокое чело венценосного владыки; но в задумчивых его взорах незаметно было ни страха, ни тревоги: в них выражалась только одна глубокая душевная грусть. Много было грустных минут в твоей жизни, русский царь, но никогда мощная душа твоя не страдала так, как в эту ужасную ночь. Что думал ты, Великий Петр, ожидая решения гордого визиря, от которого зависела не жизнь твоя – о ней ты мало заботился, – но вся будущность твоей великой державы, твоей православной родины, которую ты хотел, как милое дитя твое, вынянчить и взлелеять на руках своих? Ты возвеличил твою Россию, двинул ее вперед, поставил в чреду могучих и великих царств. И вот все заботы, все труды твои, все надежды – все могло погибнуть в одну минуту! На кого оставлял ты свою святую Русь? Кто стал бы продолжать после тебя начатое? И кто окончил бы то, что было уже почти приведено к концу?.. О, конечно, в этот горький час ты должен был вспомнить и мог повторить проникнутые неизъяснимой грустью слова Спасителя: "Прискорбна есть душа моя до смерти!"

Поодаль от государя, в темном углу палатки, сидела на складном лагерном стуле царица Екатерина Алексеевна. Она смотрела молча на своего державного супруга и робким взором следила за каждым его движением.

– Катенька, – сказал наконец государь Петр Алексеевич, обращаясь к своей супруге, – послушай, я прочту тебе то, что написал в Сенат. Это мое духовное завещание.

– Ах, Петр Алексеевич! – прервала царица, – да почему ж нам не надеяться, что визирь...

– Пойдет на мир? Может быть, и пошел бы: он знает, что мы живые в руки не дадимся; да вот что худо: Бендеры недалеко отсюда. Я чаю, мой братец, шведский король, давно уж в гостях у визиря и, верно, не то ему советует. Я уж сказал тебе, что не сдамся ни за что на дискрецию. Может быть, мне посчастливится, и я умру с оружием в руках; а коли Господь меня не помилует коли я попаду в турецкий плен, что ж тогда?

– Избави Бог! – вскричала Екатерина Алексеевна. – Да нет, этого не будет!

– Что будет после предстоящей отчаянной акции, про то знает один Господь, мой друг! И вот для чего я написал этот, может быть, последний указ моему Сенату. Слушай, Катенька!

Государь Петр Алексеевич взял со стола исписанный лист бумаги и начал читать:

– "Господа Сенат! Извещаю вас, что я со всем своим войском, без вины или погрешности нашей, но единственно только по полученным ложным известиям, в семь крат сильнейшею турецкою силою так окружен, что все пути к получению провианта пресечены и что я, без особливой Божьей помощи, ничего иного предвидеть не могу, кроме совершенного поражения, или что я впаду в турецкий плен. Если случится сие

147

последнее, то вы не должны меня почитать своим царем и государем и ничего не исполнять, что мною, хотя бы то по собственноручному повелению от вас было требуемо, покамест я сам не явлюсь между вами в лице моем; но если я погибну и вы верные известия получите о моей смерти, то выберете между собою достойнейшего мне в наследники".

— Как, Петр Алексеевич, — сказала с удивлением царица, — если ты попадешь в плен, так твои подданные не должны уж тебя и слушаться?

— Да, мой друг! Ведь я человек, и почем знать, на что могу решиться, когда буду в неволе у турок. Чтоб выручить себя из плена, я, может быть, соглашусь на все, что от меня потребуют, не пожалею ничего и разорю вконец мое царство. Нет, Катенька, русские должны слушаться меня, своего законного государя, пока я свободен, а коли я в плену, так я сам не хочу, чтоб мне повиновались: ведь тогда уж не я стану приказывать, а турецкий султан.

— Да зачем же так отчаиваться, Петр Алексеевич? Бог милостив! Ну, конечно, выгодного мира нам ожидать нельзя...

— Вестимо, Катенька! Теперь нам об этом и думать нечего, да лишь бы мир-то нам заключить не позорный... Я охотно возвращу туркам Азов, разорю построенную на их земле Троицкую крепость, заплачу все военные издержки...

— Я думаю, — сказала царица, — визирь прежде всего потребует, чтоб ты выдал ему князя Кантемира...

— Князя Кантемира? — прервал с жаром государь. — Ни за что на свете!.. Вот тогда-то подлинно я заключил бы позорный мир!.. Молдавский господарь положился на мое обещание, был верным моим союзником, и я выдам его туркам, допущу умереть на плахе!.. Нет, Катенька, скорей уступлю я туркам русские земли по самый Курск: Господь поможет мне воротить их назад; но если я изменю моему царскому слову, так этого уж ничем не воротишь!

В палатку заглянул царский денщик.

— Что ты? – спросил государь.

— Прапорщик Симский, ваше величество.

— Хорошо. Позови его сюда. Симский вошел в палатку.

— Господин прапорщик, — сказал Петр Алексеевич, — мне рекомендовал тебя генерал Вейде как отлично хорошего и расторопного офицера. Я хочу послать с тобою в Москву указ нашему Сенату. Надеешься ли ты довезти его?

— Если Бог поможет, ваше величество, — отвечал Симский, — так довезу.

— Знакома ли тебе здешняя сторона?

— Меня часто посылали фуражировать, ваше величество, так я все окольные дороги знаю.

– Хорошо. А по какой дороге ты поедешь?

– Надобно дать круг, ваше величество, и ехать на Яссы.

– Так!.. Ступай же, не мешкая ни минуты. Турки далеко не посылают своих разъездов, и если ты успеешь отъехать ночью верст пятнадцать, так авось с Божьей помощью доберешься благополучно до Ясс, а там уж тебе никакой остановки не будет. На всякий случай вместе с тобою поедет казак, который хорошо говорит по-молдавански и по-турецки. Ну, теперь погоди немного, господин прапорщик, я сейчас тебя отправлю.

Государь Петр Алексеевич сложил свой указ, запечатал его и, отдавая Симскому, сказал:

– Отправляйся скорее! Я чаю, до рассвета и трех часов не осталось. Прощай, молодец, – промолвил государь, поцеловав Симского в лоб, – Господь с тобою!.. Только смотри не забывай русской пословицы: "На Бога надейся, а сам не плошай!"

Симский, выходя из царской палатки, повстречался с Шереметевым.

– Ну что, господин генерал-фельдмаршал, – спросил Петр Алексеевич, – есть ли какой ответ от визиря?

– Никакого, государь! – сказал Шереметев.

– Да ведь он должен же что-нибудь отвечать.

– Шепелев не воротился, ваше величество. И коли его убили на неприятельских форпостах, так, может быть, визирь и не знает, что мы желаем начать с ним переговоры.

– Да, конечно, дело статочное. Так пошлите, господин фельдмаршал, сей же час другого парламентера, прикажите ему требовать немедленного ответа и объявить визирю, что если он не хочет вступать с нами в переговоры, то мы с Божией помощью постараемся проложить себе дорогу с оружием в руках и ляжем все до единого, но ни за что не сдадимся на дискрецию.

Фельдмаршал, отправив в турецкий лагерь своего адъютанта, возвратился опять в царскую палатку.

Прошло более двух часов – ответа не было. Вот облака зарделись на востоке. Раскинутый в долине русский стан был еще покрыт ночною тенью, но на гористом берегу Прута начинали уже белеться верхи турецких палаток. Вот первый луч восходящего солнца отразился на позолоченной луне великолепного шатра визирского; раздался пушечный выстрел, и неприятельское ядро просвистело над царской палаткою.

– Вот нам и ответ от визиря! – сказал Шереметев. – Слышишь, государь?

– Слышу, Борис Петрович!.. Ну, как ты думаешь?

– Да о чем тут думать?.. Делать-то нечего, – потешимся в последний раз... Что, в самом деле: умирать так умирать!.. Да нелегко же и туркам-то будет! – промолвил фельдмаршал, нахмурив свои седые брови.

– А если мы не пробьемся? – спросил Петр Алексеевич.

– Так что ж, ты надежа государь, – прервал старик Шереметев, помолодев двадцатью годами, – мертвым срама нет! А мы все готовы умереть с тобой.

– Спасибо, добрый и верный слуга мой! – сказал Петр, обнимая Шереметева. – Спасибо, брат Борис!

Вот снова раздался пушечный выстрел, за ним другой, третий; все неприятельские батареи вспыхнули, и турецкие ядра посыпались в русский лагерь.

– Эк они, проклятые! – проговорил Шереметев. – Видно, пороху-то у них много!..

– Господин фельдмаршал, – сказал государь Петр Алексеевич твердым и спокойным голосом, – прикажите строиться войску в каре; обоз, понтоны и артиллерия в средине. В переднем фасе полки Преображенский и Семеновский; кавалерия в арьергарде; все генералы и штаб-офицеры по своим местам.

– Слушаю, ваше величество!

– Катенька, – сказал государь, – палатку сейчас снимут; ступай садись в карету и посади с собой князя Кантемира.

– Петр Алексеевич! – вскричала царица, обнимая со слезами государя.

– Полно, Катенька, полно! Теперь не до того. Господь с тобою!

Государь Петр Алексеевич вышел из палатки Весь лагерь был в движении. Быстро, но стройно и спокойно становилось войско в боевой порядок; полки примыкали один к другому, и в несколько минут под неприятельскими ядрами вокруг всего стана образовалась сплошная стена из русских воинов.

Фельдмаршал подошел к государю.

– Ну что наш парламентер? – спросил Петр Алексеевич.

– Все еще в турецком лагере, – отвечал Шереметев, – а может статься, и его так же убили, как Шепелева. Да уж что, батюшка Петр Алексеевич, один бы конец!

– И то правда, Борис Петрович: коли визирь упрямится и молчит, так пора нам заговорить. Прикажи бить поход!.. С Богом!

Государь и все генералы сели на коней. Через полминуты раздался по всему войску барабанный бой, и вот, как стальная нива, заволновались на солнышке русские штыки: огромное каре двинулось с места.

– Да что это, – прошептал Шереметев, – никак турки-то не стреляют?

В самом деле, неприятельские батареи замолкли, и от противоположного берега Прута отчалила лодка.

– Стой! – скомандовал Шереметев. – Государь Петр Алексеевич, – продолжал он, – у тебя глаза-то помоложе моих, – видишь?

– Вижу!.. Это оба наши парламентера... и с ними турецкий офицер; они машут платками...

– Вот что!.. Так, знать, визирь-то надумался?

– Видно, что так.

– Ну, слава тебе Господи! – сказал Шереметев, перекрестясь. – Я что! Я уж мой век отжил; а куда бы жаль было всех этих молодцов!

– Да, друг сердечный! – сказал Петр Алексеевич, пожав крепко руку фельдмаршала. – Да, слава Богу мы увидим еще с тобой святую Русь!..

IX

Теперь, любезные читатели, мы возвратимся опять к Симскому.

Ночь была темная, порывистый ветер гнал от запада густые тучи, и на мрачных небесах изредка только проглядывали звезды. Два всадника, один закутанный в широкий плащ, другой в ч-еркесскую бурку, ехали шагом по узкой тропинке, которая вела то берегом Прута, то, отбегая в сторону, терялась в глуши мелкого дубового леса, поросшето густым кустарником. Эти ночные путешественники ехали почти рядом и оба молчали. Один из них был Василий Михайлович Симский, другой– казачий урядник Никита Фролов. Вдали слышны еще были оклики русских часовых, а до рассвета оставалось уж не более двух часов.

– Да что ж мы этак плетемся нога за ногу? – промолвил наконец Симский. – Фролов, пойдем рысцой!.

– Нет, сударь, теперь рысью недалеко уедешь, – отвечал урядник, – вишь, какая темь, хоть глаз выколи!.. Мы же едем берегом, а тут местами есть такие провалы, что не приведи Господи!..

– Да ведь этак мы и десяти верст не проедем до рассвета.

– Проедем, сударь, и все пятнадцать, лишь только бы Господь Бог от встречи помиловал... Что ты... что ты, Гнедко... чего испугался?.. Экий черт! Иль нагайки захо-гел?..

– А что, Фролов, мы долго этим лесом-то поедем?

– Вот скоро должен быть поворот направо, в деревню Кут-Маре; мы примем левее, да и выедем в чистое поле; и кабы нам добраться только подобру-поздорову до села Германешти, так дело-то было бы в шапке: там пойдет дремучий лес верст на десять, вплоть до поместья Будешти, а за Будештами прямая дорога до самых Ясс.

– Да ты, видно, Фролов, хорошо знаешь здешнюю сторону?

– Как не знать, сударь: меня раза три в Яссы посылали; дорога знакомая.

– Постой-ка, брат, постой! – сказал вполголоса Симский, приостановя свою лошадь.

– Ничего, Василий Михайлович, – молвил Фролов, – это ветер шумит по лесу. Здесь нам и днем опаски большой бы не было, а вот как выберемся в чистое поле, так уж тут держи ухо востро!.. Благо почь-то темна, а то проклятые басурманы как раз бы нас подозрили, а пуще эти буджатские татары: они, словно волки, так везде и рыщут.

– Неужели ты, Фролов, испугаешься татарина?

– И двух, сударь, не испугаюсь, да ведь их здесь видимо-невидимо!.. Всех не перебьешь, а наутек и не думай: у них кони знатные!.. Вот не так чтобы давно этих поганых татар вовсе здесь не было, а вдруг как полая вода нахлынули, – вовсе простору ие дают!.. А что, сударь, правду ли говорят, что государь Петр Алексеевич хочет с турком-то мир учинить?

– Может статься.

– Так что же велено всему войску готовиться к сражению?

– Видно, так надобно.

– Знать, по пословице: миру проси, а камушек с собой носи!..

– Ну, разумеется. Почем знать, коли визирь не пойдет на мировую...

– Так придется с ним распить круговую? Так, сударь!.. Да и пора чем ни есть порешить с турком-тог ведь нашим скоро перекусить нечего будет. Что, в нашем деле, мир так мир, а не то перекрестясь, да и пошел наудалую. Вынесет Господь – хорошо, пе вынесет – его святая воля! Лишь только бы наш батюшка уцелел, а ваши головы что!.. Ведь царство-то русское пе нами стоит!

– Да, брат Фролов, за нашего государя не жаль своей головы положить.

– Чего жалеть, батюшка! Да ведь таких царей, как наш государь Петр Алексеевич, сродясь нигде не бывало. И собой молодец, и удаль вся русская. Как теперь смотрю: под Полтавою летает себе соколом на своей лошадке; вокруг его народ так валом и валит, а ему в горюшка мало! Где погуще, тут и он! А уж заботливый-тӱ какой! Подумаешь, кому бы, кажется, и понежиться, как не царю? – ему никто не указ; так нет! говорят, ночи не спит!.. Да зато уж у него и другие пе дремлют. Вот иноземные-то государи – фу, батюшки, – чай, к ним и приступу нет! А к нашему царю, коли ты прав или за делом идешь, – ступай прямо! ,Он, наш кормилец, со всеми милостив; простого лапотника не погнушается. Да вот я, сударь, расскажу тебе, что слышал от одного крестьянина, у которого года два тому назад стоял постоем. Забыл, как село-то прозывается... ну, да это все равно. Вот что он рассказывал: "Еду, дескать, я однажды порожняком с базара по большой дороге, зазевался маленько, попал в рытвину, задняя ось-то и пополам, а до села еще версты четыре оставалось. Что делать, на одном передке далеко не уедешь. Со мною был парнишка, я послал ею за осью на село, а сам остался подле воза. Вот, гляжу, едет на тройке в телеге какой-то барин, а с ним служивый; поравнялся со мною и велел остановиться. Я шапку долой. "Что, дескать, мужичок, стоишь ты здесь с возом праздно?" – "Да вот, мол, батюшка, притча сделалась: ось лопнула". – "Так что ж, – у тебя, кажись, за поясом топор?" – "Да, кормилец, купил на базаре". – "Ну так чего же ты сложа руки стоишь? Иль уж ты и оси-то сделать не сумеешь? Лесок здесь есть, срубил бы деревцо, да и за работу". – "Нельзя, кормилец! Здесь лес рубить царем заказано". – "Экий ты какой, да кто про это узнает?.. Я никому не донесу". – "А Бог-то на что, батюшка?" Вот, гляжу, барин спрыгнул с телеги, подошел ко мне, взял меня за виски и поцеловал в маковку. "Добрый ты мужичок, говорит, добрый! и Бога боишься, и царя слушаешься". – "Да кого ж нам и слушаться", – молвил я. "А видал ли ты когда-нибудь царя-то?" – спросил барин. "Нет, батюшка, сродясь не видывал". – "Ну, так посмотри на меня, ведь я-то и есть царь Петр Алексеевич". Я в ноги, а он поднял меня и говорит: "За то, что ты, мужик, присягу помнишь и царский указ хранишь, я сам тебе послужу и сделаю тебе ось моими руками". Вот он взял у меня топор, срубил деревцо да в два мига такую смастерил ось, что любо-дорого посмотреть! Приладил как быть надо, сел опять в телегу и покатил. Я приехал на село да прямехонько к батьке. "Вот, дескать, отец Федор, како дело со мной было". Батька выслушал, подивился и говорит мне: "Не подобает тебе, Гаврила, ездить на оси, которую делал своими ручками помазанник Божий: отдай ее в церковь!" Ну, вестимо, я отдал, и ее поставили на паперти, у самых церковных дверей". Вот что, сударь, Гаврила мне рассказывал, а ось-то я сам видел: она и теперь все там же на паперти стоит. Так вот он каков, наш батюшка! И разной мудрости иноземной обучен, и царством правит, да и в мужичьем-то деле всякого за пояс заткнет!

В продолжение этого рассказа наши путешественники доехали до опушки леса.

– Вот и поле пошло, – сказал Фролов, – теперь зевать не надо... Постой-ка, сударь...

Урядник слез с лошади, нагнулся к земле и стал слушать.

– Ну что? – спросил Симский.

– Теперь эта ось перенесена на паперть соборного храма города Волоколамска.

– Тихо, батюшка, ничего не слышно.

– Да зато скоро видно будет. Посмотри-ка, Фролов, все облака разошлись.

– Да, сударь, да!.. Мешкать нечего – с Богом! Симский и Фролов выехали на изрытую колеями дорогу, которая, судя по частым насыпям и гатям, шла низкими и болотными местами.

— Вот, кажись, и поворот, — прошептал урядник. — Два дубка... столб... ну, так и есть!.. Эх, больно светло становится... Пронеси Господи!.. Сюда, батюшка, сюда, налево!.. Ну, что это? — промолвил вполголоса Фролов, осадив свою лошадь. — Слышишь, сударь, что ветром-то наносит??

— Да не близко ли мы к реке?.. Может быть, это шумит Прут?

— Какой Прут!.. Река должна быть правее, а это прямехонько против нас... Никшни-ка, батюшка! Так Едут к нам навстречу и есть — конский топот!.. Слышишь?

— Теперь слышу. Это должны быть татары или турецкий разъезд.

— Полуночники проклятые!.. Вот их черт несет!..

— Думать-то нечего, Фролов, свернем с дороги в сторону, а как они проедут...

— Вот то-то и беда, сударь! Здесь по сторонам вовсе езды нет — трясинник да болота; днем бы еще, может статься, проехали, а ночью как попадешь в какую-нибудь трущобу, так и сиди до утра, а там тебя руками возьмут. Нет, батюшка, уж лучше ехать на Кут-Маре, хоть и дадим крюк, да авось ли как-нибудь доберемся проселками до села Германешти. Нам в Кут-Маре проводника дадут.

— Кут-Маре, — повторил Симский. — Кут-Маре! Ведь это, кажется, поместье молдаванской барыни Хереско.

— Да, сударь. В Германешти лошадей вовсе нет, так я у нее часто подводы брал и сенцом не раз поживлялся. Такая ласковая... Чу, слышишь!.. Близехонько, и, кажись, их много... Ну, сударь, делать-то нечего — наутек!

Путешественники приняли направо и пустились по дороге, которая вела в деревню Кут-Маре. Проехав шибкой рысью версты две, они выехали на берег Прута. Крутом все было тихо, вдали перед ними мелькал огонек.

— Вот, немного полевее, должен быть мост, — сказал Фролов, — а за ним как раз господская усадьба.

— Так поэтому, — спросил Симский, — и огонек-то светится?

— Должно быть, в барских хоромах. Там есть у меня приятели: один детина по имени Димитраки, сиречь Дмитрий, и любимая сенная девушка куконы, цыганка... помнится, Мариорицею зовут. Она всем домом заправляет. Кабы нам до нее только добраться, так барыни и тревожить нечего: Мариорица девка добрая, русских любит и, уж верно, даст нам проводника.

— Постой-ка, Фролов, — прервал Симский, — что это?.. Мне кажется, как будто бы...

— Да, сударь, что-то шумит!.. Или это так ветер, что ль, шелестит?..

Кажись, ветер... Вот опять затихло!.. Чу, на господском-то дворе собаки залаяли!.. Видно, нас почуяли... Слышишь, сударь?.. Вон ворота заскрипели... Что ж это ни свет ни заря?.. Уж не дожидаются ли они кого-нибудь?..

– А вот увидим! – сказал Симский, приударив нагайкою свою лошадь.

Через несколько минут наши путешественники, переехав через мост, въехали на господский двор, обнесенный высоким тыном, и остановились шагах в десяти от барского дома. Прямо, в глубине двора, тянулось длинное здание, покрытое соломой, налево чернелся густой сад, а направо разбросаны были по двору отдельные выбеленные известью мазанки. Симский и Фролов спешились. К ним подошел с фонарем дюжий детина в овчинном кожухе.

– Ты, приятель, караульщик, что ль? – спросил его по-молдавански Фролов.

– Караульщик, – отвечал молдаванин.

– Э, здравствуй, браг Димитраки!

– Здравствуй!.. Да ты кто?

– Иль не узнал казачьего урядника Никиту... помнишь?

– Помню... Так это ты?.. А твой товарищ?

– Русский офицер.

– Русский офицер?.. Да как это вае сюда черт занес?

– Уж это не твое дело. Поди разбуди Мариорицу и вышли ее к нам. Ну что ж ты рот разинул?

– Да как же это вы сюда приехали?

– Говорят, не твое дело, ступай!

Молдаванин почесал затылок, поглядел с удивлением на Фролова и отправился. Минуту через две сени господского дома осветились, и Димитраки вышел на крыльцо вместе с женщиной, закутанной в длинную кацавейку.

– Ну вот и Мариорица! – прошептал Фролов.

– Да, это, кажется, она, – сказал Симский.

– Так и ты, сударь, ее знаешь?

– Знаю.

Симский подошел к крыльцу, и лишь только свет от фонаря отразился на его лице, цыганка вскрикнула, всплеснула руками и кинулась опрометью назад в дом.

– Постой, постой! – закричал Фролов. – Куда ты, Мариорица?.. Постой... Димитраки, что ж это она, чего испугалась?

– Да, видно, этого черта, – отвечал молдаванин, – вон что идет сюда из людских-то. Он всю ночь шатается по двору да за всеми присматривает, цепная собака этакая!

– А кто он такой?

155

— Янко, арнаут бояра Палади.

— Какого бояра? Ведь здешняя-то помещица кукона Хереско?

— Ну да.

— Так, видно, этот бояр к ней в гости приехал?

— И не один: с ним гостей-то много понаехало. Огромпого роста арнаут подошел к караульщику,

вырвал у него из рук фонарь, посмотрел молча на наших путешественников и, сказав вполголоса несколько слов, отправился назад.

— Что этот долговязый с тобой говорил? – спросил Фролов.

Вместо ответа Димитраки подошел к воротам и начал их запирать.

— Эх, плохо дело, – шепнул урядник, – никак мы в ловушку попались!.. Послушай-ка, приятель, – продолжал он, обращаясь к молдаванину, – ты зачем ворота запираешь?

— А вот скоро опять отопру, – промолвил Димитракн, – кажись, гости идут.

— В самом деле, – сказал Ситаский, – конский топот!

— Кто ж это к вам едет? – спросил Фролов.

— Ночь-то больно темна, а то бы ты не стал меня спрашивать. Вон – посмотри* Видишь ли ты там что-нибудь подле забора?

— Нет, не вижу.

— Подойди поближе.

Фролов сделал несколько шагов вперед и остановился.

— Что ж это, – сказал он, – "икак оседланные лошади?

— Ну, да!.. Вот ты бы днем тотчас увидел, что на них турецкая сбруя.

— Так здесь турки?

— Друтой день стоят. Их привел бояр Палади.

— Где он, где он? – раздался женский голос. – Василий Михайлович, где ты?

— Я здесь, Смарагда! – сказал Симский, идя навстречу куконе.

— Боже мой, ты здесь, и в какую минуту!.. Мариорица!.. Димитраки!.. Приберите куда-нибудь лошадей, а ты, Василий, и твой товарищ ступайте ко мне в дом.

На дворе замелькали огни.

— Скорей, скорей! – шепнула Смарагда, таща за собой Симского.

Но прежде, чем они добежали до крыльца, бояр Палади с целою толпою турков заступил им дорогу

— Постой, кукона! – сказал он, схватив за руку Смарагду. – Мы и без тебя угостим этих русских.

Симский и Фролов не успели вынуть своих сабель, их схватили и тотчас обезоружили.

— Свяжите хорошенько этих бродяг! – продолжал Палади, обращаясь к

156

туркам. – Как ваш ага воротится, так мы расспросим их порядком, зачем они сюда пожаловали, и если они подосланы...

– О нет! – вскричала Смарагда. – Уверяю тебя... они заплутались... заехали сюда нечаянно!..

– Э, да как ты за них заступаешься, кукона!.. Посветите-ка сюда, – продолжал Палади, подходя к Симскому. – Ну так и есть! – сказал он, нахмурив свои густые брови. – Милости просим, господин офицер!.. Теперь мы с тобой разочтемся!.. Я дал по тебе промах, проклятый русский, да авось теперь не промахнусь! – промолвил он, вынимая из-за пояса пистолет.

– Ты убей и меня вместе с ним! – вскричала Смарагда.

Она обвила Симского обеими руками и крепко прижалась к груди его. В эту самую минуту ворота распахнулись снова, и видный собою турецкий ага в сопровождении многочисленного отряда спагов въехал во двор.

– Что у вас такое? – спросил он, спрыгнув молодцом с коня.

– Да вот, – отвечал Палади, опустив пистолет, – к нам заехали сюда русские, так я хотел с ними поскорей разделаться.

– Русские?.. Хош халды! Добро пожаловать! Где ж они?

– А вот здесь.

– И только двое? Да что ж эти московиты

– Видно, их подослали нарочно.

– И ты хотел их застрелить?

– А разве не прикажешь?

– Нет, не прикажу. Ну, стоят ли эти собаки, чтоб ты тратил для них порох? Хамид, – продолжал ага, обращаясь к одному из спагов, – возьми себе их головы.

Хамид, пожилой турок с седой бородою, спустился медленно с коня.

– Ну, Василий Михайлович, – молвил Фролов, – пришел наш конец!.. Я по-турецкому маракую, – знаешь ли, что сказал этот турка?

– А что? – спросила торопливо Смарагда.

– Он велел покончить с нами.

Кукона вскрикнула, голова ее скатилась на грудь, руки опустились, и она упала без чувств на землю. Мариорица подняла свою госпожу и, при помощи Димитраки, внесла ее в дом.

– Делать нечего, Фролов, – сказал Симский, – воля Господня... молись Богу!

– Поганые басурманы, – прошептал урядник, – эк они нам руки-то скрутили... и перекреститься нельзя!

Хамид вынул из ножен свой булатный ятаган, обтер его полою кафтана и, обращаясь к своему начальнику, сказал:

– А что, эфенди, здесь, что ль, или там, за воротами?

– Да, сведи их со двора Палади, – продолжал ага, – ты спрашивал этих москов, что они за люди такие?

– Одного из них я знаю: он должен быть русский юз-баши.

– Юз-баши! – вскричал ага. – Аллах кирим!.. И ты хотел застрелить его?.. Постой, Хамид, постой!.. Мы до сих пор не могли еще захватить в плен ни одного русского юз-баши: они, проклятые собаки, ни за что живые в руки не даются. Наш визирь Ахмет-паша – да сохранит его Аллах и да утонет он в море милостей великого падишаха! – дорого бы дал, чтобы порасспросить хорошенько хоть русского ан-баши, а это юз-баши!.. Он от него все может выведать...

– Так ты его отошлешь к визирю?

– Я сам после утренней молитвы отвезу этих пленных в лагерь и сдам с рук на руки великому каимакану...

Ханух! Селим! Заприте куда-нибудь до утра этих гяуров!.. Да если они уйдут...

– Не заботься об этом, – прервал молдаванин, – не уйдут! За это я берусь.

– Ну, не говори, Палади! Этим русским – да истребит Аллах весь нечестивый род их! – сам шайтан помогает: они в мышиную щелку пролезут, проклятые! Смотри не упусти их!

– Чтоб я их упустил? Да застрели меня как собаку, если я выпущу из рук этих разбойников русских!

– Хорошо, эфенди!.. Помни же, что ты теперь сказал!

– Не забуду. Я их так припру, что к ним и муха не влетит!.. А что ты думаешь, ага, визирь что с ними сделает.

– Известно что: расспросит обо всем.

– Да, скажут они правду!

– Скажут. Да ведь их станет допрашивать визир-ский палач Абдул-Мукир, а у него и мертвый заговорит.

– А как их допросят.'

– Так велят задушить. Кто побывал в руках у Абтул-Мукира, тот уж ни на что не годится.

– Вот что!.. Хорошо же, что я их не застрелил. ' Алейкум салам, эфенди!

Палади велел вести за собою Симского, и Фролова. Все турки, убрав лошадей, разбрели в разные стороны, и на опустелом дворе осталась снова один караульщик Димитраки.

X

В небольшой комнате, при слабом свете лампады, которая висела перед образом Божией матери, сидела на своей постели бледная, убитая горестью кукона Хереско. Она молчала, и по временам только удушливые рыдания вырывались из груди ее. Подле кровати стояла любимая ее цыганка.

– Мариорпца, – промолвила наконец кукона, – не обманывай мспя! Ты говоришь, что он жив, но я сама слышала...

– Да, кукона, – прервала цыганка, – им хотели отрубить головы, но, видно, турки передумали.

– Да точно ли это правда?

– Как же, кукона! Уж я тебе говорила, что их отвели в каменную кладовую. Димитраки видел, как их туда заперли.

– А что ж нейдет ко мне бояр Палади?

– Кто его знает! Когда я ему сказала, что ты зовешь его к себе, так он поглядел на меня таким зверем, что я и ответа не стала дожидаться.

– Боже мой! а меж тем время так и летит!.. Что, Мариорица, посмотри, светает?

– Да, кукона! Вон уж там, где из-за рощи-то солнышко, выходит, звезды стали тухнуть.

– А Палади нейдет!..

– Чу, что-то стукнуло... Вот и в девичьей зашумели... Идет, кукона, идет!

Двери отворились, и в комнату вошел бояр Палади. Он взглянул угрюмо на Смарагду; ее заплаканные глаза и помертвевшее лицо, казалось, не возбудили в нем никакого сожаления; напротив, взор его сделался еще мрачнее.

– Проклятый! – прошептал он. – Как она его любит!

– Садись, бояр! – сказала тихим голосом Смарагда.

– Зачем, кукона! Мне некогда с тобою долго разговаривать: я отвечаю головою за пленных русских, так сам их караулю. Конечно, им уйти нелегко, да ведь здесь, пожалуй, и помогут.

– Бога ради, Палади, скажи мне всю правду: что с ними будет?

– Известно что: Ибрагим сказал мне, что он после утренней молитвы отвезет их в лагерь к визирю; там от них допытаются, зачем они сюда пожаловали, расспросят о русском войске. Турки на это молодцы: коли примутся пытать, так у них всякий заговорит, – по жилочке вытянут из человека! А там как узнают от них все, что надо, так отмахнут им головы или велят задушить. Ведь у них расправа короткая!

– Милосердый Боже! – вскричала Смарагда, – а я еще радовалась, что Симский жив!

– Вольно ж тебе было мне помешать: я сгоряча убил бы его непременно. Теперь, не прогневайся, и сам ни за что не трону этого красавчика: пусть он прежде побывает в руках у визирского палача. Посмотрим тогда, каков-то он будет!

– Боже мой, Боже мой!.. Да за что ж ты его так ненавидишь?

– За что?.. И ты спрашиваешь об этом?.. За что? Ты любила меня, Смарагда... Да, да, ты любила меня!.. И если б не этот пришелец, не этот демон-соблазнитель, я был бы давно твоим мужем! Теперь он в руках моих, его ждет мучительная смерть, а знаешь ли, что я завидую ему? Он умрет любимый тобою, а я останусь жить... На что?.. Для чего?.. Если б я ненавидел тебя, как ненавижу этого русского... о, тогда бы я мог еще жить! Я был бы счастлив твоею горестью, я упивался бы слезами твоими. Твое отчаяние было бы моим блаженством, но я люблю тебя!.. И если бы ты знала, Смарагда, какой адский пламень обхватывает мое сердце, как рвется оно на части при одной мысли, что ты презираешь любовь мою, что этот злодей владел тобою!

– Ты ошибаешься, бояр...

– Я ошибаюсь – я?.. Так он не для тебя приехал в Кут-Маре, не для тебя пошел на явную гибель?

– Он здесь в первый раз и заехал сюда нечаянно.

– Да не ты ли сама признавалась мне, что любишь этого русского?

– Да, я люблю его; но та, которую он любит, не здесь, Палади: она русская. Симский зовет меня сестрою и, может быть, любит как сестру, но никогда не будет моим мужем.

– Если б я тебе и поверил, – сказал молдаванин, – так что ж от этого? Любит ли тебя этот русский или нет, но он стал между тобой и мной...

– Но разве Симский желал этого?.. О, поверь, Палади, он ни в чем не виноват перед тобой!..

– А в чем виноваты перед турками солдаты русского царя? Они не сами пришли: их привели на Прут; так, по-твоему, падишах должен их всех помиловать? Нет, кукона, если этот русский не виноват предо мной, так пусть кровь его будет на тебе: не я, а ты его убийца!

– Бояр Палади, – прервала кукона, – время дорого, выслушай мою последнюю и непременную волю: клянусь тебе Господом Богом, если Симский погибнет, так я никогда не буду твоей женою и умру, проклиная тебя; а если ты спасешь его, то веди меня завтра же к венцу!

– Завтра... тебя! – повторил с удивлением Палади. – Ты шутишь, кукона!

– Вот как я шучу! – сказала Смарагда, снимая со стены икону. – Гляди, Палади: я целую лик Божьей матери и повторяю мою клятву.

160

– Да подумала ли ты, Смарагда, что до завтрашнего

дня осталось только несколько часов и что в Кут-Маре есть церковь и священник?

– Прикажи ему быть готовым.

– Так ты будешь моею? – прошептал Палади, устремив сверкающий взор на бледную, истерзанную горестью, но все еще прекрасную молдаванку. – Моею! – повторил он, схватив ее за руку.

– Да, – прошептала кукона, – если ты спасешь Симского.

– Смарагда! – сказал, помолчав несколько времени, Палади.

– Я Верю, что теперь ты на все готова, но кто поручится мне за будущее? Пройдет месяц, другой...

– Но разве я тебе не сказала, что ты можешь завтра же вести меня к венцу?

– Завтра!.. Да ведь я отвечаю за этих пленных

головой и, чтоб спасти их, должен сам уйти вместе с ними, а ты останешься здесь.

– Нет, бояр, я здесь не останусь, а поеду к моим родным в Киев; ты можешь также туда приехать и если докажешь, что Симский доехал благополучно до России...

– А чем я докажу это?

– Привези от него письмо.

– Письмо! – повторил молдаванин. – Письмо, в котором, может быть, он станет уверять тебя в любви своей!..

– Я уж сказала тебе, Палади, что он любит меня как сестру и никогда не будет моим мужем.

– Почем я знаю, – продолжал молдаванин, – что у тебя на уме, кукона? Может быть, вместо Киева мне придется ехать с этим письмом в Москву.

– Боже мой, Боже мой, да чем же я могу тебя уверить?.. Постой! – промолвила Смарагда, снимая с себя золотой крест. – Вот благословение покойной моей матери: она завещала мне никогда с ним не расставаться, но ты – мой жених, Палади, возьми его! И пусть благословение моей матери превратится в вечное проклятие, если я изменю моему слову!. Да, клянусь перед Богом: только тот, кто возвратит мне этот крест, будет моим мужем! Ну, веришь ли теперь, что я тебя не обманываю?

– Хорошо, кукона! я постараюсь спасти этих русских! Помни только, что дело идет о голове моей и что с этой минуты ты принадлежишь мне навсегда. Погибну я или нет – все равпо! Да, Смарагда, этого креста пе возвратит тебе никто, кроме меня... Прощай!

Палади вышел из дома. На дворе все было тихо. У дверей кладовой, в которой заперты были пленные, стоял Янко, арнаут бояра Палади. У коновязи сидел, поджав ноги, турецкий часовой, он не курил даже трубки, потому что спал мертвым сном. Один только Димит-раки расхаживал подле запертых ворот и мурлыкал про себя песенку.

— Димитраки, — сказал Палади, подойдя к караульщику, — что, все спокойно?

— Все, бояр.

— Кажется, турки-то все спят?

— Да когда ж им соснуть, коли не теперь? Всю ночь прошатались.

— А ты что не спишь, Димитраки?

— Нет, бояр, спасибо!.. Вишь какой! — промолвил он шепотом. — Еще спрашивает, черт этакий!

— Я вчера поколотил тебя за это, — продолжал Палади, — а сегодня, уж так и быть, — жаль мне тебя, ступай, спи!

— Да вон уж светает, бояр, высплюсь днем.

— Ну пошел же, когда тебе говорят! Да возьми с собой в избу собак: надоели — все лают.

— Да кто же двор-то станет караулить?

— А вот кто! — прервал Палади, ударив кулаком караульщика. — Когда приказывают, так слушайся!

Димитраки покликал к себе собак и отправился вместе с ними в одну из мазанок, которыми уставлен был весь двор, а Палади, поглядев внимательно вокруг себя, пошел к каменной кладовой. Минуты через две Димитряки высунул голову из дверей избы.

— Проклятый полуночник, — прошептал он, — вчера приколотил меня за то, что я спал, сегодня — за то, что нейду спать, разбойник этакий!.. Да что ж это такое, — продолжал караульщик, выходя потихоньку из избы, — и меня прогнал, и собаки ему надоели?.. Это что-нибудь недаром... Уж не пойти ли мне сказать об этом туркам? Что, в самом деле, — ведь я и перед ними также в ответе. Упаси Господи, коли грех какой сделается, ведь тогда за меня первого примутся!.. Ты, дескать, караульщик!..

Рассуждая таким образом, Димитраки пробрался стороной до длинного надворного строения, в котором помещался турецкий ага со своим отрядом. В одном окне светился огонек.

— Э, — прошептал Димитраки, — да никак ага-то не спит!.. Ну так и есть! Кажись, молится по-своему богу...

Не пойти ли мне сказать ему?.. Нет дай прежде посмот pro, где этот чертов сын, Палади.

Между надворным строением и забором сада рос высокий бурьян и разбросано было несколько кустов смородины. Димитраки почти ползком прокрался между ними до самой коновязи. При свете утренней зари, которая стала уже заниматься, можно было различать довольно ясно все предметы. В пяти шагах от Димитраки бояр Палади и его арнаут Янко суетились около лошадей.

– Проворней, проворней, – шептал Палади, – я все боюсь, что этот проклятый турок... Эх, лучше бы!..

– Да небойсь, бояр, – прервал Янко, – я ему рот завязал платком и скрутил так, что ему пошевелиться нельзя, а закричать и подавно, еще, пожалуй, задохнется Да ништо ему коли приставили караулить, так не спи!

– Ну, веди теперь лошадей садом, а там задними воротами в рощу, – знаешь, где старая винокурня?

– Знаю, бояр.

– Там и дожидайся, а я пойду к русским.

"Эге, – подумал Димитраки, – и турка связали, и лошадей ведут украдкой, так дело-то не ладно, надо сказать are. Ну, бояр, как-то ты с ним разделаешься: ведь он не наш брат, его не поколотишь!"

Меж тем Палади подошел к каменному небольшому зданию с одним окном, в которое вставлена была толстая железная решетка, отпер ключом дубовую окованную дверь и вошел в кладовую. Через несколько минут он вышел из нее с Симским и Фроловым и перерезал кинжалом веревки, которыми они были связаны.

– Теперь за мной! – сказал Палади.

Симский и Фролов, вслед за молдаванином, перелезли через забор и пустились бегом по саду.

– Скорей, скорей, – прошептал бояр. – Вон видите там за воротами?. Эти кони приготовлены для нас

– Ты лжешь, Палади! – сказал кто-то по-молдавански. Из-за кустов высыпали вооруженные спаги, в турецкий ага заступил дорогу беглецам.

– Ибрагим! – вскричал бояр.

– Да, ты лжешь, Палади, – повторил ага, – эти копи приготовлены для меня Возьмите русских, – продолжал он, обращаясь к туркам, – и посадите их на коней: я сам с ними поеду, а ты, проклятый гяур, оставайся дома.

Вслед за этими словами раздался выстрел, и бояр Палади упал мертвый на землю. Ата продул спокойно затравку своего пистолета, заткнул его за кушак и пошел к роще, а два или три турка, которые остались в саду, принялись раздевать и обшаривать убитого бояра.

Солнце начинало уже всходить, когда наши пленные выехали на дорогу, ведущую от поместья Кут-Маре к турецкому лагерю; он тянулся по высотам, которые шли вдоль низкого берега Прута, поросшего густым камышом. Вот забелились бесчисленные палатки и красивые наметы турецкого войска. Вдали, как белоснежная, увенчанная золотой луною гора, возвышался огромный шатер великого визиря. Посреди обширного поля, отделявшего таборы крымских татар от турецкого стана, гарцевали сотни лихих паездников. Они крутились вихрем по полю, гонялись друг за другом, бросали свои джериды и на всем скаку, подхватывали их в воздухе. Эта необычайная быстрота движений, этот восточный живописный наряд, это блестящее на солнышке и залитое в серебро оруяше, от которого сыпались огненные искры, – все это вместе было так прекрасно и так великолепно, что Фролов, несмотря па свою ненависть к басурманам, не мог удержаться от восторга и прошептал:

– Эх, жаль, что эти поганые турки Христа-то не знают!.. А нечего сказать, удалой народ!

Не доехав шагов пятидесяти до визирской ставки, ага сошел с коня; русские пленные и их провожатые также спешились. Сказав несколько слов янычарам, стоявшим у входа в шатер, он вошел в него и велел вести за собою пленных. Пройдя два отделения, в которых толпились турецкие аги и татарские мурзы, они вошли в третье; в нем, на низком диване, или, верней сказать, широком тюфяке, сидел каймакан, то есть наместник великого визиря. Перед ним стояли в почтительном молчании пять или шесть бимбашей и сидели на ковре двое осанистых пашей. Несколько поодаль писал, стоя на коленях перед низеньким столом, ада-баши – по-нашему, обер-квартирмейстер. В углу, позади каймакана, стояла целая толпа чаушей, готовых по первому мановению визиря или его наместника отколотить по пяткам весь главный штаб турецкой армии. Русских остановили при входе, а Ибрагим, став против каймакана, наклопил голову и, приложив к губам правую руку, сказал обыкновенное приветствие правоверных:

– Маш Аллах! – то есть: да благословит тебя господь!

– Аллах разола! – пробормотал каймакан, кивнув слегка головою. – Ну, что скажешь, Ибрагим?

– Я сегодня ночью, – отвечал ага, – захватил вот этих двух русских Один из них юз-баши.

– Пек-эй, пек-эй!.. А который из них юз-баши?

– Вот этот, что выше ростом.

– Как, этот мальчишка?.. И он юз-баши!.. Ну, видно, у этих москов не по-нашему! – промолвил он, поглаживая свою седую бороду.

Занавеска дверей, ведущих во внутренние отделения визирской ставки, зашевелилась Все турецкие чиновники встрепенулись, паши вскочили со своих мест, и сам каймакан приподнялся. Но эта тревога тотчас же кончилась, потому что вместо великого визиря вошел русский подканцлер Шафиров со своим переводчиком.

– Что я вижу1,– вскричал он, – Симский!. Ты как здесь?

– В плену, Петр Павлович.

– В плену?.. Да когда ж ты попался?

– Сегодня ночью. Государь изволил отправить меня с указом в московский Сенат.

– С указом?.. Так погоди же!..

164

Шафиров подошел к каймакану и начал говорить с ним через переводчика. Турок слушал его с большим вниманием, улыбался и, когда Шафиров перестал говорить, кивнул приветливо головой и сказал:

– Пек-эй, пек-эй!

– Что это он говорит? – спросил Шафиров.

– Хорошо, дескать, – отвечал переводчик. Шафиров поклонился каймакану и, проходя мимо

Симского, спросил, не отобрали ли у него царского указа

– Нет, Петр Павлович, – отвечал Симский, – указ, слава Богу, при мне.

– Так авось ты довезешь его благополучно до Москвы Прощай!

Через несколько минут вынесли от визиря бумагу; каймакан прочел ее с приметным удовольствием, повторяя беспрестанно свое "пек-эй"; потом передал ее ада-баши и, проговорив с набожным видом "гпокюр аллах", потребовал свою трубку; но, прежде чем он успел затянуться первым глотком благовонного дюбека, вошел торопливо пожилой бим-баши и сказал ему что-то вполголоса

– Аллах кирим! – вскричал каймакан с приметным ужасом – Что ты говоришь, он здесь?

– Здесь и прямо идет сюда.

Перед шатром послышался шум. Каймакан вскочил, паши также встали; шум приближался, и вдруг в палатку вошел или, лучше сказать, вбежал человек высокого роста, не слишком приятной, но весьма значительной наружности. Этот, по-видимому вовсе нежданный, гость не отличался ничем от трех шведских офицеров, которые вошли вместе с ним в палатку. На нем была небольшая треугольная шляпа, однобортный зеленый мундир с желтым подбоем, такого же цвета исподнее платье, ботфорты со шпорами, лосиная портупея с медной пряжкой и замшевые перчатки с широкими раструбами по самый локоть.

– Где визирь?^ – сказал оп повелительным голосом, не снимая шляпы и не отвечая на почтительный поклон каймакана. – Понятовский, спроси их!

– Вот, государь, наместник его, – сказал Понятовский, указывая на каймакана.

– Какое мне дело до его наместника! Где Мехмет-паша?

Каймакан молча указал на двери, ведущие в соседнюю комнату. Карл XII – читатсли, вероятно, уж отгадали в этом посетителе шведского короля – отдернул занавеску и вошел, вместе с Понятовским, в обширное отделение палатки, устланное персидскими коврами и обтянутое богатым штофом. В глубине этой походной аудиенц-залы, на роскошном атамане, покрытом турецкими шалями, сидел, поджав ноги, и курил трубку великий визирь. С одной стороны подле него стоял с серебряным подносом и золотою кружкою сербет-аглан, то есть чашник, или кравчий;

165

с другой – черный невольник обмахивал мух павлиным хвостом и в то же время навевал прохладу на его великолепие, победоносного Ахмет-пашу, который, несмотря на летний жар, сидел в шубе и уродливой визирской чалме, совершенно похожей на огромный, поставленный вверх дном цветочный горшок. Несколько турецких сановников и драгоман сидели па ковре и перечитывали какие-то бумаги. Нечаянное появление шведского короля, по-видимому, очень смутило визиря. Он встал со своего места и хотел что-то сказать, но Карл XII не дал ему вымолвить ни слова; кинув на него гневный взгляд, он опустился небрежно на диван и сказал:

– Понятовский, переведи этой турецкой чучеле все, что я буду говорить, да – смотри – слово от слова!

Визирь сел опять на прежнее место, и между ним и шведским королем начался через переводчика следующий разговор.

– Правда ли, визирь, – спросил Карл XII, – что ты хочешь заключить мир с русским царем?

– Правда, – отвечал Мехмет-паша.

– Я надеюсь, этого не будет.

– Нельзя не быть: мир уж заключен.

– Заключен! – вскричал король. – Ах он изменник!.. Да как же ты, Мехмет-паша, осмелился заключить этот мир?

Визирь поглядел с удивлением на своего гостя и сказал:

– Да разве ты не знаешь, что я имею право и войну вести, и мир заключать?

– Вот то-то и худо, что тебе дали это право. У меня бы ты не смел этого сделать. Вот и мои сенаторы вздумали было также умничать, да я послал им мой старый сапог и приказал, чтоб они спрашивались у него, что делать. Переведи ему это, Понятовский!

Вероятно, Понятовский исполнил к точности это приказание, потому что визирь поглядел с ужасом на короля и отодвинулся от него подалее.

– Да для чего же ты, Мехмет-паша? – продолжал Карл XII, – заключил мир с русским царем, когда все войско его и он сам были в твоих руках?

– Наш закон, – отвечал е важностью визирь, – повелевает щадить врагов, когда они просят помилования.

– А разве этот закон запрещал тебе взять в плен русского царя?

– Взять в плен москов-султана? А кто же бы тогда стал править его царством?

– Ну, вот, – прошептал Карл XII, – говори с этим бессмысленным скотом!.. Да какое тебе дело, Мехмет-паша, что некому бы было управлять русским царством?

– Аллах не любит безначалия, – возразил визирь. Потом, взглянув исподлобья на шведского короля, промолвил еще несколько слов. Понятовский видимым образом смутился

166

– Что он еще там бормочет? – спросил король. – Ну что ж ты молчишь, Понятовский?

– Он говорит такой вздор, ваше величество, что, право, не стоит и переводить.

– Все равно, я хочу знать!.. Да смотри – не обманывай меня!

– Он говорит, ваше величество, что нехорошо будет, если все цари станут жить по чужим землям.

Карл XII вспыхнул.

– Ваше величество – сказал торопливо Понятов-ский, – не гневайтесь на ѣтого турка: он не знает сам, что говорит.

– Ты прав, Понятовский, – промолвил король, – с этим болваном рассуждать нечего. Поедем!

Он вскочил с дивана, зацепил шпорою за шубу визиря, разорвал ее, потом выбежал вон из палатки, вспрыгнул на своего коня и поскакал назад в Бендеры.

– Собака! – прошептал Мехмет-паша, принимаясь снова курить свою трубку.

Спустя минут десять каймакан вошел к визирю.

– Что ты, Осман? – спросил Мехмет-паша.

– Я пришел донести твоему великолепию, – отвечал каймакан, – что ага Ибрагим захватил в плен двух русских, один из них юз-баши.

– А когда он взял их в плен?

– Ночью, за час до утренней молитвы.

– То есть прежде, чем мы заключили мир с русскими?

– Прежде.

– Так пускай Ибрагим возьмет их себе.

– А я думаю, что их лучше отпустить.

– Зачем?

– Да вот мне сейчас русский рейс-эфенди говорил, что москов-султан послал их с фирманом в свою землю затем, чтоб там скорей сбирали подать, которую он должен положить к ногам великого падишаха.

– Ну, это другое дело!.. Ты правду говоришь, Осман: их должно отпустить. Да уж кстати скажи Ибрагиму, чтоб он взял с собою человек двадцать спагов и проводил этих русских, а не то, пожалуй, их захватят крымские татары. Ведь для этих разбойников все равно, война или мир, им только бы грабить.

Каймакан поклонился и вышел вон. Через полчаса Симский и Фролов, которым отдали оружие, сидели уже на конях.

– Ну, вот, сударь, – сказал Фролов, – Господь нас помиловал! Нас даже и в плен не берут. Ага сказал мне, что едет с нами для того только, чтоб нас не обидели татары.

– Что ж это значит?

— Должно быть, перемирие, сударь. Да, видно, ьа нас очень просил и боярин Шафиров, дай Бог ему много лет здравствовать!

— Хайде! — крикнул ага, и весь поезд двинулся по дороге, ведущей к Яссам.

XI

Теперь мы должны возвратиться опять в Москву, но вы не узнаете ее, любезные читатели:

Она грустна, она уныла, Как мрачная осенняя ночь...

Дурные вести скоро доходят, да это бы еще ничего, что было, того не воротишь; но вот что худо: почти всегда, как будто бы для того, чтоб оправдать пословицу: "Пришла беда, отворяй ворота", за каждой нерадостной вестью следуют тысячи новых, одна другой ужаснее. Есть люди, для которых всякое народное бедствие – сущий клад. В спокойное время они обыкновенно сидят по домам, но случись какая-нибудь общая беда – и они, как зловещие птицы, появятся везде, начнут всех пугать своим отвратительным криком, и надобно отдать справедливость этим вестовщикам горя: они вполне обладают непостижимым искусством – из небольшой мухи сделать огромного слона. На этот раз для них было настоящее раздолье: нашествие турок на святую Русь, погром Москвы, осквернение храмов Божиих – было над чем уму-разуму потрудиться, и, нечего сказать, эти господа потрудились порядком. В Москве не знали ничего верного о положении нашего войска, знали только, по слухам, что дела идут худо; но, по милости этих зловещих птиц, и неробкие люди стали призадумываться; о трусоватых и говорить нечего – те уж давно распорядились: одни припрятали подалее свое серебро и наличные денежки, другие уложились и держали наготове лошадей, чтоб при первой опасности ускакать из Москвы.

Семнадцатого июля, часу в десятом утра, Данила Никифорович Загоскин беседовал в гостиной комнате своего носковского дома с Герасимом Николаевичем Шетневым.

— Да, батюшка Данила Никифорович, — говорил Шетнев, — ты себе верь или нет, а уж шила в мешке не утаишь, – плохо дело!

— Да ведь это только слухи, – сказал Данила Никифорович.

— Какие слухи! Говорят тебе, изо всего русского войска ни одной живой души не осталось.

— Помилуй, любезный! да как же это может быть? Ведь люди не мухи, а и тех всех не перебьешь. Русская-то рать была не маленькая. Ну, коли турок было и впятеро больше...

– Впятеро! Нет, Данила Никифорович, их пришло с лишком шестьсот тысяч, а татар-то собралось вдвое против этого. Говорят, весь Крым поголовно вышел на подмогу к туркам, так уж тут делать нечего, – насилу не возьмешь!

– Воля твоя, Герасим Николаевич, а я этому не верю, не до конца же прогневался на нас Господь. Ведь, по-твоему, и войско и государь...

– Все погибло, любезный, все!.. Вот они, немецкие-то кафтаны!.. Кабы жили да жили по старине...

– А в старину-то нас, чай, никогда не бивали?

– Случалось, да только не этак. Бывало, Господь накажет, а там и помилует.

– Ну так, может быть, и теперь то же.

– Нет, любезный, теперь мы сами от господа отступились, так и он нас покинул. Послушал бы ты, что говорит об этом Лаврентий Никитич Рокотов. Я третьего дня был вместе с ним в селе у Максима Петровича Прокудина.

– Так они помирились?

– Да, помирились, а вчера опять было поссорились.

– За что?

– А вот за что: Максим Петрович так же, как ты, не очень верит слухам. "Как, дескать, мы ни грешны, – говорит он, – а все-таки рабы Божьи, и он не предаст помазанника своего и нас, рабов своих, на поругание язычникам". А Лаврентий Никитич и скажи ему на это: "Коли, дескать, все правда, что говорят, так тут есть и гнев и милость Божья. Придет разоренье на святую Русь, – ну что ж: не впервые, – авось как-нибудь оттер-пимся, зато после легко будет. Ведь по мне, дескать, немецкий-то погром хуже турецкого". Батюшки, как Максим Петрович расходился!.. Да, нечего сказать, и я Лаврентия Никитича не похвалил. Ну, коли каким ни есть чудом государь Петр Алексеевич вернется да узнает о таких речах... Господи Боже мой, пропадешь ни за денежку. Насилу, насилу их помирил, да и то, что Лаврентий Никитич догадался и сказал, что он это так... пошутил, чтоб подразнить Максима Петровича.

– Здравствуйте, Герасим Николаевич! – сказала, входя в комнату, Марфа Саввишна.

Шетнев встал и поклонился.

– У тебя гости были, жена? – спросил Данила Никифорович.

– Да, батюшка, Аполинарья Степановна Бирдюко-ва да Нимфодора Алексеевна Добрынская.

– То-то, чай, навезли тебе вестей!

— О, Господи, такие страсти, что и сказать нельзя!.. И что им за утеха рассказывать?.. Держали бы про себя...

— Куда! Чай, так и рвутся одна перед другой!

— И добро бы еще слухи-то были хорошие, – так нет! С радостной весточкой ни за что не приедут!

— Охота тебе, жена, их слушать.

— А что такое они вам рассказывали? – сказал Шетнев. – Сделайте милость, сообщите нам!

— Ох, батюшка!.. Коли правда, что они говорят...

— А что они говорят такое?

— Да вот Аполинарья Степановна рассказывала мне: она получила письмо от одной приятельницы из Чернигова, и в этом письме к ней пишут, что турки-то уж в Полтаве.

— Слышишь, Данила Никифорович? – прервал Шетнев.

— Слышу, батюшка, слышу!

— Ну, что ж они, Марфа Саввишна, с Полтавой-то сделали?

— Камня на камне не оставили! И место, где она стояла, вспахали, проклятые, да солью посыпали, чтоб трава не росла!

— А с православными-то что сделали? К себе, что ль, угнали?

— Нет, батюшка, перебили всех до единого.

— И женщин также?

— Ох, нет, кормилец!.. Говорят, молоденьких всех по рукам разобрали.

— А что, от Полтавы они назад, что ль, пошли?

— Куда назад!.. Говорят, уж дошли до Киева.

— Что ты, матушка, – прервал Данила Никифорович, – да ведь Киев-то ближе к туркам, чем Полтава!

— Я этого, сударь, не знаю, а рассказываю тебе, что слышала. И Нимфодора Алексеевна говорит то же, и ей также пишут, из Курска, что ль, не знаю, что крутом Полтавы нет деревца, на котором бы человек десять не висело.

— Скажите пожалуйста, – вскричал Шетнев, – и режут и вешают!

— То ли еще они, душегубцы, делают с православными, – продолжала Марфа Савввишна, – и подумать-то страшно!

— А что такое, матушка?

— А вот что, Герасим Николаевич возьмут человека, зароют его по самую голову в землю, да так в степи и оставят. Вот как он, голубчик, рот раскроет, так в него и поползет всякий гад: и ящерицы, и змеи, и козявки всякие...

— Господи Боже мой!.. Охота же была связываться с таким народом!

— Ох, батюшка, правду ты говоришь! Знаешь ли ты, что мне сказывала Аполинарья Степановна, а она слышала это от людей бывалых: где нам воевать с турками! Они все народ тучный, дородный, – что им делается?

Вот турок ударит саблею русского, так он тут же изойдет кровью, сердечный! А коли наш пырнет чем ни есть турка, так ему это нипочем: тотчас заплывет жиром... Ну что ж ты смеешься, Данила Никифорович?

— Да повеселее на сердце сталр, матушка. Коли и друтие-то вести так же верны, как эти, так еще слава Богу!

— Нет, Данила Никифорович, — прервал Шетнев, — не говори этого. То, что изволила рассказывать Марфа Саввишпа, само по себе, а то, что я тебе говорил, так это верно, как Бог свят. Вот как и дело было: мы перешли за реку Днестр, а за этой рекою пойдут арапские пустыни... Это, матушка Марфа Саввишна, должна быть та самая земля, в которой живут мурины, сиречь арапы.

— Так, батюшка, так!

— Ну вот, сударыня моя, наши много нужды натерпелись; места, знаете, этак безводные, а жары такие, что там и огня вовсе не разводят.

— Да как же, Герасим Николаевич, там хлебы-то пекут?

— На солнышке, матушка. Вот наши шли, шли, да и пришли на какой-то пруд, а может быть, и озеро – наверно не знаю; говорят только, что рыба в нем так и кишит, и даже тюлени водятся.

— Так какой же это пруд, батюшка?

— Да, Марфа Саввишна, должно быть, озеро. Мы стали по сю сторону, а турки по ту. Вот как они собрались все воедино, так пошли в обход, а мы стоим да стоим. Глядь-поглядь, а турки-то уж и с тылу зашли, да и ну палить в наших из пушек. Мы также, а там врукопашную – и пошла жарня! Наши, сударыня, двое суток стояли крепко, денно и нощно бились с врагом. В первые сутки перебили у него пятьдесят тысяч, на вторые еще пятьдесят, а на третьи-то и силы уж не стало. Легко вымолвить! Поди-ка перебей сто тысяч человек — руки отмотаешь!.. Вот как турки заметили, что наши вовсе из мочи выбились, так кинулись на них гурьбою и пошли резать, как баранов. Я слышал от верных людей, что всех дотла перерезали. Ну, может статься, сотни две-три в живых и осталось; кто под кустом отлежался, кто успел тягу дать... да это все какая-нибудь лагерная челядь, а настоящая-то рать и царская гвардия вся поголовно легла.

— Слышишь, Лаврентий Никитич? - сказала Марфа Саввишна, заливаясь слезами. – А наш-то Васенька!..

— Племянник ваш, Симский? – прервал Шетнев. – Да! ведь он служил в Преображенском полку!

— Ох, недаром я тосковала, когда с ним прощалась! – продолжала Марфа Саввишна, рыдая. – Голубчик ты мой, сокол мой ясный! Умереть в таких годах, на чужой стороне, и, может быть, без покаяния!.. Батюшка Данила Никифорович, поеду я, отслужу по нем панихиду!..

— Что ты, матушка, помилуй! Ну что хорошего, коли ты о живом человеке панихиду отпоешь?

171

— Нет, Данила Никифорович, – сказал Шетнев, – не мешай! Что, в самом деле, племянник твой за выскочка, – один изо всего полка уцелел! Ведь он у тебя, я слышал, молодец, – так живой в руки не дастся.

— Да, это правда, а за куст и подавно не спрячется.

— Так и думать нечего! Ступайте, матушка Марфа Саввишна, дело христианское, богоугодное...

В столовой послышались шаги поспешно идущего человека. Двери отворились – и Симский вошел в комнату.

— С нами крестная сила! – вскричала Марфа Саввишна. – Что это?.. Васенька!

— Друг сердечный, Василий, ты ли это? – сказал Данила Никифорович, обнимая племянника.

— Я, дядюшка, я!.. Здравствуйте, тетушка!

— Голубчик ты мой! – воскликнула Марфа Саввишна, осыпая поцелуями Симского. – Ты жив... тебя турки не убили?

— А вот как видите.

— Ну, Герасим Николаевич! – сказал хозяин, обращаясь к Шетневу, – ты советовал жене отслужить по нем панихиду...

— Ну что ж, Данила Никифорович, теперь Марфа Саввишна вместо панихиды отслужит благодарственный молебен!

— Отслужу, батюшка, отслужу!.. Подлинно милость Божия! Подумаешь: один как перст изо всего полка остался!

— Нет, тетушка, не один, наш полк благодаря Бога целехонек.

— Что вы говорите, батюшка? – прервал Шетнев. – Так поэтому ваш только полк и уцелел?

— Нет, государь мой, все целы. Ну конечно, в ином полку народу гораздо поубыло, и наш поменьше стал, да без этого нельзя.

— Скажите пожалуйста!.. Ох уж мне эти вестовщики!.. И ведь выдумают же, проклятые!

— А что, видно, нас всех похоронили.'

— Чего, батюшка! У нас слухи были, что из всего русского войска ни души не осталось.

— И что турки-то уж в Полтаве! – подхватила Марфа Саввишна.

— Нет, тетушка, далеко от Полтавы, – сказал Сим-ский, улыбаясь, – да вряд ли туда и пойдут.

— А что государь? – спросил Данила Никифорович.

— Слава Богу, здоров. На прошлой неделе он сам изволил отправить меня с именным указом. Я сейчас был в Сенате и вручил его господам сенаторам.

— Так он, батюшка наш, жив и здоров! – вскричал Шетнев, сложив умильно руки. – Слава тебе Господи! Не отринул ты грешных молитв наших!

– Л что, племяпник, – молвил Данила Никифорович, – скажи по правде: что, дела-то наши худо идут?

– Да, дядюшка, тесненько нам приходило.

– Слышишь, любезный? – прервал Шетнев.

– Турки обложили нас со всех сторон...

– Слышишь? – повторил Шетнев.

– И надобно сказать правду наше дело было десперантное.

– Какое? – спросил Данила Никифорович.

– Десперантпое, то есть отчаянное.

– Слышишь, Данила Никифорович?

– Слышу, любезный!.. А теперь?

– Теперь, кажется, пошло на мировую.

– Почему ты это думаешь?

– А вот почему, дядюшка: когда государь изволил послать меня в Москву, так с визирем шли переговоры. Меня отправили почью, потому что мне надобно было пробираться сквозь все турецкое войско. Сначала-то мне не очень посчастливилось: турки меня захватили...

– Господи! – вскричала Марфа Саввишна. – Так ты был у них в полону?

– Был, тетушка.

– И тебя не зарезали, пе повесили, не закопали живого в землю?

– Нет, тетушка, Бог помиловал. Напротив, они и в плену меня не оставили, а отпустили с честью и даже дали мне проводников. Вот потому-то я и думаю, что у нас с турками положен штиль-штанд.

– Штиль-штанд! – повторил Данила Никифорович.

– Да, дядюшка, то есть армистициум.

– Армистициум. А это что такое?

– Сиречь перемирие.

– Ну так бы и сказал, братец. Да что это, племянник, или у вас в Питере-то все так товорят?

– О нет, дядюшка, как можно, чтоб все так говорили! Ведь и в Петербурге много людей непросвещепных.

– Вот что! Ну, этого я еще не знал. Так, по-вашему, просвещенный человек должен говорить по-русски так, чтоб его свои не понимали?.. Ох вы, петербургские! перехитрили вы, кажется!

– Ну, прощай, любезный! – сказал Шетнев, – пора домой.

– Батюшка Герасим Николаевич, – молвила Марфа Саввишна, провожая гостя, – ты поедешь мимо Нимфо-доры Алексеевны Добрынской, заверни к пей на минутку, скажи о нашей радости и о том, что мы слышали от Васеньки...

– Извольте, Марфа Саввишна. Только она мне не поверит.

– Что ты, батюшка!

– Право, не поверит. Да не прогневайтесь, и я пе вовсе верю вашему племяннику. Человек служивый говорит то, что ему приказано. Ну, да утро вечера мудренее: узнаем когда-нибудь всю правду. Прощайте, матушка!

– Долго ли ты у нас пробудешь? – спросил Данила Никифорович Симского.

– Не знаю, дядюшка. Коли мир состоится, так, может быть, мне дадут здесь отдохнуть. Теперь позвольте на часок отлучиться...

– Куда?

– Я видел в Сенате моего однополчанина, Андрея Степановича Мамонова, и обещал побывать у него сегодня до обеда.

– Ну, ступай, мой друг... Да постой, я велю тебе заложить мою одноколку

– Нет, дядюшка, мне езда до смерти надоела, пойду лучше пешком.

– Только, пожалуйста, Васенька, – сказала Марфа Саввишна, – не замешкайся, дай мне насмотреться на тебя, мое сокровище!

– Часа через два непременно ворочусь, тетушка. Мамонов жил все там же, то есть на Варварке, в доме своего родственника, Шеина. Симский, входя к нему, повстречался с каким-то барином, который, посторонясь, отвесил ему низкий поклон. Лицо этого господина показалось Симскому знакомым, но он никак не мог припомнить, где его видел.

– Спасибо, друг сердечный, – вскричал Мамонов, – спасибо! Я думал, что ты не сдержишь своего слова. Чай, все твои родные так за тебя и уцепились. И то сказать, выходец с того света!

– Да, любезный, тетушка собиралась по мне панихиду служить.

– Ну, Симский, хороша ваша белокаменная! Вот сплетпица-то, подумаешь!.. И всех вас перебили, и турки идут на Москву.

– Да за этим, Мамонов, дело пе станет и у нас в Петербурге. Конечно, там поменьше праздных людей, так и вздорных слухов не так много, как здесь; а все, я думаю, и там вестей-то не оберешься.

– Судя по тому, Симский, что ты рассказывал мне в Сенате, у нас с турками должен быть армистициум, так надобно надеяться, что скоро будет и мир заключен.

– Да, Мамонов, коли пошло дело на переговоры, так авось как-нибудь поладят.

– Ах, дай-то Господи! Тогда, может быть, и моя командировка кончится. Нет, Василий Михайлович, из мочи выбился. Такая скука, что я подчас с ума схожу.

– А невесты-то, Мамонов?

– Что невесты!.. И они надоели, пересмотрел я их больше сотни; все одно и то же. Сначала это меня забавляло, а теперь нет. Да и Федосья Игнатьевна перестала ко мне жаловать. Видно, догадалась, что я на бобах ее провожу. Была у меня здесь одна знакомая, Аграфена Петровна Ханыкова; с ней можно было время проводить: барыня умная, с хорошей эдюкацией, да и та давно уж уехала в Воронеж, чтоб быть поближе к мужу, который на службе в Азове. Ягужинские уехали из Москвы, Стрешневы также, у Гутфеля умерла старуха теща, так что он никого не принимает. Ну, тоска, да и только!

– Однако ж у тебя гости бывают. Вот я сейчас повстречался в дверях с каким-то господином, лицо мне знакомо, только не могу вспомнить, где я его видел.

– Это один магистратский чиновник, Ардалион Михайлович Обиняков, он везде шатается. Вот мошенник-то, братец, так уж я тебе скажу! Знаешь ли, зачем он у меня был? Да вот я расскажу все дело. Тебе известно, что мне поручено забирать на службу всех недорослей из дворян и новиков, которые не явились к своей команде. Вот я почти всех забрал: кто сам явился, кого привезли насильно. Один только, словно клад, мне пе дается: какой-то сорокалетний новик, князь Шелешпанский. Охотился ли ты когда, Симский, с борзыми собаками?

– Как же. Мой покойный батюшка любил псовую охоту.

– А случалось ли тебе травить лису?

– Случалось.

– Так ты знаешь, как она проводит и охотников и собак. Ты думаешь: ну, настигли!.. Как бы не так, проклятая вильнет хвостом, собаки промечутся в одну сторону, она шмыгнет в другую – и поминай как звали! Вот точно так же и князь Шелешпанский: уж я ли, кажется, не давал этой лисе угонок. Проведаю, где он, нагряну ни свет ни заря – не тут-то было, и след простыл. Теперь уж третий месяц, как я ничего о нем не слышу. Все его отчины здесь кругом Москвы, а он как в воду канул. Вот перед тобой явился ко мне этот Обиняков и объявил, что князь Шелешпанский скрывается верст за шестьдесят отсюда в лесу, на хуторе богатого помещика Рокотова, и что если я дам ему, Обинякову, команду, так он этого беглеца руками возьмет и представит ко мне в Москву. Да это бы еще ничего, а вот что скверно: я знаю доподлинно, что князя-то Шелешпанского этот самый Обиняков и уговорил от меня прятаться. Каков молодец!

– Да из чего же он это делает?

– Из чего! А вот прочти эту копию с царского указа, – сказал Мамонов, подавая Симскому исписанный лист бумаги.

– Что ж это? – молвил Симский, читая. – Тут речь идет о том, что дозволяется всякому чину торговать с платою пошлины.

– Это пункт первый, читай дальше.

– Пункт второй, – продолжал Симский. – "С семьсот первого году выписать, сколько каких выморочных деревень роздано и кому". И это, кажется, к делу нейдет?

– Читай, читай!

– Пункт третий: "Кто скрывается от службы, объявить в городе, кто такого сыщет или возвестит, тому отдать все деревни того, кто ухоранивался".

– Ну что, любезный, теперь понимаешь, из чего бьется Обиняков?

– Ах он разбойник!

– По мне, хуже разбойника. Подбил человека на дурное дело да сам же на него и в донос.

– И этот мошенник получит все именье князя Шелешпанского?

– Разумеется. Завтра после обеда он отправится с командой, сделает выемку, привезет сюда этого новика, получит от меня свидетельство, а там представит его при своей челобитной в Сенат и отберет у этого бедняжки Шелешпанского все именье, а ведь именье-то какое: с лишком четыре тысячи душ.

– Да что ж, это, – спросил Симский, – тот самый князь Шлешпанский, который был помолвлен на племяннице...

– Аграфены Петровны Ханыковой. Ну да, тот самый. Месяца два тому назад Аграфена Петровна, которая была еще здесь, уведомила меня, что родной ее брат, Максим Петрович, зовет ее на свадьбу племянницы в подмосковное свое село. Надобно тебе сказать, что Ханыкова и слышать не хочет об этой свадьбе. Вот я взял с собою команду и отправился втихомолку к Про-кудину. Подъезжая к селу, я узнал от мужичков, что жених, то есть князь Шелешпанский, прибыл со всем своим поездом в село Максима Петровича. Кажется, я хорошо распорядился: одну часть моей команды оставил на карауле у самой околицы, другой приказал ехать с обыском на село, а сам отправился прямо в господский дом. Свадьбе-то я помешал – это правда, а жених все-таки ушел. Что будешь делать! Сквозь пальцы проскользнул, проклятый!

– Так поэтому он еще не женат? – спросил Симский таким странным голосом, что Мамонов взглянул на него с удивлением и сказал:

– Что ты, брат, поперхнулся, что ль?

– Да!., что-то так... – промолвил Симский, чувствуя, что сердце его совершенно оледенело. – Так ты, Мамонов, – продолжал он, – помешал этому бедняжке жениться на племяннице Прокудина?

– Да ведь жениться-то всегда можно. Чай, их давно уж обвенчали. Коли дело полажено, так долго ли отпеть "Исайя ликуй"? Не на селе у своего дяди, так где-нибудь на погосте. Жаль мне этой... как бишь ее звали в девках-то?.. Да, Запольская! Такая хорошенькая, умненькая, танцует прекрасно... Бсдняжечка! вышла за богатого человека, а теперь что он будет? нищий!

176

– Да неужели в самом деле этот мошенник Обиняков отберет у него все именье?

– А ты думаешь, оставит что-нибудь?

– Послушай, Мамонов, нельзя ли как-нибудь этому пособить?

– Никак нельзя. Конечно, если б он догадался да прежде, чем его захватят на этом хуторе, явился ко мне сам, – ну, это дело другое. Не знал, дескать, что меня требуют, ездил по моим отчинам, хворал... мало ли что можно сказать.

– Что ж тогда с ним будет?

– Ничего, поступит на службу, а все именье при нем останется. Куда ж ты, Симский?

– Прощай, мой друг, меня дожидаются обедать. Э, да кстати!.. Можешь ты мне дать эту копию с указа?

– На что тебе?

– Показать дядюшке. Может быть, оп еще этого указа не читал.

– Пожалуй, возьми, если хочешь.

– Ну, прощай, Андрей Степанович!

– До свиданья, мой друг!

Симский обнял Мамонова и отправился домой.

XII

На другой день после рассказанного мною в предыдущей главе, часу в восьмом утра, Максим Петрович Прокудин сидел на рундуке своего сельского дома вместе с Ольгой Дмитриевною Запольскою. Максим Петрович читал любимую свою книгу "Камень веры" Стефана Яворского, племянница сидела подле него и вышивала на пяльцах.

– А вот и Прокофий едет из Москвы, – сказал Про-кудин, закрывая книгу, – что он везет нам – горе или радость?

Через несколько минут Прокофий Сидорыч стоял уж перед своим господином.

– Ну что, Калуга? – "спросил Максим Петрович. – Что слышно в Москве?

– Да мало ли что толкуют, батюшка, – отвечал Прокофий, – одни говорят одно, другие другое.

– Так есть и хорошие слухи?

– Есть, Максим Петрович.

– Ну, слава тебе Господи!.. Ты был у Шетнева?

– Как же, сударь. Изволит тебе кланяться. "Пи-сать-де к твоему барину не могу – дело опасное, а скажи ему на словах: начали, дескать, распускать по Москве слухи, что в нашем войске все благополучно, что государь Петр Алексеевич жив и здоров и что теперь с турками замирение. Да ты, дескать, Максим Петрович, этому не верь – все это выдумки, и хоть оттоле и есть выходцы, да от них правды не узнаешь; а все-таки и они поговаривают, что дело-то было сильно плоховато; так ты себе на ус и мотай: коли было плохо, так отчего ж теперь стало хорошо? Ведь к нашему войску на выручку никто не подоспел!" Вот что, батюшка, приказал тебе сказать его милость Герасим Николаевич.

– Так Шетнев думает, что это все сказки? А ты что думаешь, Кулага?

Прокофий Сидорович начал ухмыляться, почесал затылок, помялся и наконец промолвил:

– Не прогневайся, государь Максим Петрович, я думаю, Герасим Николаевич изволит называть эти добрые слухи выдумкою ради того, что ему крепко бы хотелось, чтоб слухи-то были дурные.

– Может статься. Да ты-то сам как думаешь?

– Я, батюшка, что! Я человек глупый. По мне, лучше верить хорошему, чем худому.

– И я, видно, Прокофий, не умней тебя. Ну, ступай с Богом!.. Тебе, чай, надо отдохнуть... Постой-ка, постой!.. Ох, глаза-то у меня плохи стали!.. Посмотри, Прокофий: ведь это к нам кто-то едет.

– Едет, батюшка.

– Кажись, тройкой в телеге?

– Да, сударь... У! да как задувает! Видно, на разгонных.

– Да, шибко едет. Ступай, Прокофий, скажи, чтоб закуска была готова... Кто бы это такой? – продолжал Прокудин. – Э! Да никак на нем шляпа-то немецкая? Или мне так кажется... Посмотри-ка, Оленька!. Да что гы, мой друг?

– Ничего, дядюшка.

– Как ничего: ты вся побледнела... и голос у тебя дрожит... Что ты, что ты... Господь с тобою!

– Да... – прошептала Ольга Дмитриевна, – это он.

– Он? Кто?.. Этот гость, который к нам едет?

– Дядюшка, – сказала Запольская, вставая, – я пойду к себе... я не учу его видеть.

– Да кто ж он такой? – спросил Прокудин. Слезы брызнули из глаз бедной девушки; она закрыла руками лицо и назвала едва слышным голосом Симского.

– Симский! – повторил Прокудин. – Что ты, матушка, перекрестись! Да ведь он под турком...

178

– Так что ж, дядюшка? Видно, приехал затем, чтоб сдержать свое слово и жениться на Катеньке Юрловой.

– На Юрловой!.. Да это все вздор, Оленька.

– Как! – вскричала Запольская, и по бледному лицу ее разлился яркий румянец. – Так он не помолвлен?

– Нет, мой друг, это все выдумки Рокотова. Ступай, моя душа, ступай! Мы после поговорим об этом с тобою.

Меж тем гость подъехал к воротам и, не въезжая во двор, спрыгнул с телеги.

– Ну, так и есть, – молвил про себя Максим Петрович, – это точно Симский... Экий бравый детина! И в этом-то дурацком наряде молодцом смотрит!.. Да какой учтивый парень: не въехал прямо во двор... Вон и шляпу снял!.. Эх, кабы немцев-то он поменьше любил!

– Не прогневайтесь, почтеннейший Максим Петрович, – сказал Симский, взойдя на крыльцо, – что я осмелился незваный к вам приехать!

– Ничего, батюшка, ничего! Добро пожаловать! Милости просим садиться!

Симский поклонился и сел подле Прокудина.

– Прежде всего, батюшка, – сказал Максим Петрович, – позволь спросить: ты приехал из-под турка?

– Да, Максим Петрович.

– Давно ли?

– Другой день.

– Так сделай же милость, Василий Михайлович... так, кажется, батюшка: Василий Михайлович.

– Точно так, Максим Петрович.

– Усердно прошу тебя, скажи мне без утайки всю сущую правду, что у вас там делается.

– Теперь все кончено, Максим Петрович. Вчера прибежал в Москву гонец: с гурками заключен вечный мир.

– Вечный? Так авось годика два-три протянется. А что наш батюшка Петр Алексеевич?

– Все слава Богу! Чай, идет теперь с войском к нашим границам.

– Ну, спасибо тебе за добрые вести, молодец, спасибо!

– Теперь позвольте мне доложить, Максим Петрович, зачем я к вам ехал: дело важное и требует большой поспешности.

– А что такое, Василий Михайлович?

– Оно отчасти и до вас касается.

– До меня?

– То есть до человека, очень вам близкого. Ваша племянница, Ольга Дмитриевна Запольская, была помолвлена за князя Андрея Юрьевича Шелешпанского и, вероятно, теперь уж замужем.

– Так что ж, батюшка?

– А вот что, Максим Петрович: коли вы не поторопитесь сделать что я вам скажу, так у вашего племянника, сиречь князя Шелешпанского, все именье отберут.

– Племянника! – повторил Прокудин. Казалось, он хотел что-то вымолвить, но остановился и, поглядев пристально на Симского, сказал:

– Да как же это у него отберут все именье?

– А вот как, Максим Петрович. Я думаю, вам небезызвестно, что государь Петр Алексеевич приказал забирать па службу всех взрослых недорослей из дворян и неслуживших новиков. Отыскивать их и записывать в полки поручено моему сослуживцу, Преображенского полка господину поручику Мамонову.

– Знаю, батюшка, знаю! он у меня был.

– Так вам должно быть известно и то, что князь Шелешпанский несколько уже месяцев отбывает от службы и прячется по своим деревням. Вчера я застал у Мамонова какого-то приказного чиновника Обинякова...

– Ардалиона Михаиловича?

– Точно так, Максим Петрович. Этот Обиняков объявил Мамонову, что князь Шелешпанский скрывается верст за шестьдесят от Москвы в лесу, на хуторе помещика господина Рокотова, и что он, Обиняков, коли дадут ему команду, изловит непременно вашего племянника и доставит его к Мамонову в Москву.

– Вот что!.. А давно ли, батюшка, этот мошенник Обиняков в сыщики попал?

– Он не сыщик, Максим Петрович, и делает это не по долгу службы, а по собственной охоте.

– Да что ж ему за прибыль?

– Вот то-то и дело, что для него прибыль превеликая: коли он доставит к Мамонову князя Шелешпанского, так отберет у него все именье.

– Все именье!.. Да по какому же праву, Василий Михайлович?

– А вот в силу этого именного указа. Извольте прочесть сами... пункт третий...

– Ах он Иуда, предатель! – вскричал Прокудпн, прочтя этот третий пункт. – Да неужели он в самом деле завладеет всем именьем князя Шелешпанского?

– Нет, Максим Петрович! этому делу пособить еще можно. Если ваш племянник не даст себя захватить на хуторе и успеет сам явиться к Мамонову, так прежнее отбывательство в большую вину ему не поставят: его только примут на службу, а именье при пем останется Теперь, –

180

продолжал Симский, вставая, – прошу прощенья, Максим Петрович! Я свое дело сделал, извольте делать ваше.

– Постой, постой, любезный! – сказал Прокудин, схватив за руку Симского. – Дай мне на тебя полюбоваться... Да что ж ты за человек такой, Василий Михайлович?

– А что ж, Максим Петрович, я думаю, и всякий другой на моем месте...

– Нет, молодец, не говори! Я все знаю: тебе не за что любить Шелешпанского. И добро бы ты думал, что племянница моя не замужем, – ну, это другое дело! Я, дескать, покажу себя добрым человеком, утожу Максиму Петровичу, а теперь из чего ты изволил себя тревожить?.. Ну, дай Бог тебе здоровья, Василий Михайлович, утешил ты меня, старика! Видно, еще не перевелись честные-то по булату, православные люди на святой Руси!.. Вот посмотрим, что-то скажет об этом мой приятель, Лаврентий Никитич Рокотов. Послушаешь его, так вся паша молодежь так набралась немецкого духа, что в ней русской-то правды на волос не осталось.

– Да неужели и вы, Максим Петрович, изволите думать, что между немцами нет добрых и честных людей?

– Как не быть, батюшка! И в нечестном Содоме нашелся праведный Лот, а немецкая-то земля, чай, побольше будет Содома и Гоморры... А, да вот нам и завтрак несут!.. Андрюшка! вели заложить мой возок, я сейчас поеду к Рокотову. Милости просим, гость дорогой! Покамест мне запрягают лошадей, мы с тобой закусим, выпьем по чарочке, а там и с Богом!

В продолжение завтрака Максим Петрович расспрашивал подробно своего гостя о прутском деле и когда выслушал его рассказ, то, покачав головою, сказал:

– Эх, молодец! сплоховали паши набольшие! Как же они этак словно в ловушку попали?

– Что ж делать, Максим Петрович! – отвечал Сим-ский. – Государя обманули ложными донесениями, и воложский господарь нам изменил.

– Так что ж смотрели ваши немецкие генералы! Ведь их там, говорят, неотолченая труба.

– Ох, Максим Петрович, уж не извольте говорить о немецких генералах!..

– А что?

– Да главный-то из них – генерал Янус – все дело испортил: пропустил турок через Прут, дал им зайти к нам в тыл, а подержись он хоть с полдня, так мы бы через Прут переправились и не дали себя обойти.

— Да что ж это такое, — промолвил с удивлением Прокудин, — этот Янус немец, а ты за него не заступаешься?

— Чего тут заступаться! Сам государь изволил сказать, что генерал Янус нечестно свой долг исполнил.

— Вот что! Так, видно, и немецкие генералы со всячинкою: не все с неба звезды хватают!

— Помилуйте, Максим Петрович! Да есть ли изо всех этих немецких генералов хоть один, которого можно было бы сравнить с нашим графом Шереметевым, с князем Мешниковым и даже с князем Репниным? Я уж не говорю о государе Петре Алексеевиче, у которого в одном мизинце больше ума, чем у всех этих немцев.

— Ах ты, мой голубчик! — вскричал Прокудин, всплеснув руками, — так вот как ты изволишь поговаривать!.. А я думал, что ты вовсе погряз в этой немецкой прелести!..

— Нет, Максим Петрович, я вам и прежде докладывал, что нам должно перенимать все полезное у наших соседей, но не ради того, чтоб сделаться самим немцами. Да разве русский человек не может научиться разным наукам и всем заморским хитростям, а меж тем остаться таким же точно православным русским, какими были его отцы и прадеды? Ведь это везде так, Максим Петрович. Вот, примером сказать: голландцы не уступят в науке англичанам, немцы не меньше знают французов, а ведь не все же за морем сплошь да рядом или французы, или немцы, или голландцы, — и там также наука наукой, а каждый народ сам по себе. Однако ж, Максим Петрович, вам надо поспешить. Хоть, кажется, времени еще довольно, а ведь не ровен час: коли этот Обиняков поторопится да захватит вашего племянника...

— Племянника! — повторил Прокудин, улыбаясь. — Ну а коли Шелешпанский вовсе мне не племянник?

— Что вы говорите, — прервал Симский, и глаза его заблистали радостью, — так Ольга Дмитриевна не вышла за князя Шелешпанского?

— И никогда за ним не будет.

— Так она не замужем?..

— Покамест нет. Ну, прощай, друг сердечный! Ты, чай, остановился в Москве у своего дяди?

— Да, Максим Петрович.

— Так мы послезавтра опять с тобой увидимся. До свиданья, любезный!

Симский уехал. Прошло несколько минут. Прокудин провожал глазами уезжающего гостя и, казалось, размышлял в эту минуту о чем-то приятном. Он поглаживал с приметным удовольствием свою седую бороду и улыбался. Вдруг сенные двери скрипнули и растворились до половины.

— А, это ты, Оленька, — сказал Максим Петрович. — Поди сюда, поди!..

Сядь-ка вот тут... поближе ко мне... Ну, племянница, глаза-то у тебя зорки: издалека ты узнала Симского!

— И, что вы, дядюшка!.. Ведь он уж был близко, — отвечала Ольга Дмитриевна, покраснев как маков цвет.

— И то сказать, — продолжал Максим Петрович, — такого молодца за версту узнаешь. Не правда ли, мой друг?

Вместо того чтоб отвечать на вопрос дяди, Ольга Дмитриевна придвинула к себе пяльцы, нагнулась над ними, стала разбирать шелк и наконец промолвила едва слышным голосом:

— А зачем он приезжал к вам, дядюшка?

— Да по делу твоего жениха, князя Шелешпанского.

— Жениха! — повторила с ужасом Запольская.

— То есть бывшего, мой друг! — прервал с улыбкою Прокудин. — Ну, чего ты испугалась? Уж я сказал, что скорей выдам тебя за немца, чем за этого беглого новика. Вот, подумаешь, прошу узнать: этот вор Ардалиошка Обиняков крепко стоит за нашу старину, позорит всех иноземцев, князь Шелешпанский также, оба они слывут людьми русскими, а что в этом толку, коли душонки-то у них жидовские. Один мошенник, а другой, по мне, и того хуже. Обиняков что? приказная строка! а Шелешпанский– богатый боярин, природный князь, да любого цыгана научит, как обманывать добрых людей. Живет хуже всякого скареда и, чтоб отвилять от царской службы, по овинам изволит прятаться. А вот этот Симский... И я, грешный человек, думал, что он вовсе онемечился... Да и как не подумать: хвалит все заморские обычаи, любит немцев и сам-то говорит иногда ни дать ни взять как немец; а как пришло дело начистоту, так его честная русская душа вот так из-под немецкого-то платья и рвется наружу!.. Ну, нечего сказать, славный малый!

— Так он вам нравится, дядюшка? — спросила робким голосом Ольга Дмитриевна.

— Да, мой друг, очень нравится, а тебе?.. Ну, что ж ты молчишь, Оленька?.. А! Вот что: ты не хочешь со мной спорить...

— Как, дядюшка?

— Да, мой друг: я его хвалю, а тебе он, видно, не по сердцу.

Ольга Дмитриевна кинулась на шею к дяде и заплакала.

— И, полно, матушка! — сказал Прокудин, улыбаясь. — О чем ты плачешь?

Запольская хотела что-то сказать, но слезы не дали ей вымолвить ни слова.

— Да не бойся, мой друг! Коли Симский тебе не нравится, так Бог с ним.

— А разве он что-нибудь вам говорил? — промолвила Ольга Дмитриевна.

– Теперь ничего. Да ведь он уж за тебя сватался.

– Что вы говорите?

– Да, мой друг. Вот когда ты жила еще у своей тетки, родной его дядя, Данила Никифорович, сам приезжал ко мне сватом, а я как будто бы отгадал, что Симский тебе не по сердцу, и слушать его не стал.

– Ах, дядюшка!..

– Что, племянница?

– Да вы, кажется, имеетесь надо мною.

– И, что ты, матушка?

– Вы говорите, что Симский мне не нравится?

– А как же, Оленька? Котда я уговаривал тебя выйти замуж за Шелешпанского, ты плакала, а и теперь также, лишь только я намекнул тебе о Симском...

– Ах, дядюшка! – прервала Запольская, потупив глаза, – да ведь я тогда плакала с горя...

– А теперь от радости? Ага, смиренница, промол-вилась!

– С радости!.. – повторила Ольга Дмитриевна, и в глазах ее снова блеснули слезы. – Почем знать, может быть, теперь Симский...

– Нет, мой друг, и теперь все то же. Ведь он приехал сюда затем, чтоб выручить из беды твоего мужа... Да, да, Оленька, Симский думал, что ты давно уже княгиня Шелешпанская, и кабы ты видела, как он обрадовался, когда я сказал, что ты еще не замужем... Ну, да что об этом говорить! Видно, пословица-то недаром: "Суженого конем не объедешь". Прощай, Оленька! Мне пора ехать к Рокотову, а завтра я отправляюсь в Москву, и если Данила Никифорович опять заговорит о своем племяннике, так что ж, матушка... прикажешь ударить по рукам?

– Воля ваша, дядюшка.

– А твоей-то воли нет?

– Ах, какие вы!..

– Ну, добро, добро!.. Прощай, мой друг!

XIII

– Что ж это Максим-то Петрович не едет? Ведь он сказал тебе, племянник...

– Да, дядюшка, он спросил меня, у вас ли я живу, и сказал, что послезавтра непременно со мной увидится.

– Ну, так и есть! Ты был у него третьего дня, и коли он выехал вчера, так должен быть сегодня к обеду. Ты не знаешь, где он остановился?

– Не знаю, дядюшка.

Разумеется, эти вопросы делал Данила Никифорович Загоскин племяннику своему Василию Михайловичу Симскому.

– Коли он приедет сюда с племянницей, – продолжал Данила Никифорович, – так, верно, остановится в доме у сестры, а если один, так, может статься, и ко мне взъедет. Нечего делать, надобно подождать его к обеду Как ты думаешь, жена?

– Воля твоя, Данила Никифорович, – промолвила Марфа Саввишпа. – Только я за гуся не отвечаю: пережарится, батюшка.

– Беда не большая. Мы с Максимом Петровичем люди не привередливые. Ты говорил мне, Василий, что он тебя ласково принял?

– Очень ласково.

– Очень ласково! Да это еще ничего: Максим Петрович человек радушный, ты же приехал к нему с добрым делом; на его месте и всякий обошелся бы с тобой ласково.

– Нет, дядюшка! сначала он был только приветлив со мной, а под конец так меня обласкал, что я и слов не нашел. Уж он хвалил, хвалил меня!.. А как стал прощаться со мной, так назвал другом сердечным.

– Ну, это не дурно. А намекал ли он тебе что-нибудь... знаешь, о том?..

– Как же, дядюшка, и очень намекал...

– И это хорошо! Максим Петрович не скажет слова на ветер – не такой человек. Да и ты не глупо сделал, племянник: расхвалил русских генералов, а немецкого-то генерала ругнул... Умно, любезный, умно! Потешил старика...

– Я говорил это, дядюшка, не ради его потехи: это-сущая правда.

– И, Василий! Ну хоть бы и душой-то немного покривил, что за беда! Ведь немцам от твоих слов ни хуже, ни лучше не будет, а Максиму Петровичу это как маслом по сердцу!.. Так ты, племянник, хочешь, чтоб я с ним опять речь повел об Ольге Дмитриевне?

– Ах, сделайте милость, дядюшка!

– Ну так и быть, попытаемся еще разок. А ведь обидно будет, коли он и теперь так же заломается...

– Дай-то Господи! – прошептала Марфа Саввишна.

– Что, что? – прервал Данила Никифорович.

– Да, государь, не прогневайся! Кабы моя воля, так я бы ни за что не благословила Васеньку жениться на этой Запольской.

– Не благословила! А почему бы так, сударыня? Что, она невеста бедная, что ль?

– Нет, батюшка, с достатком.

– Собой, что ль, не хороша?

— И этого сказать нельзя: личико у нее смазливое и по годам опа ровня Васеньке.

— Все говорят, что она предобрая.

— И это может быть.

— Так чего ж еще тебе? Рожна, что ль, прости Господи!

— Эх, Данила Никифорович! да ведь жена должна быть хозяйкой в доме, угождать мужу, заботиться о детях...

— А почему ты думаешь, что Ольга Дмитриевна...

— И, батюшка! чего ждать от такой девицы, которая по немецким ассамблеям ездит, в заморские робронты одевается и пляшет с кем ни попало...

— Так что ж, тетушка, — прервал Симский, — Ольга Дмитриевна человек молодой, почему ей не повеселиться?

— Ох, Васенька! припомни мое слово: сядет тебе это веселье на маковку!

— Добро, добро! — прервал Данила Никифорович. — Ты это, Марфа Саввишна, говоришь потому, что сама-то устарела.

— Ах, батюшка, разве я не была так же молода?

— Была, мой друг, да в то время об ассамблеях-то у нас и речи не было и вас всех, моих голубушек, за ключиками держали; а будь-ка ваша воля, так, может статься, и ты бы поехала на вечеринку к немцу Гутфелю.

— Сохрани Господи!

— И, Марфа Саввишна! так-то бы поехала да отхватала минавею с каким-нибудь аптекарем!.. Ведь мы все под старость прежние свои грехи забываем. У самих ноги плохо ходят, так и другие не бегай... Э! Да вот никак и Максим Петрович въехал на двор... Ну, племянник, коли ты хочешь, чтоб я высватал тебе невесту, так убирайся вон!.. Максим Петрович любит все старинные обычаи, а в старину такие дела при женихе и невесте не делались.

— Постарайтесь, дядюшка!

— Будем стараться, батюшка, а там что Бог даст! Симский вышел вон, а Данила Никифорович пошел навстречу к своему гостю.

— Здравствуйте, старый друг! — сказал Прокудин, обнимая Загоскина. — Давно мы с тобой не видались.

— Давно, Максим Петрович.

— Марфа Саввишна!.. Как, матушка, ваше здоровье?

— Слава Богу, Максим Петрович, Господь грехи терпит! — молвила очень сухо Марфа Саввишна, выходя вон из комнаты.

— Я, Данила Никифорович, и с тобой хотел повидаться,^ сказал Прокудин, садясь, — а коли правду молвить, так сегодня приехал не к тебе, а к твоему племяннику.

— Все равно, любезный, мы с ним не делимся.

186

– Мне хотелось еще раз сказать спасибо Василию Михайловичу за то, что он не дал мошеннику Обинякову ограбить князя Шелешпанского. Ты ведь, чай, об этом знаешь?

– Да! Василий мне сказывал.

– Ну, Данила Никифорович, можешь ты похвастаться своим племянником: вот уж подлинно честный малый!..

– Да и как быть иначе, Максим Петрович: его покойные родители были истинно честные и благочестивые люди, а ведь ты, чай, знаешь пословицу: "Недалеко яблочко от яблоньки падает".

– Так, так! Да как он это из-под турка-то к тебе приехал? В побывку, что ль, отпустили?

– Нет, Максим Петрович: государь Петр Алексеевич прислал его сюда гонцом.

– Вот что!

– Он привез Сенату указ от его царского величества.

– Указ! О чем?

– А вот, изволишь видеть... Э! Да кстати, помнишь, мы с тобой спорили, – я говорил, что наш батюшка Петр Алексеевич паче всего любит и бережет свою святую Русь, а ты стоял в том, что он любит не свой православный народ, а немцев, голландцев и всяких других иноземцев.

– Помню, Данила Никифорович, помню! Что делать, грешный человек, я и теперь то же думаю.

– И думаешь это потому, что государь жалует заморские обычаи, хочет, чтоб мы все одевались по-иноземному, и подписывается иногда не Петром, а Питером?

– Да разве этого мало?

– Погоди, любезный, погоди, выслушай меня!.. Вот, примером сказать, если б какой-нибудь царь вел войну и ему бы не посчастливилось: войско его разбили, а его самого захватили в полон – как ты думаешь, что бы он написал своему народу?

– Вестимо дело: он написал бы, чтоб его как-нибудь выручили, а коли насилу взять нельзя, так выкуп дали.

– Выкуп! Да ведь за царя-то, пожалуй, и полцарства попросят, всю землю разорят...

– Что ж делать, любезный! Коли уж такой грех приключился, так жалеть нечего – все отдавай!

– Ну, а коли этот царь напишет своему народу: если вы узнаете, что я попал в плен, сиречь нахожусь в неволе, так вы уж не должны почитать меня своим царем и государем и никаких указов моих не исполнять. Пусть, дескать, я пропаду, да вы-то останетесь целы.

– Что ты это говоришь? Да неужели государь Петр Алексеевич...

– На вот, прочти!

187

– Да это что такое?

– Список с того указа, который привез сюда племянник.

– Господи Боже мой! – вскричал Прокудин, прочти указ. – Ну!!!

– Что, любезный, кто из нас прав?

– Ты, Данила Никифорович, ты!.. Ах я окаянный ропотник!.. И я мог говорить, что государь Петр Алексеевич променял свой народ на немцев, что он вовсе о нас не думает, а он, кормилец наш, себя не пожалел для своего царства!.. Ну, правду ты мне говорил, Данила Никифорович, Господь послал нам такого царя, какого до сих пор еще нигде не бывало.

– Что, Максим Петрович, будешь ли теперь гневаться на меня, что я, в угоду такому великому государю, немецкое платье на себя надел?

– Куда мне гневаться, Данила Никифорович! Да мне стыдно теперь на тебя смотреть.

– То-то же, любезный!.. А что, друг сердечный, если б государь сам лично тебе сказал: "Послушай, голубчик Максим Петрович, потешь меня, отмахни себе бороду"?

– Эх, полно, Данила Никифорович, не искушай!.. Да и на что ему моя седая борода? Я прожил с нею весь мой век, так пусть она при мне и в могиле останется!.. А коли я ему, отцу нашему, на что-нибудь надобен, – прикажи только, так я, вместе с моей бородою, и голову за него положу!.. Так вот какой указ привез твой племянник?

– Да, Максим Петрович. И знаешь ли что? Ведь он сам напросился ехать гонцом в Москву, а это было все равно что идти на явную смерть.

– Как так?

– Да разве ты не слышал, что турки-то все наше войско крутом обложили и проезду никому не было?

– Так как же он проехал?

– А вот так же, как русские люди по вешнему ледку переходят: девятеро пойдут ко дну, а десятый кой-как доберется до другого берега.

– Так что ж ему за охота была напрашиваться?

– Что за охота! Так ты не знаешь племянника? Он у меня такой молодец, что и сказать нельзя, – вся русская отвага! И хоть он в немецком платье ходит, а удали-то в нем на десятерых немцев станет. Мало ли что с ним было: попался было в полон к туркам, голову ему срубить хотели, а все-таки Господь помиловал, и сам остался невредим, и царский указ сберег.

– Да, нечего сказать, молодец!

– Вот то-то же, Максим Петрович, ты сам изволишь говорить, что он и честный малый и молодец, а все-таки отбраковал его.

– Да у меня тогда, любезный, не то в голове было, и его-то я вовсе не знал.

– А теперь?

– Теперь иная речь, Данила Никифорович! Теперь об этом можно поговорить.

– А коли так, Максим Петрович, так позволь мне вторично сказать тебе, что я и моя Марфа Саввишна имеем великое желание породниться с тобою.

– И я также, любезный друг, не прочь от этого. Дай время подумать, поразмыслить...

– Да что тут размышлять? Коли мой племянник тебе по сердцу...

– Кто говорит: он молодец прекрасный, да и немцев-то не так любит, как я прежде думал.

– Кто? Василий? С чего ты взял, что он любит немцев? "Мы, дескать, люди петербургские, так у нас все на немецкую стать!.." А попытайся кто-нибудь сказать при нем непригожее слово о нашей матушке святой Руси, так он на нож полезет!.. Ну что ж, друг сердечный, пореши чем-нибудь!

– Экий ты проворный... пореши! Да ведь это не что другое... Иль, по-твоему, невеста в самом деле товар, а жених купец?

– А, понимаю!.. Ты хочешь прежде посоветоваться с Ольгой Дмитриевной?

– Ну, вот еще!.. Ее дело девичье, стану я с ней об этом говорить!

– Так что ж тебе за охота понапрасну меня маять? Ведь уж мы оба с тобой каждый денек считаем, и коли Господь посылает радость, так откладывать нечего.

– Правда, Данила Никифорович, правда!

– А коли правда, так о чем и думать?.. Что ж, Максим Петрович, по рукам, что ль?

– Ну, по рукам так по рукам! Прокудин и Загоскин обнялись.

– Поздравляю тебя, любезный сват, с племянником! – сказал Данила Никифорович.

– А тебя, друг сердечный, и сватью с племянницей!

– Ну что, Максим Петрович, не прикажешь ли теперь позвать жениха?

– Зачем? Это дело между нами: чай, ты не станешь спрашивать у твоего племянника, хочет ли он жениться па моей племяннице?

– И то правда! Я ведь ему вместо отца родного, так он должен во всем меня слушаться. Я ему скажу просто: "Племянник, мы ударили по рукам с Максимом Петровичем: он выдает за тебя свою племянницу; так хочешь или нет, а прошу идти с нею под венец!" Так ли?

– Так, так! И я то же скажу племяннице.

– Конечно, конечно! Их дело сторона.

– Они знай только под венцом стоять, а свадьбу уладить наше дело. Так ли, Данила Никифорович?

– Так, Максим Петрович, так! Станем мы их спрашивать!..

– Вот еще!.. Делай что велят... Да что ж ты этак глазами-то поводишь, Данила Никифорович?

– А ты что ухмыляешься, Максим Петрович? Оба старика взглянули друг на друга и засмеялись.

– Эх, любезный сват, – сказал Прокудин, – что нам друг друга морочить? Видно, что было, того не вернешь. Да хоть свадьбу-то справим по старине, в этом нам никто не указ.

– Изволь, друг сердечный, только, пожалуйста, не откладывай.

– Чего откладывать! Уж скоро Успенский пост. Милости прошу ко мне с женихом и со всем поездом в село Вздвиженское, на будущей педеле во вторник.

– Будем, Максим Петрович, будем!

– Да скажи Василию Михайловичу, что он увидит свою невесту только тогда, когда она будет Ольгой Дмитриевной Симской. Чай, у них в Питере этого не водится, да ведь мы люди не петербургские. Э! Да, пожалуйста, любезный, пригласи на свадьбу господина Мамонова. Кабы не он, дай Бог ему здоровья!.. Да что об этом говорить: помиловал Господь и меня и племянницу... А! Да вот и Марфа Саввишна! ч

– Жена, – сказал Загоскин, – мы сейчас покончили с Максимом Петровичем: он выдает за Василия свою племянницу, Ольгу Дмитриевну; на будущей неделе свадьба... Ну, что ж ты стоишь? Поцелуйся с нашим дорогим сватом!

Марфа Саввишна поцеловалась молча с гостем.

– Прошу меня любить и жаловать, – молвил Про-кудин, – и не оставлять вашею милостью мою Оленьку!

– Помилуйте, Максим Петрович, – проговорила наконец Марфа Саввишна, – родня всегда родня. Жаль только, что я уж стара и хила стала, батюшка. Что делать! Не могу во всем заменить ее тетушку Аграфену Петровну, та, бывало, с ней по ассамблеям ездит...

– А вы, матушка, приучите племянницу хозяйничать, заниматься домашними делами: ведь ей стоит только у вас перенимать!

– И, батюшка: ученого учить – лишь только портить!

– Хорошо, хорошо! – прервал Данила Никифоро-вич, которому этот разговор начинал не нравиться. – Вели-ка, Марфа Саввишна, закуску подавать. Да милости просим, дорогой сват, чем Бог послал!

– Благодарю покорно! Я уж обедал.

– Где?

– У сестры Аграфены Петровны.

– Как, да разве она приехала?

– Вчера поутру. Азов сдают опять туркам, так и муж ее скоро вернется в Москву. Прощай, сват! – продолжал Прокудин, вставая. – Поеду отдохнуть немного, а там и домой.

– Так ты здесь и дня не пробудешь?

– Когда теперь! Надо о свадьбе подумать. Ведь это дело не шуточное, около пальца не обведешь. До свиданья! Жду вас, любезные сваты, во вторник.

– Будем, будем, Максим Петрович! – сказал Загоскин, провожая своего гостя. – Ну что, жена, – спросил он, воротясь в гостиную, – каково я дело-то повернул, а?

– Ух, батюшки, – промолвила Марфа Саввишна, – отлегло от сердца!

– А, то-то же! Только что говорила^ а небось теперь сама радехонька!

– Слава тебе Господи! то-то бы срам был!

– Срам не срам, а нечего сказать, – обидно бы было.

– Ну, кабы Максим Петрович остался обедать!..

– Так что ж?

– Как что? Ведь я тебе говорила, батюшка: гусь пережарился, похлебка простыла, а пирог так подгорел, что стыдно на стол поставить.

– Вот о чем толкует!.. Пойдем-ка обедать да вели позвать нашего затворника – чай, он теперь ни жив ни мертв. Вот мы с ним па радости выпьем по чарочке да закусим твоим подгорелым пирогом!

Через несколько дпей в селе Вздвижепском повторилось опять то же самое, о чем я рассказывал вам, любезные читатели, во второй главе этой части моего рассказа, с тою только разницей, что после девишника на другой день была свадьба и что па этот раз все без исключения были счастливы и довольны... Ах, нет! ошибся. Помните вы старуху Потапьевну, которая шу-няла молодую бабу за то, что она не плакала на своем девишнике? Эта старуха осталась очень недовольной. Во время девишника она смотрела в окна и, к крайнему своему прискорбию, заметила, что ненаглядное ее сол-пышко, боярышня Ольга Дмитриевна, не только не плакала, но беспрестанно улыбалась и была так весела, как будто бы не ее замуж выдавали.

– Ох, худо! – говорила она. – Не плачет теперь, так наплачется вдоволь замужем!

Я думаю, вовсе не нужно вам сказывать, любезные читатели, что это пророчество не сбылось.

Разумеется, Рокотов не был на свадьбе и поссорился с Щетпевым за то, что он не отказался от приглашения. Года через три Лаврентий Никитич умер преспокойно на своей постели. Вероятно, он кончил бы свою жизнь совсем другим образом, если бы времена смут и мятежей не прошли безвозвратно. По смерти его Шетнев оделся в немецкое платье, но это ему не пошло впрок: он не получил места, для которого принес в жертву свою великолепную окладистую бороду. Впрочем, Шетпев перенес эту невзгоду гораздо великодушнее, чем Ардалион Михайлович Обиняков, у которого четыре тясячи душ., "по усам текло, да в рот не попало". Отправясь с командою чтоб захватить князя Шелешпанского, Обиняков начал мечтать о будущем своем барском быте. "Шелешпанский глуп, – думал он, – и коли он получал до осьми тысяч рублей со своих четырех тысяч душ, так я получу вдвое. Построю себе на Ильинке каменные палаты, заживу барином и не стану ни перед кем шапки ломать!" Представьте же себе его ужас, когда он не нашел никого на хуторе и узнал, что князь Шелешпанский поехал в Москву явиться Мамонову. Эта неудача, которой он никак не мог предвидеть, до того его поразила, что он слег в постель; потом стал попивать с горя, начал заговариваться и кончил тем, что сошел с ума, – разумеется, на том, что у него четыре тысячи душ крестьян и огромные каменные палаты на Ильинке.

Предсказание Мамонова сбылось: военная служба принесла большую пользу князю Шелешпанскому. Конечно, он не поумнел, но зато из неуклюжего увальня сделался таким расторопным молодцом, что через два года махнул из рядовых прямехонько в сержанты.

Может быть, вы желаете знать, любезные читатели, что сделалось с молдаванскою куконою, Смарагдою Хереско? В таком случае, я прошу вас прочесть следующее письмо Андрея Степановича Мамонова, который, года два спустя после свадьбы Симского, был откомандирован по делам службы в Киев.

"Любезный друг Василий Михайлович!

Не удивись, что я пишу к тебе такое длинное письмо. Я знаю, что ты меня любишь, так, верно, с истинною сатисфакциею узнаешь, что твой друг и сослуживец помолвлен. Я пишу к тебе одному об этом, а ты потрудись уведомить всех общих наших приятелей, а к отсутствующим напиши универсалы, – пусть все знают, что я счастлив! Но я еще не сказал тебе, кто эта персона, которая в столь короткое время успела меня совершенно заполонить. Да вот, постой, я расскажу тебе все по порядку. Приехав в Киев, я педели три прожил совершенным сиротой. Первое мое знакомство было с отставным полковником Артамоном Никитичем Голушко. Он живет безвыездно в Киеве, потому что его отчины в Чигиринском повете, по Днепру. Жена его природная молдаванка, женщина без большой эдюкации, но очень ласковая и обходительная У нее гостит родная сестра ее, молодая и богатая вдова, Смарагда Хереско. В жизнь мою я не видывал такой красавицы. Представь себе... да ты не поймешь меня! Ты, любезный друг, живешь теперь почти всегда в Москве, так, уж верно, стал человеком старозаветным; чай, по-твоему, та только и хороша, про которую можно спеть.

Круглолица,
Белолица,
Красная девица

А моя невеста смугла, бледна, и лицо у нее продолговатое. Для тебя, чай, краше нет твоей Ольги Дмитриевны. Кто и говорит, она, конечно, пригожа, да это все не то. Как бы тебе сказать? Ну, вот, примером, твоя Ольга Дмитриевна хороша, как прекрасное весеннее утро, а моя Смарагда – как жаркий ясный полдень. Голубые глаза твоей жены тихи и спокойны, как светлый месяц на чистых небесах, а черные очи моей молдаванки вот так и жгут, как летнее солнышко. Надобно тебе сказать, что у нее был жених, какой-то боярин Палади; его убили турки, и она, из любви к покойнику, дала обещание не выходить никогда замуж. Много у нее было женихов в Киеве, да все они как не солоно хлебали! Лишь только кто посватается, так и ворота на запор. Иной не мог даже добиться того, чтоб она с ним словечко перемолвила. Со мной обошлась она гораздо ласковее, чем с другими, и знаешь ли почему? Ты век не отгадаешь. Она любит без памяти Преображенский полк, в котором мы с тобою служим. Ты спросишь: за что? А Бог весть! Я думаю, так! женский каприз. В первый раз, как она со мною об этом говорила, так расспрашивала, как зовут моих товарищей и кто из них женат. Ну, разумеется, в числе женатых я назвал и тебя, рассказал ей, как ты был влюблен в Ольгу Дмитриевну, как ее хотели выдать замуж за князя Шелешпанского, а выдали наконец за тебя. Вот этак недельки через две я начал ей говорить обиняками, пытался завести амурную речь – не тут-то было, и слушать не хочет! Что, брат Василий, тебе, как другу сердечному, скажу всю правду! Не пропяло месяца, как я исхудал так, что на себя не стал походить. Сна нет, еда на ум нейдет, только и думаю что о ней! А она все та же – ни лучше, ни хуже. Однажды поутру пришел ко мне жид с разными товарами: с колечками, сережками, запонками; в числе этих вещей был у него золотой крест с молдаванской надписью, который, по его словам, достался ему от какого-то турка Он уступил мне этот крест очень дешево, и я в тот же день повез его показать Смарагде. Ты не можешь себе представить, что с ней сделалось, когда она его увидела. Я думал, что моя молдаванка с ума сошла: уж она его целовала, целовала, прижимала к груди! Разумеется, я стал просить позволения благословить ее этим крестом. Сначала она как будто позамялась, подумала минутки две, а там взяла его да так на меня взглянула, что я совершенно ожил. С этой поры пошло все лучше да лучше, и вот теперь она моя невеста. Я было, любезный друг, сначала и возгордился. Думаю про себя: ну, видно, я молодец недюжинный и знаю, как с женщинами обходиться, когда такая непобедимая фортеция сдалась мне на дискрецию! Только вчера моя Смарагдушка спеси-то во мне

193

поубавила. Она была со мною очень ласкова, приголубила меня да вдруг и говорит: "Хорош ты и пригож, мой суженый, а всего-то для меня милее то, что ты носишь Преображенский мундир". – "А если б я служил в Семеновском полку?"– спросил я шутя. "Так вряд ли была бы я твоей невестой", – промолвила с улыбкою Смарагда. "Да разве ты любишь не меня, а мой мундир?" – сказал я. "О, нет, – отвечала Смарагда, – теперь я и тебя люблю – ведь ты мой жених!" И тебя!! Вот, толкуй после этого! Подумаешь, как женщины-то причудливы! Ну, скажи сам, Василий Михайлович, – чем наш Преображенский мундир красивее семеновского?

Прощай, друг сердечный! Поклонись от меня своей барыне и коли встретишь где-нибудь Федосью Игнатьевну Перепекину, так скажи ей, чтоб она обо мне не хлопотала. Он, дескать, нашел уж себе невесту".

www.ingramcontent.com/pod-product-compliance
Lightning Source LLC
Chambersburg PA
CBHW020648260626
47157CB00008B/2949